U0931905

同歸於一得基業

以弗所書析讀

郭漢成、劉聰賜 著

基道出版社

▼

聖經通識叢書

同歸於一得基業

以弗所書析讀

Rediscovering the Bible
Book of Ephesians

作者
郭漢成 Kwok, Ezra H.S.、劉聰賜 Law Choon Sii

責任編輯
許寶瑩、吳國雄

裝幀設計
奇文雲海・設計顧問

■

出版／發行
基道出版社
香港沙田火炭坳背灣街 26 號富騰工業中心 1011 室
LOGOS PUBLISHERS
Unit 1011, Fo Tan Ind. Centre, 26 Au Pui Wan St., Shatin, Hong Kong
電話：(852) 2687-0331 傳真：(852) 2687-0281
網址：http://www.logos.com.hk

承印
海洋印務有限公司

●

10/2014 初版
Cat. No. LP190
ISBN: 978-962-457-478-4

刷次	10	9	8	7	6	5	4	3	2	1
年份	2023	2022	2021	2020	2019	2018	2017	2016	2015	2014

聖經書卷析讀——新約系列

出版研經工具書的主要目的，是要將上帝的話語向現代人闡明，讓一羣愛好研讀聖經的信徒得到適切的指引。近代聖經研究無疑對於這項工作提供莫大的幫助，可惜學者採用的語言往往晦澀難明，令平信徒望而卻步。「聖經通識叢書」的出版試圖作為兩者的橋梁，將那些看來深奧的學術理論，化成顯淺的文字，讓平信徒可享受當今學者努力研鑽的成果。本叢書設「聖經鳥瞰」、「聖經書卷要領」和「聖經書卷析讀」3 個層次，提供信徒不同程度的需要。

「聖經書卷析讀」是「聖經通識叢書」第三層次，以「聖經書卷要領」為基礎，進深分析每本聖經書卷的內容和信息。它近乎一本釋經書，對有關書卷進行逐段解釋，針對每一書卷類別，按其文學格式、歷史背景，與及神學主題作出提綱挈領的分析，又從每書卷中挑選一些課題作較深入的討論。編者期望藉著這一系列聖經書卷的介紹，讓信徒能跨過學術的門檻，得以認識近代華人學者對聖經不同類別書卷整體的研究，成為讀者掌握這些書卷的入門。現已出版的新約書卷有：《奔走風塵的僕人 —— 馬可福音析讀》、《逆轉人生的上帝之子 —— 路加福音析讀》、《道成為人的耶穌 —— 約翰福音析讀》、《風起雲湧的初代教會 —— 使徒行傳析讀》、《情理之間持信道 —— 加拉太書、帖撒羅尼迦前後書析讀》、《僕人領袖的教導與領導 —— 提多書、提摩太前書析讀》、《擁抱危機的事奉傳承 —— 提摩太後書析讀》。此層次的書既反映個別學者嚴謹的學術研究，又務求達致活潑和生動的表達，其內容除了包含淺白易明的析讀，也在每章結尾附加「釋經短註」（以 ❶、❷ 等標示），以幫助讀者更深入了解經文。此外，本書也加插「信仰反省」部分，以引導讀者將經文內容繫於他的信仰生活中。本叢書也提供溫習及思考問題，一方面讓讀者重溫此書的內容，也幫助讀者思考經文如何應用在他的信仰生活中。這些問題可供個人研讀或小組討論，讓上帝再次藉著聖經向每一個人說話。

最後仍須提及有關閱讀此書的一些事情。除特別標明外，本書所採用的聖經經文均引自《和合本修訂版》，並且凡經文引自這書討論的書卷，無論是一段或是其中的短語，又或詞彙，皆以「標楷體」標示。正文中，凡以斜體英文字表達的詞、短語或句子是希伯來文及希臘文音譯字。

序言

五年前，馬來西亞吉隆坡的文橋傳播中心出版了《天上藍圖、人間版圖 ——以弗所書詮釋》。在教會和弟兄姊妹的大力支持下，此書在短時間內就售罄。之後，有弟兄姊妹仍想購買此書，但出版社沒有計劃再版，而我們也認為它需要修訂並重新排版。因此，我們決定將全書重寫，並得到香港基道出版社接受，以另一形式面世，命名為《同歸於一得基業 —— 以弗所書析讀》。

對照這兩本著作，此新書除了是兩位作者的合著之外，最顯著的差異是篇幅縮短了。基本上，《同歸於一得基業》的主要內容和構思與《天上藍圖、人間版圖》差異不大，但在一些具爭議性的學術討論和神學課題上，我們以較集中和直接的方式來表達和說明立場。《同歸於一得基業》可說是《天上藍圖、人間版圖》的簡短版。此外，在此新書裏，我們也選擇性地列出一些主要的參考資料。對於那些有興趣更深入研究以弗所書的讀者，請隨時翻閱《天上藍圖、人間版圖》。

在表達上，我們很注重以弗所書的經文分段、思路和神學思想。對於那些期望對以弗所書有初步但又有一定深度認識的讀者，盼望《同歸於一得基業》可以作為個人查經、小組查經或教會查經班的材料。

此外，更要提及的是，在閱讀《同歸於一得基業》時，讀者或許會對一個經常出現的詞彙，即「基督信徒」有些不解。為何我們不用「基督徒」，而用「基督信徒」呢？這個詞彙與基督教起源學有密切關係。今日我們所稱的「基督教」是從猶太教母體發展出來的。在第一世紀初代教會，那些接受耶穌為彌賽亞的信仰羣體仍未獨立存在，他們常被認作猶太教羣體的一分子。不同的是，耶穌的跟隨者滿有「基督」的樣式和對他的委身。對以弗所書成書年代的讀者而言，「基督教」與「基督徒」可能都是陌生的詞彙。基於這個歷史關注，我們使用「基督信徒」，而不是「基督徒」這常用詞彙。我們盼望這個詞彙可以幫助讀者對基督教起源學有多一分的敏感度和對讀者有更多提醒！

以弗所書的信息歷久常新：它不斷挑戰我們以三一真神的眼光看教會，以永恆的角度看現在和未來，以屬靈的價值看生命。「基督信徒」既然承受上主豐富的基業，我們就當具體活出相稱的生命和見證。

最後，我們感謝基道出版社的編輯和製作同工，尤其是許寶瑩姊妹用心的整理、審閱和資料的補充，使這本書能順利出版。願榮耀歸給這位讓我們在基督裏得以同歸於一，同得基業的主上帝！

郭漢成、劉聰賜

目錄

第二篇　生活的勸誡及信末語（四1～六24）

專欄目錄

第一章

以弗所書導論

- 寫信人
- 寫作背景
- 受信人
- 全書內容扼要及大綱
- 參考書目

1.1 寫信人

雖然本書信說明寫信人為保羅(一1上;參三1、2～13,六19～20),但近兩百年來學術界常有人質疑這說法。下文將討論和比較兩方反對及贊成的論據。

1.1.1 反對保羅是作者的理據

反對保羅是作者的理據主要有3方面:寫信人與受信人的關係,寫作風格和遣詞用字,以及神學用詞和概念。

1.1.1.1 寫信人與受信人的關係

按照使徒行傳的記載,保羅曾在以弗所傳道並留在那裏約3年之久(徒十九章,二十31;參林前十六8),且與當地基督信徒建立了十分親密的關係(參徒二十17～38)。可是,以弗所書的內容卻沒有明顯記述這方面的處境資料。這反映寫信人可能對受信人沒有深入的認識,也不知道他們的教會生活狀況(弗一13、15～16)。支持保羅為作者的學者也未能從經文找到資料,來支持受信人明白上帝所託付於保羅的使命(三2)。再者,寫信人也沒有在信末語向教會和眾基督信徒作個人的問安。這種寫作手法不是保羅的風格。即使保羅未曾到訪過羅馬,但他也按他寫作的習慣,向當地基督信徒作詳盡的個人問安(參羅十六3～15)。

1.1.1.2 寫作風格和遣詞用字

此書信像神學論述文和莊嚴的頌讚禱文,這與保羅其他書信頗不相同。此外，它也出現了8個保羅鮮有採用的「贅句」(一3～14、15～23，二1～7，三2～13、14～19，四1～6、11～16，六14～20)，其中3個「贅句」的內容是頌讚詞和禱文(一3～14、15～23，三14～19)。❶ 這些句子含義豐富，其中有：「關係從句」、「分詞結構從句/短語」、「介詞短語」和「同義詞」(例如一章19節就用了4個同義詞來指「能力」)。

至於遣詞用字，本書信共用了41個「獨有詞彙」(***hapax legomenon***)，以及84個非保羅著作所用的詞彙，❷ 例如「選民團體」(*politeia*；二12)、「放蕩」(*asōtia*；五18)等。此書也有一些非保羅書信所用且獨特的短語，例如：

hapax legomenon 是希臘文用語。它的意思是指在某特定的文獻中，例如舊約希伯來文書卷或新約希臘文書卷中，只出現1次的詞語或短語。

- 「屬靈的福氣」(*eulogia pneumatikē*；一3)；
- 「創世」(*katabolēs kosmou*；一4)；
- 「過犯得以赦免」(*tēn aphesin tōn paraptōmatōn*；一7)；
- 「祂旨意的奧祕」(*to mustērion tou thelēmatos*；一9)；
- 「榮耀的父」(*to patēr tēs doxēs*；一17)；
- 「肉體……的意念」(*ta thelēmata tēs sarkos*；二3)；
- 「從基督學的」(*emathete ton Christon*；四20)等。

此外，本書也用了與其他保羅書信不同的詞彙來表達相同或相近的意思，包括「**魔鬼**」(*diabolos*；四27，六11)，對照「撒但」(*satanas*；參羅十六20；林前五5，七5；林後二11，十一14，十二7；帖前二18；帖後二9)；「愛子」(*ho ēgapēmenos*；一6)是以弗所書對基督的獨特稱呼；「得救」(*sōzō*；二5、8)，對照加拉太書和羅馬書常用的「稱義」(*dikaioō*)等。

教牧書信有出現「魔鬼」這詞(參提前三6、7、11；提後二26，三3；多二3)；不過這些書信被批評為是作者備受爭議的保羅書信。所以，難以斷定「魔鬼」是保羅常用。

1.1.1.3 神學用詞和概念

此書信的神學用詞之意思與其他保羅書信所用的有一定的差異，例如：「奧祕」（*mustērion*）的內容（一 9，三 3～ 4、9，五 32，六 19）與保羅其他書信不同（參林前十三 2，十四 2）；***oikonomia*** 指上帝的救恩計劃（一 10，三 9；除了三章 2 節）；基督作為教會的「頭」（一 22，四 15，五 23；參西一 18，二 19），可對照哥林多前書十二章和羅馬書十二章。在神學概念上，此書信有 3 個相當獨特的神學思想：

保羅其他書信的 oikonomia 是指教會領袖的職分（林前九 17；西一 25）。

- 以弗所書強調耶穌基督的復活、升高，以及他擁有宇宙性的主權（一 3～ 4、9～10、20～23，二 6，四 8～10），而甚少提及他釘十字架受苦（只有二章 16 節提到十字架）；他的死只出現在傳統的寫作格式上（參一 7，五 2、25）。至於基督信徒與基督的關係，其集中描繪基督信徒與基督「一同活過來」、「一同坐在天上」（二 5～6），而不是與基督同死。
- 教會論已趨成熟（一 22，三 10、21，五 23～33；參西一 18、24）。此書信所用的「教會」（*ekklēsia*）一詞皆指普世教會而非地方教會。這「教會」是「一個」的（四 4）、「聖潔」的（五 26～27）、「大公」的（一 22～23），「被建造在使徒和先知的根基上，而基督耶穌自己為房角石【或拱頂石】」（二 20）。此教會論不只與哥林多前書三章 11 節所說的基督是教會惟一的根基有差距，而且明顯已開始邁向體制化。
- 以弗所書強調已實現的終末論，所以基督信徒在地上的現實生活是重要的，特別是家庭成員彼此的關係（五 22～六 9）。寫信人對婚姻的態度相比保羅其他書信（參林前七章）也較積極及正面，甚至將夫妻關係比擬為基督與教會的關係（五 22～33）。再者，此書信強調，救恩是現在的事實，基督信徒已經與耶穌基督一同復活，一同坐在天上(二5～6)。

1.1.2 贊成保羅是作者的理據

贊成保羅是作者的學者也提出有力的論據和反駁。現列出7點作分析。

1.1.2.1 傳閱書信

以弗所書的結尾不像保羅其他書信般問候個別基督信徒，這可能與當時處境有關。這書信或許是一封傳閱書信，是給予以弗所城及附近地區的教會，故不便出現個別問安。再者，保羅也許已經離開以弗所一段日子，後來歸信的基督信徒對他可能不熟悉，因此他在書信中要再次自我介紹，並重新解釋上帝託付他的使命。事實上，保羅的書信，例如哥林多後書、加拉太書、腓立比書、帖撒羅尼迦前書、帖撒羅尼迦後書，都沒有個人問安。

1.1.2.2 對於出現獨特詞彙的觀點

此書即使出現獨特的詞彙，也不能成為否定保羅為寫信人的有力論據。在保羅其他的著作中，也出現相當多獨特的詞彙。單從加拉太書看，已有35個獨特的詞彙及90個只出現在非保羅書信中的詞彙。因此，較合理的解釋應該是保羅有豐富的詞彙庫和寫作資源，因此可以按照論述主題，書信內容的需要和性質，他與受信人的關係，以及特殊環境和議題等，而靈活地運用不同詞彙。再者，那些「贅句」也不是以弗所書獨有的，它也出現在保羅其他的書信中，例如：保羅的頌讚詞和禱告(羅八38～39，十一33～36；林前一4～8；腓一3～8；帖前一2～5；帖後一3～10；對照弗一3～14、15～23，三14～19)；當保羅要闡明重要教義內容時(羅三21～26；林前一26～29，二6～9；對照弗二1～7，三2～13)；保羅的勸勉(林前十二8～11；腓一27～二11；對照弗四1～6、11～16，六14～20)等。故此，語言和風格的差異不足以否定保羅為以弗所書的寫信人。

1.1.2.3 對於基督論的觀點

此書信並沒有忽略「耶穌基督的死」這議題，現列出有關經文作例證：

- 「藉著這愛子的血」(一7)；「靠著他【指基督】的血」(二13)；「以自己的身體終止了冤仇，廢掉那記在律法上的規條」(二14～15)；「藉這十字架」(二16)；「基督……捨了自己，當作……祭物獻給上帝」(五2)；「為教會捨己」(五25)等。
- 二章14至18節的神學主題，明顯就是因著「基督的十字架」，外邦人和猶太人得以與父上帝和好，使原本沒有指望的外邦人，靠著「他的血」得以親近上帝(二13)。

「基督的復活、升高和宇宙性主權」確實地也見於保羅的宣講(參徒二十三6，二十四14～15，二十六23)和書信中(羅八34；林前十五3～28；腓二9～11)，而以弗所書尤其強調基督的宇宙性，這可能與受信人當時的處境有關。亞諾德(Clinton E. Arnold)指出，保羅提出基督的宇宙性是為勉勵基督信徒堅持不懈地與那「執政的、掌權的」靈界惡魔爭戰(六12)。再者，若此書是一封傳閱書信，它強調普

世教會而不是地方教會，這是再自然不過了。❸

1.1.2.4 對於終末論的觀點

雖然以弗所書十分著重現世生活，但它也沒有忽略有關將來終末的教導。此書的主題「要照著所安排的，在時機成熟的時候，使天上、地上、一切所有的，都在基督裏面同歸於一」(一 10)就有非常強烈的終末意味。此書指出，基督信徒都等候得贖的日子，聖靈就是印記，也就是基督信徒得基業的憑據(一 13～14、18，四 30，五 5)。耶穌基督將會在那日得著聖潔、榮耀、毫無瑕疵的教會(五 27)。在那日，上帝的憤怒也必臨到那些悖逆的人(五 6)。

1.1.2.5 與保羅早期書信相似

以弗所書有好些觀念與保羅一些較早期的著作十分相似(有關這方面的例子，可參「附錄一」，頁 294～297)。其中有兩個可能性，即保羅是寫信人或保羅的門徒根據保羅的思想作編寫。若是後者，誰有此功力呢？有人認為是路加醫生，但這可能性不高，因為此書信的寫作風格及神學思想與路加福音和使徒行傳相距很遠。有人認為是帶信者推基古，因為他是保羅身邊的同工(六 21～22；西四 7～8；提後四 12)，可是他沒有留下任何著作可以比較。所以，寫信人極有可能就是保羅。

1.1.2.6 與歌羅西書相似

除此之外，許多學者留意到，以弗所書有相當多的地方與歌羅西書相似。以弗所書有 78 個短句與歌羅西書十分相似。這些相似之處佔了以弗所書 46% 的篇幅和歌羅西書 43% 的篇幅。❹ 因此有學者認為，以弗所書是由一位「託名者」模仿歌羅西書而寫成的。❺ 有關這兩封書信相似之處，可參「附錄一」（頁 297）。雖然如此，這兩封書信也有一些重要的差異。❻

以弗所書	歌羅西書
基督與教會的關係	基督與宇宙萬物的關係
強調教會是基督的身體	強調基督是教會的頭
較一般性和原則性	較個人化和處境化
沒有清楚暗示有謬論的存在	直接與錯誤教訓對壘
語調相當冷靜，像視察戰場，策劃未來	語調比較激烈，像在戰場上的情景

既然如此，我們該怎樣處理這兩封書信之間的關係呢？學者們提出至少 4 個不同的處理方案：

- 保羅是歌羅西書的作者，但不是以弗所書的作者。以弗所書是其他人託保羅的名以歌羅西書為藍本編寫的。
- 保羅不是歌羅西書和以弗所書的作者。它們都是其他人根據另一本更早而又失傳的著作編寫的。
- 假設歌羅西書有早期和後期版本。以弗所書是根據早期歌羅西書版本編寫，後來另有一人根據以弗所書來改寫成後來的歌羅西書。此觀點嘗試解釋歌羅西書的某些思想比以弗所書更為發展之原因。
- 歌羅西書和以弗所書都是保羅的著作。它們之間的相似及相異的地方，是因為兩者有不同的寫作處境。一般學者都認為保羅先寫歌羅西書，然後寫以弗所書。

第二及第三方案只是推測而已，並沒有任何具體文獻的支持，第一和第四方案值得進一步探討。若我們接受歌羅西書為保羅所寫，我們理應可以接受以弗所書也是他所寫的，其原因有兩個：

第一，從兩封書信的內容作推論。根據歌羅西書四章7至8節提到推基古是這封書信的送信人，而以弗所書六章21至22節同樣提到推基古帶著一封信到訪不同的教會。因此，這兩封書信應該是同時期的著作吧！不過，歌羅西書是針對某一教會特定處境寫的，而以弗所書卻是給不同教會公開傳閱的書信（參「受信人」的討論，頁11～12）。

第二，以加拉太書和羅馬書作類比。保羅寫加拉太書是因為當地的外邦基督信徒正面對猶太化運動的攪擾，他是在一個特殊處境來論證因信稱義和基督信仰的意義；羅馬書則較系統地、全面地重組和補充加拉太書的論證。因此，它們之間有許多相似之處，但也有差異之處。以弗所書可能也屬類似情況。

1.1.2.7 內證

最後，以弗所書的開首句（一1）和內文（三1），以及其中提及的個人逼真和細膩的敘述（六19～22）都清楚表明一件事實，就是寫信人為保羅。

綜合以上的討論，保羅是以弗所書的作者仍是最合理的推測。事實上，早期教父如安提阿的伊格那丟（Ignatius of Antioch）、愛任紐（Irenaeus）、迦太基的特土良（Tertullian of Carthage）、亞歷山大的革利免（Clement of Alexandria），都認為以弗所書屬保羅的著作。[7] 第二世紀的「穆拉多利經目」（The Muratorian Canon）亦收錄此書信為保羅著作。總括來說，我們將視以弗所書為保羅的著作並嘗試了解保羅後期的神學思想。

1.2 寫作背景

軟禁是一種對囚犯的懲罰。他是被困在一間屋（或家中）而不是監牢中，他只可以在屋內自由行動但不能離開這屋。受這懲罰的囚犯可能只犯了較輕的罪或判決的日子仍未來到。

若以弗所書是保羅的著作，他是在怎樣的處境和哪個時期寫的呢？根據內證，他是在被囚禁在監獄裏，或較準確地說，他是在被「**軟禁**」（house arrest）並失去自由的時候寫以弗所書的（三1，四1，六20）。因此，以弗所書也被稱為「監獄書信」（參腓一7、13～14、17；西四3、18；門1、9～10、22～23節）。

事實上，保羅曾多次被拘禁（林後六5～十一23），或許也曾在以弗所坐過監牢（林前十五8）。不過，這些都是保羅較早期的遭遇，未必符合以弗所書的情況。根據使徒行傳，保羅也曾被囚禁多年（徒二十一～二十八章）。根據羅馬書十五章22至29節，保羅定意上耶路撒冷去，把外邦教會的「奉獻」交給耶路撒冷貧窮的弟兄姊妹（參林前十六1～7；林後八8～14）。雖然他預知自己在耶路撒冷會有生命危險（羅十五30～33），但仍堅持上路。最後，他在耶路撒冷的聖殿裏被捕（徒二十一27～40），而接著就是好些年的囚禁生活。根據使徒行傳，保羅被囚禁的地點包括耶路撒冷（徒二十一17～二十三35）、凱撒利亞（徒二十四1～二十六32；約公元57～59年間），以及羅馬（徒二十八16～31；約公元60～62年間）。傳統觀點大多接受「監獄書信」是保羅在羅馬被囚禁時期寫的。

至於那些拒絕保羅為寫信人的，他們都把以弗所書的寫作日期推算為公元70至90年間。由於以弗所書沒有提及保羅何時被釋放，其他書信也沒有這資料（腓一19～26；門22節），因此我們推算它是保羅在羅馬被囚禁的早期寫的（公元60年初）。在這段期間，保羅住在自己所租的房子裏，但受羅馬兵丁看守（徒二十八 30～31）。獲釋之後，他四處傳道，也寫了提摩太前書和提多書。後來又再被逮捕下監，在監獄中寫了提摩太後書，最後在羅馬為主殉道。

保羅寫以弗所書時必定有許多思考和感觸（參羅九～十一章）。一方面他本身失去自由（可能已有 5 年之久），另一方面，初代教會領袖已經年紀老邁。這個始於第一世紀 30 年代，從耶路撒冷開始，以猶太基督信徒為主的基督信仰運動，如今來到 60 至 70 年代已遍佈羅馬帝國的許多主要地區，也愈來愈多外邦人歸信基督。這個基督羣體將有怎樣的前景？這個由猶太人和外邦人組成的羣體又將會如何演變？上帝對祂所救贖的子民有甚麼期望？甚麼是上帝的永恆計劃？上帝要如何將它實踐在地上？這個基督羣體要如何同歸於一，同得基業呢？

1.3 受信人

1.3.1 給「在以弗所的」

當提及此書受信人的時候，須留意的是，**一些重要的古老抄本都是沒有「在以弗所的」**（*en Ephesō*）這介詞短語。雖然有學者堅持「在以弗所的」這介詞短語出自保羅本身，但他們仍無法解釋為何它沒有出現在古抄本裏。因此，許多學者認為原稿沒有這個短語，但有一個空格讓帶信者推基古以口頭說出誰是受信人。不過，有學者如琳幸（Andrew T. Lincoln）卻認為原稿有「希拉坡里」和「老底嘉」這兩個地方的名字（參西四 13）。❽

其中幾個最重要的古抄本有：「梵蒂岡抄本 B」（Codex Vaticanus B）、「西奈抄本」（Codex Sinaiticus）和「貝蒂蒲草紙抄本 P^{46}」（Chester Beatty Papyrus P^{46}）。這些抄本裏都沒有「在以弗所的」這介詞短語。

有學者認為後來的抄本沒有這些記錄是因為老底嘉教會的名聲不好(啟三15～16)，故被除名。

當提及「老底嘉」，馬吉安正典也稱這卷書信為「老底嘉書」，但**後來的抄本卻沒有這些記錄**。相當多學者仍是認為它是一封「傳閱書信」，由推基古送到亞細亞各地的教會（參六21～22；另參西四7～8；提後四12）。此書沒有保羅式的個人問安，更加支持它是一封「傳閱書信」（如彼得後書一章1節和猶大書1節都沒有明確的受信人般）。它所針對的議題也許不是一個地方性的問題（如歌羅西教會面對假教義的問題），而是一個地區性的挑戰。從這卷書的內容來看（二1～2、11～13，四17～19），受信人是以外邦基督信徒為主。作為「傳閱書信」，以弗所書是保羅寫給那些居住在以弗所城及附近地區(即亞細亞一帶)的基督信徒。

1.3.2 以弗所城

另外兩個國際貿易中心分別是埃及的亞歷山大和敍利亞的安提阿。

以弗所是亞細亞的第一大城市，位於亞細亞的首都別迦摩以南90公里。以弗所有一個很大的歌劇院，可容納24,000人。從商業上看，這城是**3大國際貿易中心**之一；在藝術與科技上看，這城市是哲學家、詩人、藝術家、演講家長期聚居之處。在學術層面上，哥林多是它的其中一個勁敵。從宗教上看，這城主要供奉女神亞底米（又稱狄安娜〔Diana〕），她是以弗所的守護神。城內建有亞底米神廟，是聞名於當時的世界的。除了供奉這女神，許多以弗所人也參與凱撒帝王崇拜，以及各種與邪術有關的活動。保羅提醒基督信徒「並不是對抗有血有肉的人，而是對抗那些執政的、掌權的、管轄這幽暗世界的，以及天空靈界的惡魔」（六12）可能就是針對這些偶像和神明而說的。此外，保羅在此書多處提到父上帝和耶穌基督的大能（一15～23，三14～19、20～21，六10～

20)，可能也是對應當時的人所信奉的神明。

以弗所城的中央街道。它將這城特色顯露無遺。圖中央是城的主要路道，路的盡頭是著名的圖書館，這大型建築物反映了以弗所人的博學。圖片中央靠右下是一座神明雕像，這像反映了以弗所人供奉神明的普遍性。

1.3.3 保羅與以弗所基督信徒的關係

根據使徒行傳，保羅在第二次宣教旅程後返回安提阿途中，稍逗留在以弗所一段很短的時間(徒十八 18～21；約公元 52 年間)。在第三次宣教旅程中，保羅則在以弗所住下約 3 年之久(徒十九，二十 31；約公元 52～55 年間)。他在以弗所的傳道事工有奇特的果效，在此他曾經歷的事迹如下：

- 他為施洗約翰的 12 位門徒施洗(徒十九 1～7)；
- 他在推喇奴講堂與人辯論(徒十九 8～10)；

圖中高聳於以弗所城山上的建築物就是亞底米神廟遺址

亞底米神廟的模型

- 他行過神蹟（徒十九 11～16），甚至使行邪術的人也信了基督並焚燒那些異教書籍（徒十九 17～20）；
- 因為太多人由供奉女神亞底米改為信奉基督，神廟銀匠底米丟生意大受影響，引起騷亂（徒十九 23～41）。

保羅完成第三次宣教旅程返回耶路撒冷途中，他曾在米利都召見以弗所教會的長老，並在那裏憶述往事（徒二十 17～38）。此外，保羅在哥林多後書十一章 23 節提及他為基督受苦及多次被捉下監，又被鞭打的經歷，這相當可能反映他在以弗所曾入過監牢。後來，保羅也曾差派提摩太去牧養以弗所教會（提前一 3）。

雖然以弗所有許多猶太人居住，但大部分基督信徒都是外邦人（參徒十九 10、17）。若這些基督信徒是在公元 52 至 55 年間歸信基督，而以弗所書是於公元 60 年初寫成的話，當此書被公開宣讀時，這些基督信徒的歸信年日還不是很長。另外，以弗所教會在亞細亞也逐漸扮演「母會」的角色。根據傳説，在第一世紀末使徒約翰成了亞細亞地區基督信徒的屬靈牧者，而以弗所教會也繼承了敍利亞的安提阿教會的宣教工作，成為宣教事工的新總部。啟示錄的作者對此教會有相當不錯的評論（啟二 1～7）。

1.4 全書內容扼要及大綱

如保羅其他書信般，本書可分為 3 個主要部分：信首語（一 1～2）、信的主體（一 3～六 20）和信末語（六 21～24）。信首語（一 1～2）提到寫信人為保羅（一 1 上），受信人為以弗所及鄰近地區亞細亞一帶的基督信徒（一 1 下），以及問安語（一 2）。在信末語（六

21～24），保羅提及他差派推基古為代表的目的（六21～22）和他寫給教會的祝福語（六23～24）。

信的主體是書信的主要內容（一3～六20）。若以四章1節的轉接句「我……勸」（*parakalō oun*；原文直譯為「因此，我勸」，「和修版」沒有將「因此」譯出來）來看，信的主體可以分為兩大部分。第一部分是以頌讚和禱告的框架來論述耶穌基督的救恩（一3～三21）；第二部分是以勸告來講論基督信徒當如何行事為人（四1～六20）。

在第一部分，保羅透過「長段感謝和禱告」（Extended Thanksgiving and Prayer）來論述基督信徒在基督裏所擁有的屬靈身分與特權。保羅的思路從「天上」（一3）這主題作開始，以「救恩」為框架，從上帝在創世以前的揀選，到耶穌基督的救贖，再到聖靈的印證。這部分可再分為4大段落：

- 以猶太敬拜傳統的「頌讚」來稱謝讚美父上帝在基督裏的旨意，以及基督信徒在三一上帝裏所擁有的各樣屬靈福氣（一3～14）。
- 以「感謝與祈禱」說明上帝的大能在耶穌基督的身上彰顯出來，以及其對教會的意義（一15～23）。
- 接著是「岔句」，進一步說明上帝的大能如何彰顯在3個層面（二1～三13）。第一，在基督信徒個人層面，提醒他們反思個人的得救經歷（二1～10）；第二，在基督信徒羣體層面，提醒猶太基督信徒和外邦基督信徒在基督裏的合一，尤其是外邦基督信徒也有分於新的創造和新的殿（二11～22）；第三，在保羅作為外邦人使徒的事工層面，提醒基督信徒所欠保羅的債（三1～13）。
- 保羅繼續他的代禱內容和榮耀頌，期盼基督信徒更深體驗基督豐盛的愛（三14～21）。

在第二部分，保羅轉而論述歸信基督的人在地上的「行事」（*peripatein*；五 2、8，原文意思是「行走」）。此段落是提醒和勸勉基督信徒在地上不同層面上應有的生活方式。它包括 4 方面：

- 教會生活（四 1～16）：基督信徒在這方面當竭力保守教會的合一，彼此配搭事奉，一同邁向成熟；
- 新人新樣式的見證（四 17～五 21）：每一個基督信徒當有的生命質素和在屬靈事情上的追求；
- 家庭倫理關係的生活（五 22～六 9）：其中包括夫妻關係（五 22～33）、親子關係（六 1～4），以及主僕關係（六 5～9）；
- 屬靈爭戰的生活（六 10～20）：這說明地上層面的生活和「天上」的事是不能分割的。

此大段落相當全面地解釋基督信徒在地上生活的各層面，尤其強調如何將信仰具體落實在地上的生活中。如此看來，我們可以用一個大 V 型來概括以弗所書的內容思路；開始是講述「天上」的事（一 3～三 21），然後到「地上」（四 1～六 9），再返回「天上」（六 10～20）。「天上」是上帝永恆的旨意；「地上」是基督信徒的「行事為人」。按內容和思路，以弗所書的大綱分析簡略如下（另有學者列出的大綱，請參「附錄二」，頁 297～299）：

一、信首語：問安（一 1～2）

二、信的主體（一 3～六 20）

A. 長段感謝和禱告：救恩框架（一 3～三 21）

1. 頌讚：上帝在基督裏的旨意和屬靈福氣（一 3～14）
2. 感謝與祈禱：聖徒能明白上帝之大能和對教會的意義（一 15～23）

3.「岔句」(二 1～三 13)

a. 在基督裏出死入生的恩典:提醒基督信徒有關救恩的經歷(二 1～10)

b. 在基督裏合而為一:提醒外邦基督信徒有分於新創造和新聖殿(二 11～22)

c. 保羅提醒基督信徒所欠他的債(**三〔1〕2～13**)

三章 1 節不屬於「岔句」(在下文經文析讀會作詳細解釋),保羅在三章 14 節之後回到原本思路,繼續禱告。

4. 代禱內容和榮耀頌:更深體驗基督豐盛的愛(三 14～21)

B. 提醒和勸勉:地上的生活(四 1～ 六 20)

1. 竭力保守教會的合一:教會基地(四 1～16)

2. 活出新生命樣式:生活見證(四 17～ 五 21)

a. 舊我和新我:基本原則(四 17～24)

b. 新人在羣體中的生活:新舊對比(四 25～32)

c. 新人在教會外的生活:上帝兒女的樣式(五 1～14)

d. 當作「智慧人」(五 15～21)

3. 在基督裏的「家戶經營」(五 22～ 六 9)

a. 夫妻關係(五 22～33)

b. 親子關係(六 1～4)

c. 主僕關係(六 5～9)

4. 與屬靈惡魔爭戰(六 10～20)

三、信末語:問安及祝福(六 21～24)

筆者考量到,一章 3 節至六章 20 節所要討論的議題頗多,有某些經文需要更仔細作詳細分析,如「岔句」這部分(二 1～三 13),以及活出新生命樣式:生活見證(四 17～五 21)這部分。為此,在接著的析讀是按以上大綱方向作了一些調整,將經文分為兩大篇。第一篇是信首語（一1～2）及長段感謝和禱告（一3～三21）；第二篇是勸勉基督信徒在地上的生活（四1～六20）及信末語（六21～24）。現將此析讀部分的內容列出如下：

第一篇：救恩框架（一1～三21）

　　第二章　信首語：問安（一1～2）
　　第三章　讚美上帝在基督裏所賜屬靈的福氣（一3～14）
　　第四章　為基督信徒能更多認識上帝而祈禱（一15～23）
　　第五章　基督大能的彰顯：救贖與和睦（二1～22）
　　第六章　保羅宣揚在基督裏的奧祕（三1～13）
　　第七章　保羅為基督信徒祈禱（三14～21）

第二篇：生活的勸誡及信末語（四1～六24）

　　第八章　竭力保守教會的合一（四1～16）
　　第九章　活出新生命的樣式（四17～24）
　　第十章　基督信徒在教會內外的生活態度（四25～五21）
　　第十一章　在基督裏的「家戶經營」（五22～六9）
　　第十二章　與屬靈惡魔爭戰（六10～20）
　　第十三章　信末語：問安及祝福（六21～24）

參考書目

專論書

亞德邁耶、格林、湯瑪恩：《新約文學與神學——新約後期著作及背景》。伍美詩譯。香港：天道書樓，2006。

郭漢成：《加拉太書導論》。香港：基道出版社，2003。

陳濟民：《保羅神學的十堂課》。台北：校園書房，2008。

馮蔭坤：《恩賜與事奉——保羅神學點滴》。香港：天道書樓，1980。

黃錫木、周健文、岑紹麟編：《新約背景文獻選輯》。香港：國際聖經協會，2000。

盧龍光：《基督教的身份尋索——使徒行傳和新約書信導論》。香港：天道書樓，2006。

Arnold, Clinton E. *Ephesians: Power and Magic. The Concept of Power in Ephesians in Light of Its Historical Setting.* SNTSMS 63. Cambridge: CUP, 1989. = *Power and Magic: The Concept of Power in Ephesians.* Grand Rapids, MI: Baker, 1997.

Dunn, James D.G. *Beginning from Jerusalem*. Grand Rapids, MI: Eerdmans, 2009.

_____________. *The Partings of the Ways: Between Christianity and Judaism and Their Significance for the Character of Christianity.* London: SCM, 1991. 2nd edition, 2006.

_____________. *Unity and Diversity in the New Testament: An Inquiry into the Character of Earliest Christianity*. 3rd edition. London: SCM, 2006.

Heil, John P. *Ephesians: Empowerment to Walk in Love for the Unity of All in Christ*. Leiden: Brill, 2007.

Kuhn, Karl G. "The Epistle to the Ephesians in the Light of the Qumran Texts". In *Paul and Qumran: Studies in New Testament Exegesis*, 116～131. Edited by J. Murphy-O'Connor and James H. Charlesworth. London: Chapman, 1968.

Longenecker, Richard N. *New Wine into Fresh Wineskins: Contextualizing the Early Christian Confessions.* Peabody, MA: Hendrickson, 1999.

Malina, Bruce J. *The New Testament World: Insights from Cultural*

Anthropology. Louisville, KY: Westminster John Knox, 1981.

Marshall, I. Howard, Stephen Travis and Ian Paul. *Exploring the New Testament: A Guide to the Letters and Revelation*. Downers Grove, IL: IVP, 2011.

Puskas, Charles B. *The Letters of Paul: An Introduction*. Good News Studies 25. Collegeville: Liturgical, 1993.

Sanders, E.P. *Judaism: Practice and Belief 63 BCE ~ 66 CE*. London: SCM, 1992.

Sherwin-White, A.N. *Racial Prejudice in Imperial Rome.* Cambridge: CUP, 1967.

Yee, Tet-Lim N. *Jews, Gentiles and Ethnic Reconciliation: Paul's Jewish Identity and Ephesians*. SNTSMS 130. Cambridge: CUP, 2005.

釋經書

巴克萊：《加拉太書、以弗所書注釋》。周郁晞譯。香港：基督教文藝出版社，1993。

周聯華：《加拉太書、以弗所書》。香港：基督教文藝出版社，1989。

張達民、黃錫木：《使徒行傳與保羅書信要領》。香港：基道出版社，2003。

郭漢成：《天上藍圖、人間版圖——以弗所書詮釋》。吉隆坡：文僑傳播中心，2010。

斯托得：《以弗所書》。陳恩明譯。台北：校園書房，1997。

Abbott, Thomas K. *A Critical and Exegetical Commentary on the Epistle to the Ephesians and to the Colossians*. Edinburgh: T & T Clark, 1909.

Barth, Markus. *Ephesians*. ABC 34 ~ 35A. Garden City, NY: Doubleday, 1974.

Best, Ernest. *Ephesians: A Critical and Exegetical Commentary on Ephesians*. ICC. Edinburgh: T & T Clark, 1998.

Bruce, F.F. *The Epistle to the Colossians, to Philemon and to the Ephesians*. NICNT. Grand Rapids, MI: Eerdmans, 1984.

Caird, G.B. *Paul's Letters from Prison: Ephesians, Colossians, Philemon*. Oxford: OUP, 1976.

Dunn, James D.G. "Ephesians." In *The Oxford Bible Commentary*, 1165 ~ 1179. Edited by J. Barton and J. Muddiman. Oxford: OUP, 2001.

______________. *The Epistles to the Colossians and to Philemon: A Commentary on the Greek Text*. NIGTC. Grand Rapids, MI: Eerdmans; Carlisle: Paternoster Press, 1996.

Fee, Gordon D. *God's Empowering Presence: The Holy Spirit in the Letters of Paul*. Peabody, MA: Hendrickson, 1994.

Hoehner, Harold W. *Ephesians: An Exegetical Commentary*. Grand Rapids, MI: Baker Academic, 2002.

Lincoln, Andrew T. *Ephesians*. WBC 42. Garden City, NY: Doubleday, 1990.

MacDonald, Margaret Y. *Colossians and Ephesians*. SP. Collegeville, MN: Liturgical, 2000.

Motyer, Steve. *Ephesians*. Leicester: Crossway, 1999.

O'Brien, Peter T. *The Letter to the Ephesians*. Grand Rapids, MI: Eerdmans; Leicester: Apollos, 1999.

Schnackenburg, Rudolph. *The Epistle to the Ephesians: A Commentary*. Edinburgh: T & T Clark, 1991; German Original EKKNT in 1982.

Witherington III, Ben. *The Letters to Philemon, the Colossians, and the Ephesians: A Socio-Rhetorical Commentary on the Captivity Epistles*.

Grand Rapids, MI: Eerdmans, 2007.

Wright, N.T. *Paul for Everyone: The Prison Letters: Ephesians, Philippians, Colossians and Philemon*. London: SPCK, 2004.

釋經短註

❶ 有關以弗所書的「贅句」，學者對此有不一樣的看法。筆者採用了赫爾拿（Harold W. Hoehner）所提出的 8 個「贅句」，這是因為他列出的「贅句」較為清楚。這可參 Harold W. Hoehner, *Ephesians: An Exegetical Commentary* (Grand Rapids, MI: Baker Academic, 2002), 28。其他的學者如奧布賴恩（Peter T. O'Brien）也有列出他認為的「贅句」（一 3～14、15～23，二 1～7，三 3～13，四 11～16，六 14 ～ 20），參 Peter T. O'Brien, *The Letter to the Ephesians* (Grand Rapids, MI: Eerdmans; Leicester: Apollos, 1999), 6～7。比斯（Ernest E. Best）也有列出「贅句」（一 15～23，二 14～18，三 2～7、8～12、14～19，四 11～16），參 Ernest Best, *Ephesians: A Critical and Exegetical Commentary on Ephesians* (Edinburgh: T & T Clark, 1998), 109。不過，庫恩（Karl G. Kuhn）指出這些鬆散連接的從句常見於「死海古卷」的昆蘭文獻，因此以弗所書的寫信人極可能承傳了這個傳統，參 Karl G. Kuhn, "The Epistle to the Ephesians in the Light of the Qumran Texts," in *Paul and Qumran: Studies in New Testament Exegesis*, ed. J. Murphy-O'Connor and James H. Charlesworth (London: Chapman, 1968), 116～131。在翻譯這些經文之時，無論中文或英文譯本，都將這些「贅句」拆成短句，因此很難發現這些句子與保羅其他書信不同的地方。

❷ 至於使用「獨有詞彙」及非保羅著作所用詞彙的次數，普司卡斯（Charles B. Puskas）有不同看法，他認為此書信有 38 個「獨有詞彙」及 44 個非保羅著作所用的詞彙。參 Charles B. Puskas, *The Letters of Paul: An Introduction*, Good News Studies 25 (Liturgical, 1993), 128。

❸ 有關亞諾德（Clinton E. Arnold）對保羅提出基督的宇宙性這論點，可參 Clinton E. Arnold, *Ephesians: Power and Magic. The Concept of Power in Ephesians in Light of Its Historical Setting*. SNTSMS 63 (Cambridge: CUP, 1989) = *Power and Magic: The Concept of Power in Ephesians* (Grand Rapids, MI: Baker, 1997)。

❹ 以弗所書與歌羅西書相似的這個統計數字，是參自韋特寧頓：Ben Witherington III, *The Letters to Philemon, the Colossians, and the Ephesians: A Socio-Rhetorical Commentary on the Captivity Epistle* (Grand Rapids, MI: Eerdmans, 2007), 13。

❺ 有關託名的討論，可參 I. Howard Marshall, Stephen Travis and Ian Paul, *Exploring the New Testament: A Guide to the Letters and Revelation* (Downers Grove, IL: IVP, 2011), 171～172；盧龍光：《基督教的身份尋索：使徒行傳和新約書信導論》（香港：天道書樓，2006），頁 362 ～ 364。另外，韋特寧頓（Ben Witherington III）提出提摩太也是一個代筆者的可能性，可參 Witherington, *The Letters to Philemon, the Colossians, and the Ephesians*, 24 ～ 25。有關代筆者或文書的角色，可參 E. Randolph Richards, *The Secretary in the Letters of Paul*, WUNT 2/42 (Tübingen: JCB Mohr, 1991)。亞德邁耶、格林、湯瑪恩等曾提出相同意見，都認為：「根據希羅時代的做法，若有人從別人那裏得到一些意念，就應該要在寫作時指出那些思想的來源，並要指出那人是有關文獻的作者。若不這樣做反而會被視為不誠實。」參亞德邁耶、格林、湯瑪恩：《新約文學與神學：保羅及其書信》（香港：天道書樓，2005），148。

❻ 以弗所書與歌羅西書的分別之列表，是修改自詹遜：《新約精覽》，李秀芳、李巧玲譯（香港：宣道出版社，1999），頁 285。

❼ 提及與以弗所書有關資料的教父著作包括：安提阿的伊格那丟（*Ephesians* 2；*Magnesians* 2；*Philadelphians* 4；*Smynaeans* 1.2, 12；*Trallians* 5.2）、愛任紐（*Adversus Haereses* 3.14.1）、迦太基的特土良（*De Praescritione Haereticorum* 7）、亞歷山大的革利免（*Stromateis* 1.1）。

❽ 有關琳幸對讀者為以弗所的基督信徒這看法，可參 Andrew T. Lincoln, *Ephesians*, WBC 42 (Garden City, NY: Doubleday, 1990), 3～4。

第一篇

救恩框架

（一1～三21）

這部分包括「信首語」（一 1～2）及「信的主體」的第一部分（一 3～三 21）。在詳細討論一章 3 節至三章 21 節之前，我們先留意這個大段落的主要思路。根據第一章列出的大綱（參「1.4 全書內容扼要及大綱」，頁 15～19），這大段落是以「救恩」的框架來描述上帝從創立世界以前的揀選，及至耶穌基督的救贖，然後到聖靈的印證。保羅在以弗所書從上帝在「天上」的永恆旨意講述到基督信徒在「地上」的具體實踐。上帝的永恆旨意就是「要照著所安排的，在時機成熟的時候，使天上、地上、一切所有的，都在基督裏面同歸於一」（一 10）。因此，保羅先在一章 3 節至三章 21 節為基督信徒在地上得以落實「同歸於一，同得基業」提供神學基礎。

首先，保羅透過「頌讚」說明基督信徒在耶穌基督裏有豐富的屬靈身分與特權（一 3～14）。他以猶太傳統的「頌讚詞」（希伯來文是 *bārak̠*；直譯作「……有福了」）格式來宣告三一上帝的恩典，以及基督信徒在三一上帝裏所擁有「天上各樣屬靈的福氣」。❶ 接著，保羅透過「感謝與祈禱」說明那位復活，然後升到天上的耶穌基督與教會——他的身體——之間的關係（一 15～23）。然後，保羅插入「岔句」說明上帝的大能如何彰顯在 3 個層面。在基督信徒個人層面，保羅提醒他們個人的得救經歷（二 1～10）；在基督信徒羣體層面，保羅提醒猶太基督信徒和外邦基督信徒在基督裏的合一，尤其強調外邦基督信徒也有分於新創造和新聖殿（二 11～22）；在保羅作為「外邦人的使徒」的事工層面，他提醒基督信徒所欠保羅的「債」（三 1～13）。最後，保羅延續他在一章 15 節開始的禱告（三 14～19），並以榮耀頌（三 20～21）來結束。

此外，在這個大段落中，我們觀察到「我們」、「你們」、「他們」這些代名詞的交替出現：

- 「我們」（一 3～12）→「你們」（一 13）→「我們」（一 14）；

- 「你們」（二1～2）→「我們」和「他們」（二3）→「我們」和「你們」（二4～7）→「你們」（二8～9）→「我們」（二10）；
- 「你們」（二11～13）→「我們」（二14～16）→「你們」（二17）→「我們」（二18）→「你們」（二19～22）；
- 「你們」（三14～19）→「我們」（三20～21）。

「我們」有兩個可能的意義。當保羅說「我們」之時，這個代名詞有時包括猶太基督信徒和外邦基督信徒（包含性的我們）；有時只包括猶太基督信徒（排他性的我們）。我們可以藉著上下文的內容來決定這個代名詞所指涉的羣體。「你們」是指受信人，就是原本信奉異教，後來歸信耶穌基督的外邦基督信徒，而「他們」就是指那些仍未歸信的外邦人。

最後，為了幫助我們對這整段經文的大輪廓有一個初步的印象，我們將其中所出現的一些重要詞彙列在下表：

經文	句子結構	主題	有關上帝／基督的描述	基督信徒
一3～14	頌讚	天上屬靈的福氣	三一上帝	我們／你們
一15～23	感謝與祈禱	對屬靈事情的認識	基督復活的大能	教會：基督的身體
二1～10	岔句	救恩：生命轉變	上帝的大愛、基督的救恩	基督信徒個人層面：在基督裏的新地位，就是與主聯合
二11～22	岔句	救恩：關係轉變	基督拆毀了中間隔絕的牆	基督信徒整體層面：在基督裏的新關係，就是彼此合而為一
三2～13	岔句	福音的奧祕；使徒保羅的職分	上帝奧祕的啟示	外邦基督信徒被接納為上帝的子民
三14～19	禱告祈求	體驗屬靈大能和基督的愛	三一上帝	你們：生命的體驗
三20～21	頌讚	榮耀歸於上帝	基督與教會	我們

第二章

信首語：問安（一1～2）

- 寫信人：保羅
- 受信人：以弗所的眾聖徒
- 問安語

經文

1 [1]奉上帝旨意作基督耶穌使徒的保羅，寫信給在以弗所的眾聖徒，
就是在基督耶穌裏忠心的人。[2]願恩惠、平安從我們的父上帝和主
耶穌基督歸給你們！

古代典型的希羅書信格式主要包括3部分：信首語（包含寫信人、受信人和問安）、信的主體（主要信息或內容）及信末語（包含祝願和問安）。猶太函件也有類似格式，主要分別在於信首語問安中較多採用猶太人慣用的「平安」（希伯來文是 *šālôm*；希臘文是 *eirēnē*）的詞彙，而非希臘的「恩惠」（*chairein*）。新約書信格式，尤其是保羅書信，雖然與這個傳統十分相似，但也別具創意。一般來説，新約書信的特色介乎個人性和教會性，類別包括聯繫友誼、舉薦、請求、勸勉、安慰、稱讚、感謝、審問、責備等，其目的是為透過書信牧養教會。在格式方面則相當固定，包括4部分：信首語、感謝和祝禱、信的主體及信末語，其中感謝和祝禱的部分是增添的格式，這格式可能反映了當時的書信大多數是在教會敬拜聚會時公開誦讀的。

正如一般新約書信，以弗所書也可分為3個主要部分：信首語（一1～2）、信的主體（一3～六20）和信末語（六21～24）。感謝和祝禱這部分則出現在信的主體前半部（一3～三21）。信首語包括所提及的寫信人（一1上）、受信人（一1下）和問安語（一2）這3個部分。

2.1 寫信人：保羅（一1上）

這節經文提到寫信人為「奉上帝旨意作基督耶穌使徒的保羅」（1節上）。有關此書是否確實由保羅所寫，可參第一章導論的分析（頁2～9）。至於寫信人——保羅——的身分，則有如此的描述：

一、他是「使徒」

「使徒」（*apostolos*）原意指深信有耶穌基督的差遣，並向遠方宣告福音的傳道者。「使徒」的觀念源自舊約時代猶太社會的一種「差遣

Shaliah 源自希伯來文 *šālaḥ* 這動詞，意思是「差派」。

制度」（***Shaliah***）。這些使徒甚至能行神蹟、奇事、異能（林後十二 12）；他們的職分是受耶穌基督差遣，被賦予權柄去宣告天國的福音——耶穌基督的受死、復活和新生命的應許。基於復活的耶穌基督曾在大馬士革路上向保羅顯現，並特派他作外邦人的使徒（參加一 15，二 7～9；林前九 1，十五 8～10），所以他亦有這身分。保羅如此自稱，除了為表明自己的身分，也為顯示一種權威，表示他背後的差遣者是主耶穌基督。

「使徒」的稱謂

「使徒」在新約裏有狹義和廣義的意思。在狹義上，「使徒」是指耶穌在世時所選立的 12 個門徒，他們曾經和耶穌一起生活，親眼見證耶穌的事工和教導，後來得了使徒的職分（太十 1～4；可三 14，六 30；路六 12～13；徒一 21～22）。此外，也有耶穌特別委任為使徒的保羅（加一 1，二 6～9；羅一 5，十一 13，十五 15～16；林前九 1～2，十五 8～10；弗三 1～13；另參徒十三 1～3，十四 4、14）。但是，「使徒」這詞在廣義上則是指那些擁有上帝特別的權柄去傳揚福音的人，也可以包括那些「被認為是使徒」的人，如耶穌的兄弟雅各（林前十五 7；加一 19）、巴拿巴（徒十四 4、14；林前九 6）、安多尼古和猶尼亞（羅十六 7），可能也包括西拉和提摩太（帖前一 1，二 6～7），以及亞波羅（林前四 6、9）。這些基督信徒有使徒的恩賜，卻沒有 12 個門徒和保羅有的職分和權柄。不過，保羅似乎認為作使徒的必要條件應包括親眼見過復活的主，受他差遣，還有事工的成果（林前九 1～2）。基於耶穌基督曾在大馬士革路上向他顯現，他也視自己為「使徒」。

使徒的功能是宣揚福音（林前一 17；加一 16）、見證耶穌基督的復活（羅一 1～4；參徒一 22，二 32，三 15，四 44）、設立教會（林前三 10，九 1）、把已開設的教會建立起來（林前十一 28～29）。使徒的事工很特殊，他們周遊四方，開墾新教會和探訪現有的教會，這顯然是巡迴宣教旅行的職事，而非只逗留在一間教會的職事。

二、他是「奉上帝旨意作基督耶穌使徒」

保羅強調他蒙召作使徒去傳福音是「奉上帝旨意」（*dia thelēmatos theou*），這暗示了他是由上帝揀選的（參羅一1；林前十五10；林後五18）。保羅相信他之所以蒙揀選並非因為他有任何長處，只因為出於上帝的恩典與計劃而已。保羅如此描述自己，他顯然認為自己的使徒職分與12位使徒完全相同（參加二6～9；林前九1、5）。他這樣表達自己使徒的職分並非為了表現他擁有權力，而是為凸顯上帝託付他特殊的使命。他為此付出極大的代價，甚至付上生命（林後十一23～28）。❷

2.2 受信人：以弗所的眾聖徒（一1下）

受信人是「在以弗所的眾聖徒，就是在基督耶穌裏忠心的人」。從這節經文來看，以弗所書是寫給以弗所城的基督信徒。經文的內容可分3點來分析。

一、「在以弗所」的

有關受信人——「在以弗所」（*en Ephesō*）的基督信徒——有古卷是沒有「在以弗所」這短語。究竟受信人是否指以弗所城的信仰羣體呢？這可參第一章導論的分析（頁11～12）。

二、「聖徒」

「聖徒」這名詞在以弗所書共出現9次（一1、15、18，二19，三8、18，四12，五3，六18）。這詞在舊約時代，是指那些在耶和華身邊的天使，這詞強調聖潔的概念和屬天的性質。「聖徒」也用來指以色列人（參詩十六3，三十四9；賽四3；但七18、21～22），昆蘭羣體相信天上的「聖徒」是與地上的基督信徒合而為一的。保羅將原本用來描述天上的靈界活物和以色列人的詞，用來指相信耶穌基督的人（林前一2；林後一1；腓一1；西一2）。對保羅來說，這個基督信徒羣體繼承了舊約「聖徒」的身分。因為相信耶穌基督的緣故，這些人也歸屬基督（即彌賽亞），成為上帝的子民。

三、「在基督耶穌裏忠心的人」

「在基督耶穌裏」（*en Christō Iēsou*）是典型的保羅神學用語，是他神學思想中一個非常重要的概念。這詞及它的同義詞語句在以弗所書共出現39次。它表示基督與基督信徒之間密切的關係，也表示基督信徒已不再在亞當的範疇裏，是已歸屬基督了（參羅五12～21；林前十五20～22、45～47）。它也代表基督信徒羣體共同組成的「基督的身體」，他們彼此之間與耶穌基督有緊密關連（參林前十二12～13）。因此，這也引發出倫理性新生命的意義（參加二19～20；羅八9～10）。

至於「忠心的人」（*tois pistois*），柏茲亞（Arthur G. Patzia）認為這名詞短語的原文可以包含兩個詞：形容詞「忠心的」和名詞「基督信徒」。另一位學者韋特寧頓（Ben Witherington III）則提出「聖徒」等於猶太基督信徒，而「忠心的人」指外邦基督信徒。❸ 但從希臘文的文法來看，韋特寧頓的觀點似乎並不恰當。聖經譯者和學者一般都認為「聖徒」和「忠心的人」是指相同的人，因為原文只有一個定冠詞（*tois hagiois ... pistois*；「和修版」譯作「眾聖徒，就是⋯⋯忠心的人」）。

2.3 問安語（一2）

> 此祝禱淵源可追溯至民數記六章25至26節「願耶和華使祂的臉光照你，賜恩給你。願耶和華向你仰臉，賜你平安。」

問安語的「恩惠、平安」是**祝禱常用的詞彙**，也是保羅常用的問安語（羅一7；林前一3；林後一2；加一3；腓一2；西一2；帖前一1；帖後一2；提前一2；提後一2；多一4）。按原文，「恩惠」（*chairein*）這名詞在以弗所書共出現12次（參二5、7～8，三2、7，四7），而「平安」（*eirēnē*）共有7次（參二14～15、17，四3，六15）。

「恩惠」乃是希羅世界常用的問安語（參徒十五23，二十三26；雅一1），表示一種從上帝而來賜給世人白白的、無條件的好處。從神學角度看，它表示上帝隨時隨地與愛祂的人同在；這恩惠顯明在祂兒子耶穌基督的受死、復活，並與我們同在這事實上。「平安」是猶太人常用的問安語，它包含內心的平安、豐富的生命、和諧的人際關係、公義的社會、安靖的國家。若將此問安語應用在上帝與人的關係上，是指上帝與人不再有敵意，以致人心靈上得享平安（參詩七十二1～7，八十五，一四七14；賽三十二16～18，四十八18、22，五十五12；亞六13，八12等），這比我們中國人所說的「平安」之含義更深廣。

按保羅的觀點，他進一步表示上帝藉著耶穌基督，使人與自己和好，讓人內心享受永遠的平安（參羅五1、10）。在解釋詞義上，「恩惠、平安」也許是一種因果關係：「恩惠」是原因，「平安」是結果。恩惠在先，成為平安的根源，這兩者都是來自「父上帝和主耶穌基督」。不過近代學者多認為，保羅以「恩惠、平安」問安，是結合了希羅式和猶太式這兩個傳統慣性的問安。❹ 如此看來，這書信更切合在外邦地區那多元種族，以及多元文化的初代教會處境。從政治角度來看，真

Pax Romana 是拉丁文短語，意思是羅馬的和平。這是指羅馬帝國以軍事鎮壓行動來維持帝國和平的日子。這日子由公元前 27 年至公元 180 年。

正的「恩惠」不是來自凱撒，也不是因為「羅馬太平」(***Pax Romana***)，只有上帝才是真正的「恩惠」和「平安」的源頭。

信仰反省

從保羅的問安語來看，雖然「恩惠」或「平安」是世俗一般書信或人與人之間常用的問安語，但 2 節下這節經文顯明了保羅的問安語包含屬靈的意義。保羅將一般性客套的問候語加入了極濃厚的信仰色彩。人人都切實渴望得到的福氣，就是「恩惠」和「平安」，但真正的福氣只來自「我們的父上帝和主耶穌基督」。若從政治角度來領會這福氣，保羅的問候語對當時的基督信徒更是一個挑戰。他們要相信真正的「恩惠」與「平安」不是羅馬帝王所能賜予的，而必須來自上帝，也只有上帝才能夠賜予！

這對於現代基督信徒也是一個挑戰。當我們誦讀這節經文之時，能否相信這不只是書信格式中的問候語，而是一個真誠的祝福，就是祝願基督信徒都能白白地領受到原本不配得的恩典，又願基督信徒體驗到上帝豐富的恩典，因而享受到內心的平安、和睦的人際關係。

釋經短註

❶ 有關這個「頌讚詞」與舊約和猶太傳統的關係，可參 Karl G. Kuhn, "The Epistle to the Ephesians in the Light of the Qumran Texts," in *Paul and Qumran: Studies in New Testament Exegesis*, ed. J. Murphy-O'Connor and James H. Charlesworth (London: Chapman, 1968), 116～119；A. van Roon, *The Authenticity of Ephesians*, Novum Testamentum Suppl. 39 (Leiden: Brill, 1974), 135～145, 182～192。

❷ 因篇幅所限，此書不會詳述保羅的生平。有關他生平簡介，讀者可參郭漢成：《加拉太書導論》（香港：基道出版社，2003），頁 23 ～ 27；盧龍光：《基督教的身份尋索——使徒行傳和新約書信導論》（香港：天道書樓，2006），頁 73 ～ 87；James D.G. Dunn, *Beginning from Jerusalem* (Grand Rapids, MI: Eerdmans, 2009), 519～566 等。

❸ 有關柏茲亞（Arthur G. Patzia）對一章 1 節下「忠心的人」的看法，可參 Arthur G. Patzia, *Ephesians, Colossians, Philemon* (Peabody, MA: Hendrickson, 1984, 1990), 145 ～ 146；有關韋特寧頓（Ben Witherington III）的看法，可參 Ben Witherington III, *The Letters to Philemon, the Colossians, and the Ephesians: A Socio-Rhetorical Commentary on the Captivity Epistle* (Grand Rapids, MI: Eerdmans, 2007), 225～226。

❹ 有關學者對保羅以「恩惠、平安」作問安，是結合了希羅和猶太式這兩個傳統的問安這看法，可參 Witherington, *The Letters to Philemon, the Colossians, and the Ephesians*, 56；James D.G. Dunn, *The Epistles to the Colossians and to Philemon: A Commentary on the Greek Text* (Grand Rapids, MI: Eerdmans; Carlisle: Paternoster Press, 1996), 51。

溫習及思考問題

1. 保羅那「使徒」的稱謂有何特別意義？保羅的經歷如何使他能與其他12位使徒一樣，同被稱為「使徒」？他與12位使徒的經歷彼此有何不同？
2. 你認為今天有沒有人的職分是與「使徒」相稱的？他們所擔綱的是哪一類事奉？
3. 保羅如何形容他的受信人？其意義是甚麼？你認為哪一類基督信徒才可以被稱為「聖徒」及「忠心」的？
4. 「恩惠」和「平安」帶著甚麼意思？在你的信仰生命中有沒有經歷上帝的「恩惠」和「平安」？試簡述之。
5. 我們要怎樣過活才算是活出有「恩惠」和「平安」的生命？

第三章

讚美上帝在基督裏所賜屬靈的福氣（一3～14）

- 經文特色
- 經文分析

經文

1 3 願頌讚歸給我們主耶穌基督的父上帝。祂在基督裏曾把天上各樣
屬靈的福氣賜給我們。4 因為祂從創世以前，在基督裏揀選了我
們，使我們在祂面前成為聖潔，沒有瑕疵，滿有愛心。❶ 5 祂按著自己
旨意所喜悅的，預定我們藉著耶穌基督得兒子的名分，6 使祂榮耀的恩
典得到稱讚；這恩典是祂在愛子裏白白賜給我們的。7 我們藉著這愛子
的血得蒙救贖，過犯得以赦免，這是照祂豐富的恩典，❷ 8 充充足足地
賞給我們的。祂以諸般的智慧聰明，9 照自己在基督裏所立定的美意，
使我們知道祂旨意的奧祕，10 要照著所安排的，在時機成熟的時候，
使天上、地上、一切所有的，都在基督裏面同歸於一。11 我們也在他
裏面得了基業；這原是那位隨己意行萬事的上帝照著自己的旨意所預
定的，12 為要使我們，這些首先把希望寄託在基督裏的人，頌讚祂的榮
耀。13 在基督裏你們聽見真理的道，就是那使你們得救的福音，你們也
信了他，就受了所應許的聖靈為印記。14 這聖靈是我們得基業的憑據，
直等到上帝的子民得救贖，使祂的榮耀得到稱讚。

3.1 經文特色

3.1.1「贅句」的特色

第一章3至14節在希臘文是一個「贅句」（有關「贅句」的討論，可參1.1.1.2「寫作風格和遣詞用字」中列出的「贅句」〔頁2～3〕），共有202個字，包括「關係從句」（6～9、11、13～14節）、「分詞結構」短語（3、5、9、13節）、「不定詞結構」短語（4、10、12節）、「介詞短語」（共出現15個以 *en* 這介詞組成的短語，較多以 *en Christō*〔在基督裏〕或同義短語出現）、「所有格」名詞連接的同義詞，以及「所有格結構」短語。在解釋上要非常小心去弄清它們彼此是如何連接。

3.1.2「頌讚詞」的表達形式

3至14節以猶太傳統的「頌讚詞」典型格式表達，是以上帝的名字，接著以一個關係代名詞和形容從句來説明稱頌上帝的原因，可參以下例子：

- 「上帝是應當稱頌的！祂沒有推卻我的禱告，也沒有使祂的慈愛離開我。」（詩六十六20）；
- 「惟獨耶和華－以色列的上帝能行奇事，祂是應當稱頌的！」（詩七十二18）；
- 另一個非常好的參考例子，就是猶太會堂所使用的「十八祝禱文」（Eighteen Benedictions；參「附錄三」，頁299～301）。

「恩庇者」與「受恩庇」者關係的觀念來自羅馬帝國一種社會制度，是指恩庇者（通常指在經濟及權力上較強的人或羣體）要保護著受恩庇者（與恩庇者相對較弱的人或羣體）。

「頌讚詞」的內容主要是稱頌上帝的作為及祂的成就，並以敬拜的方式稱頌祂的尊榮和人對祂的敬畏（參林後一3～4；彼前一3～5）。這樣的「頌讚詞」幾乎是把上帝當作「**恩庇者**」（Benefactors）來看待，當我們領受恩惠之時，同時也像欠債於祂。在保羅的頌詞中，他先以引句宣告上帝「在基督裏曾把天上各樣屬靈的福氣賜給我們」（3節），然後以3個小段落來說明頌讚的細節（4～6、7～10、11～14節）。

此「頌讚詞」所表達的框架，以及對段落之間關係的分析，學者意見非常分歧。他們的觀點可包括以下不同意見：❸

一、以三一上帝為主題作分析

這些主題包括：聖父上帝的揀選（4～6節）；聖子耶穌基督成全的救恩（7～12節）；聖靈作為基督信徒得救的憑證（13～14節）。❹這個分析將上帝三一的身分顯露，同時亦凸顯三一上帝的工作。學者如張達明和黃錫木有如下意見：聖父策劃救贖，揀選基督信徒（4、10～12節）；聖子——耶穌基督——是上帝救贖計劃的中心，他的死成就了救贖（7、10節）；聖靈成為救贖的印記，保證基督信徒可以承受上帝在基督再臨時將要完成的榮耀救贖。

二、以救恩歷史的框架來分析

上帝救恩的計劃可以分為3個層面來呈現，就是「過去」、「現在」、「將來」。在「過去」，上帝在創造世界以前已預定好救恩計劃；在「現在」，耶穌基督完成十架救贖工作；在「將來」，上帝的子民會完全被救贖。

三、以 3 個希臘文分詞作分段

有學者提出以 3 個希臘文分詞出現的地方來作分段，這 3 個分詞就是：「賜給我們」(*ho eulogēsas hēmas*；3 節)；「預定我們」(*proorisas hēmas*；5 節)；「使我們知道」(*gnōrisas hēmin*；9 節)。因此，這「頌讚詞」的分析如下：

- 論題：蒙上帝賜福和揀選，為叫我們在祂面前過沒有瑕疵的生活(3～4 節)；
- 解釋：蒙上帝揀選，藉著恩典得著兒子的名分，並得蒙赦免(5～8 節上)；
- 解釋：上帝顯明祂永恆的計劃，並賜下祂的聖靈作為憑據(8 下～14 節)。

四、以扇形結構作分段

希爾(John P. Heil)認為這段經文可以扇形結構表達：❺

A　我們在基督裏蒙福，並在他愛裏活出愛(3～6 節)

　B　上帝藉著愛子賜下豐富恩典(7～9 節)

　　C　在基督裏萬物合而為一(10 節上)

　　C'　天上地上一切所有都在基督裏(10 節下)

　B'　我們是首先把希望寄託在基督裏的人(11～12 節)

A'　使祂的榮耀得到稱讚(13～14 節)

根據他的分析，希爾能夠把關乎上帝(3～6 節)，關乎基督(7～10 節)，關乎「我們」(11～12 節)，和關乎頌讚(13～14 節)，分成數個相當合理的小節來處理。這同時又可以將 10 節成為全段的中心思想。不過，這扇形結構仍有未完善的地方，它難以解釋為何「使祂的榮耀得到稱讚」只屬於13至14節而已。6節上和12節下不是也論及「使祂的榮耀得到稱讚」嗎？

五、沒有清晰的框架

有些學者認為這段經文只是一個相當「臨時性的創作」(ad hoc composition)，或認為它只是為一章3節上的宣告加上一連串的描述而已，這些描述包括：上帝的作為(3下～4、5～6、9～10節)；「我們」的回應，就是要如何接受耶穌基督(7～8、11～12節)；「你們」的回應，就是要如何透過聖靈經歷救恩(13～14節)。

我們必須承認，沒有一種分析是可以完全將經文彼此的關係展示出來。從現實處境看，在一個敬拜聚會中要帶領參與頌讚的人謹密地思考每一個用詞，實在不太合理，但這也不表示頌讚者沒有一個基本的頌讚框架。「使祂榮耀的恩典得到稱讚」(6節上)、「使我們……頌讚祂的榮耀」(12節下)，以及「使祂的榮耀得到稱讚」(14節下)有點相似，這些句子就像詩歌中的「副歌」，有轉接至另一節的作用。

以弗所書有好些經文都顯示三一上帝的概念(參一17，二18、22，三4～5、14～17，四4～6，五18～20)。

如此看來，第一部分就是陳述上帝的救恩計劃，第二部分關於耶穌基督，第三部分則提到聖靈。另外，11至12節和13節分別在討論「我們」和「你們」的情況，這似乎暗示著不同基督信徒的經歷。因此，4至14節似乎呈現出**三一上帝的概念**：4至6節的主角是父上帝，是描述祂如何預定和揀選；7至10節的主角是愛子耶穌基督，是描述他如何成就救贖和最終使「天上、地上、一切所有的……同歸於一」；13至14節的主角是聖靈，是作為救恩的印記和憑據。此外，我們也留意到救恩歷史的發展次序，先是「我們」（猶太子民）的經歷（11～12 節），然後是「你們」（外邦基督信徒）的經歷（13 節），最後是「我們」的共同經歷（14 節）。韋特寧頓（Ben Witherington III）認為這歷史思路應由創世以前先存的基督開始，繼而進入人間歷史去完成救贖任務，最後在末日上帝的子民得蒙救贖，短短的幾節經文便完整地呈現救恩的不同階段和層面。❻ 綜合所有觀察，我們認為，這種分析在結構上、在思想發展上和在內容上，都比較合理。現將重點列於下：

三一上帝和我們對於救恩的經歷（一 3～14）

聖父（4～6 節）	聖子（7～12 節）	「我們」、「你們」	聖靈（13～14 節）
在創立世界以前	在救恩歷史的高峯	我們（猶太基督信徒）的經歷（11～12 節）	在我們現今的時空裏
救恩的根源	救恩的主角	你們（外邦基督信徒）的經歷（13 節）	救恩的確據
救恩計劃的策劃	救恩計劃的成就（客觀的救恩）	我們大家共同的經歷（14 節）	救恩計劃的落實（主觀的救恩）

此外，有關「我們」、「你們」、「他們」所指涉的羣體，現以表列出如下。「猶基」代表猶太基督信徒；「外基」代表外邦基督信徒。

經文	「我們」（猶基＋外基）	「我們」（猶基）	「你們」（外基）
3 節	「我們」（猶基＋外基）		
4 節	「我們」（猶基＋外基）		
5 節	「我們」（猶基＋外基）		

經文	「我們」(猶基＋外基)	「我們」(猶基)	「你們」(外基)
6節	「我們」(猶基＋外基)		
7節	「我們」(猶基＋外基)		
8節	「我們」(猶基＋外基)		
9節	「我們」(猶基＋外基)		
10節			
11節		「我們」(猶基)	
12節		「我們」(猶基)	
13節			「你們」(外基)
14節	「我們」(猶基＋外基)		

* 4至9節的「我們」可以指包括猶太基督信徒和外邦基督信徒，又或只是猶太基督信徒而已，但此書傾向前者。

3.2 經文分析(一3～14)

按照內容作分析，這段經文大致可以分為如下兩大段落：

分段大綱(一3～14)

一、頌讚的宣告(一3)

二、上帝的救恩(一4～14)

1. 父上帝在創世前的救恩安排(一4～6)
2. 基督在救恩歷史成全的事(一7～10)
3. 我們的信仰經驗(一11～14)

3.2.1 頌讚的宣告(一3)

問安之後(1～2節),保羅宣告「願頌讚歸給我們主耶穌基督的父上帝」(3節上),接著進一步描述「祂在基督裏曾把天上各樣屬靈的福氣賜給我們」(3節下)。這「我們」是指寫信人及所有受信人(包括猶太及外邦基督信徒)。「頌讚」(*eulogētos*)的原文意思為「說好話」,這是指對上帝說好話。頌讚者是為著上帝的偉大和祂的作為而對祂作最大的尊崇。保羅通常會在問安之後加上感謝上帝的話(參林前一4;羅一8;腓一3;西一3等),但以弗所書卻沒有這類的句子,而以頌讚上帝的慈愛和偉大來代替。保羅以「父」稱呼上帝。當耶穌在世上時也曾作如此稱呼(太五16;路六36),甚至更親密的稱祂為「阿爸父」(*Abba ho patēr*;可十四36),不過,保羅是要藉著耶穌與上帝的關係來稱祂為「父」。同樣地,基督信徒亦可以像保羅般藉著耶穌與造物主建立親密的關係,而稱祂為「父」,這是一種親如家庭般的關係。耶穌曾說:「不要拉住我,因為我還沒有升上去見我的父。你到我弟兄那裏去告訴他們,我要升上去見我的父,也是你們的父,見我的上帝,也是你們的上帝。」(約二十17)這顯示了耶穌與上帝之間有一種獨特而親密的關係。

保羅接下來說明他頌讚的原因(3節下)。須留意保羅所描述的上帝,就是那位一切福氣的源頭,他也強調此福氣內涵是包括「天上各樣屬靈的」。「**天上**」(*en tois epouraniois*)這短語在以弗所書共出現5次(一3、20,二6,三10,六12)。「天上」這詞的希臘文可以指「天上的活物」或「天上的領域」,保羅在以弗所書所指的是後者。於保羅看,這領域是屬於上帝與基督的(一3、20,二6),不過惡勢力也會存在於這領域(三10,六12)。此觀念源

> *「天上」在古典希臘文意指眾神明居住的地方。*

自舊約傳統，例如：耶和華與撒但在天上對話（伯一6～12）；魔君與天使在天上爭鬥（但十13）等。這暗示了當上帝從「天上」將各樣屬靈的福氣賜給基督信徒的同時，魔鬼也在「天上」做出各種攪擾基督信徒屬靈生命的工作（弗六12）。

至於「各樣屬靈的福氣」（*en pasē eulogia pneumatikē*；「福氣」或譯作「福分」），可參考舊約書卷對福氣的看法。在舊約時代，耶和華上帝所賜的福氣基本上都與物質有關（參創四十九25；申二十八2～8、12，三十9、19；瑪三10）。

保羅所指「屬靈」的祝福包括赦罪、生命更新、認識真神、將律法內化。但是，仍須留意的是，保羅不是要否定物質上的祝福，而是將上帝所賜福氣的內容擴闊，包括物質和非物質的。於保羅看，基督信徒能得這些福氣，關鍵在於「在基督裏」（*en Christō*）。基督信徒藉著與基督聯合，而成為「天上各樣屬靈的福氣」的受益人，他們可以與基督一同復活，一同坐在天上（二5～6）。「在基督裏」不但指個別基督信徒與基督有密切關係，也包含基督信徒整個羣體都與基督有密切關係。與此觀念緊扣的是，教會為「基督的身體」，比喻基督信徒羣體與基督密切的聯繫（參一23，二16，四4、12、16，五23、30）；猶太基督信徒和外邦基督信徒也都在「基督的身體」裏聯合為一（二11～22）。「在基督裏」及相關的詞句在3至14節共出現11次，這顯示基督在這頌讚詞的重要性。現將之列出：

- 上帝「在基督裏」（*en Christō*；3節）賜福給我們；
- 上帝「在他裏」（*en autō*；4節，「和修版」譯作「在基督裏」）揀選我們；
- 上帝「在愛子裏」（*en tō ēgapēmenō*；6節）賜恩典給我們；
- 「在他裏」（*en hō*；7節，「和修版」譯作「藉著這愛子」）我們得蒙救贖與赦罪；

- 「在他裏」(*en autō*；9節，「和修版」譯作「在基督裏」)上帝立定美意；
- 「在基督裏」和「在他裏」(*en tō Christō / en autō*；10節，「和修版」只譯了「在基督裏」而沒有將「在他裏」譯出來)天上、地下、一切所有的同歸於一；
- 「在他裏面」(*en hō*；11節，這「他」是指「基督」)我們得基業；
- 「在基督裏」(*en tō Christō*；12節)我們得以寄託希望；
- 「在他裏」(*en hō*；13節，「和修版」譯作「在基督裏」)你們聽見真理的道和「在他裏」你們歸信上帝。

另外，要留意的是，「頌讚」(*eulogētos*)、「賜給」(*eulogēsas*)和「福氣」(*eulogia*)是同字根的(*eulog-*)。希伯來文的 *bərāḵāh* 可以翻譯成「賜福」或「稱頌」，這在乎誰是主語和賓語；上帝「賜福」我們，我們「稱頌、讚美」上帝。保羅提醒我們，上帝本性是要「賜福」我們，祂先賜下福氣，然後我們以「稱頌、感謝」來回應祂、敬拜祂。

3.2.2 上帝的救恩(一4～14)

4至14節進一步說明上帝所賜的福氣。4節是以一個副詞 *kathōs* 作開首語。這副詞可譯作「因為」，也可譯作「就如、正如、就是」。若譯作「因為」(如「和修版」)，4至14節就是上帝把「天上〔其他〕各樣屬靈的福氣賜給我們」之原因；但若譯作「就如」(如「和合本」；「呂振中譯本」)，4至14節就是進一步說明「天上各樣屬靈的福氣」的內容。這兩種解釋都不能從其文脈作決定。赫爾拿(Harold W.

Hoehner）認為這兩方面的意思都可以成立。他認為三一上帝賜基督信徒「天上各樣屬靈的福氣」是祂那恩典的作為，而這也是上帝繼續要賜給我們「天上〔其他〕各樣屬靈的福氣」的原因。❼ 這個解釋一方面是為回顧一個基礎（賜下恩典），另一方面也是要指向未來（基於賜恩典而將來繼續如此）。

從4至14節看，保羅把傳統的猶太人的頌讚詞加入了基督信仰的元素。它基本上是以三一上帝的框架（4～6、7～10〔11～12〕、13～14節），再加上「我們、你們」（11～14節）兩者的區別來說明「天上各樣屬靈的福氣」。

3.2.2.1 父上帝在創世前的救恩安排（一4～6）

整段經文帶出上帝是如何安排這救恩的。現先作簡單的描述，然後再仔細分析這段經文帶出的議題。

- 主動安排救恩的是上帝；
- 祂早在創世之前已作了這行動；
- 救恩必須「在基督裏」才得以成就；
- 得到救恩的是「我們」；
- 上帝是透過揀選及預定，並按祂喜悅的旨意來實現救恩；
- 上帝施行救恩的目的，是要使人成為聖潔，沒有瑕疵，滿有愛心，並得到兒子名分；
- 上帝的救恩至終目的是使祂榮耀的恩典得到稱讚。

這段經文出現了一些基督信徒經常會面對的問題，現逐一分析討論。

一、「成為聖潔，沒有瑕疵，滿有愛心」彼此的關係（4節）

> 保羅在他的書信中經常提及「上帝的揀選」（羅八29～33，九6～26，十一5、7、28，十六13；西三12；帖前一4；帖後二13；多一1）。

早在創世之前，**父上帝已在基督裏揀選**了我們（4節上），這揀選也是無條件的。至於上帝無條件的揀選這概念，對舊約時代以色列人的自我認識非常重要（參申七6～8），保羅如今把此概念應用在基督信徒身上。這揀選除了是在基督裏，也是始於創世以前，這意味著揀選是「預定」的（參5節）。上帝所預定的揀選，目的是要「使我們在祂面前成為聖潔，沒有瑕疵，滿有愛心」（4節下）；換言之，「成為聖潔，沒有瑕疵，滿有愛心」是上帝揀選的結果，而不是揀選的根據。

「聖潔」（*hagios*）的生命是因「在基督裏」的救贖，並與祂聯合而得的，所以，「聖潔」是上帝賜給基督信徒的；另一方面，它也指向基督信徒成聖的生命（參林前一2）。在舊約裏，耶和華同樣期望以色列民有聖潔的表現（參出十九6；利十九2；民十五40；申七6～8，十四2；詩十六3；但七18、21～22）。

「沒有瑕疵」（*amōmos*）這詞的基本意義是「分別出來，歸屬上帝」。若追溯至舊約時代的祭祀條例，所強調的是指所獻上的祭牲必須「沒有殘疾的」（出二十九1、37；利一3、10等；參來九14；彼前一19）。後來「聖潔，沒有瑕疵」發展成用來描述道德上清潔之意（參詩十五2，十八23）。基於這詞是有「分別出來」的意思，當保羅用這詞之時，是指在基督裏的基督信徒不但在上帝的面前「沒有瑕疵」（西一22），也要在不信的人面前「沒有瑕疵」（腓二15）。這種生命現今已經開始展現，但要在將來才得以完全實現。正如舊約時代事奉耶和華的祭司，他們必須聖潔，沒有瑕疵（利二十一16～24），在基督裏的基督信徒也當如此，在倫理道德上要純潔。「成為聖潔」與「沒有瑕疵」是並排且沒有分先後次序及輕重的（參西一 22～23；帖前三 13，五 23）。

在以弗所書，「愛心」的概念很重要（參三 17～19，四 2、15～16，五 2）。在這節經文中，「滿有愛心」（*en agapē*；這短語原文也可譯作「因著愛/在愛中」）當如何連接「成為聖潔」與「沒有瑕疵」，解經家和不同聖經譯本都有不同意見。有譯本認為它應該屬於 4 節（參「和修版」、「思高譯本」）；有的則認為它應該屬於 5 節（參「**和合本**」）。「新譯本」的翻譯卻不同（「使我們因著愛，在祂面前成為聖潔，沒有瑕疵」）。若認為「滿有愛心」是屬於 4 節，便將「成為聖潔，沒有瑕疵」解釋為「在愛中」的樣式，也要透過全然的愛呈現出來。那些認為「滿有愛心」屬於 5 節的，則認為「因著愛」是用來描寫上帝預定行動的動機，意思是指上帝在愛中預定了救恩，而這救恩是出於上帝的愛，人是沒有主動性的（參希臘文新約聖經羅馬書八章 29 至 30 節）。若將「滿有愛心」連於 5 節，在意思上或許可以合理，但在文法上看，若將「滿有愛心」連於 4 節下，這會較為合理（參 NA27、UBS4），故此「和修版」在翻譯上，也連於「成為聖潔，沒有瑕疵」。赫爾拿對此作出解釋，認為從消極的角度看，「聖潔」是遠離罪惡，但從積極的角度看，「聖潔」也可以藉著愛心呈現出來。❽

「和合本」的譯法是：「又因愛我們，就按著自己意旨所喜悅的，預定我們，藉著耶穌基督得兒子的名分」。

二、「預定」的救恩（5～6 節）

為了完成「揀選」的工作，父上帝是「按著自己旨意所喜悅的，預定我們藉著耶穌基督得兒子的名分，使祂榮耀的恩典得到稱讚」（5～6 節上）。經文在此再次指出一個重要的概念：「藉著耶穌基督……」，這說明了永恆的救恩計劃是出於父上帝，而預定的範疇是在「耶穌基督裏面」，而執行這計劃的也是耶穌基督。

當提及「揀選」及「預定」,這是否說明上帝只預定和揀選某些人?若朝這方向看,那些沒有被預定和揀選的就完全沒有救恩的盼望了。其實保羅所指的「我們」不是某些特定被揀選的人,而是「全人類」❾,重點是「在基督裏」。耶穌基督就是上帝所「揀選的那位」(The Elect),因此,經文談及的是「羣體的揀選」(corporate election),任何人只要「在基督裏」就是被揀選的。這概念如同舊約時代耶和華上帝揀選以色列民:凡屬以色列羣體的,就是蒙揀選的人;但是,當中若有背叛耶和華的就會被剪除。再者,以弗所書基本上是針對外邦基督信徒而寫的,書內出現許多猶太基督信徒與外邦基督信徒的對比和關係,因此它是從羣體這層面,而不是從個人層面來討論「揀選」及「預定」這議題的。簡言之,上帝的「揀選」及「預定」是以「在基督裏」為焦點,對象是非特定性的「我們」,即「全人類」。❿

上帝預定和揀選之目的是要我們「得兒子的名分」(*eis huiothesian*;5節下)。這介詞短語可直譯為「立為嗣子」。**嗣子**(即領養的兒子)的觀念源自希羅的社會制度,而不是猶太傳統。保羅借用這概念(羅八15、23;加四5)來解釋我們與上帝的關係。上帝在基督裏領養了我們為祂的兒子,我們便開始經歷「兒子」的福氣,這會持續到未來,到那時我們將完全體驗一切從上帝而來的豐富(參弗一13~14;另參羅八18~25;腓三21;西三4)。「得兒子的名分」也說明那「在亞當裏」所失落的,如今「在基督裏」得以復原。「兒子的名分」似乎不包括女兒在內。須留意古舊時代,男女並非平等,在分配產業時,女兒不像兒子般承受產業。但是,對保羅來說,任何人只要在基督裏就能領受福分,當然也擁有「兒子的名分」,無論是男或女。基督信徒擁有「兒子的名分」提醒我們已經開始與父上帝建立了一個屬靈的關係。

嗣子雖然不是親生的,卻在領養的家庭中享有其他親生孩子同等的地位、權利和福分。

羅馬時代領養孩子的方式

赫爾拿提到古代羅馬法律領養孩子的方式。在羅馬社會的家庭結構中，「父親」對家庭成員和家中的財物有絕對的擁有權。在法律上，他對家中任何成員操生死權，意思是他有權殺掉家中任何成員而不算觸犯法律。他也有絕對權力運用家中的財物，包括作任何買賣。基於這大原則下，父親便有權領養孩子，這領養方式涉及兩個步驟。第一，原生父親三次將孩子販賣為奴賣給另一個人，而在買賣協議中說明這孩子是作另一個人的養子而不是奴僕；那麼，買孩子的就是孩子的養父。不過，在孩子第一次被賣，他的身分仍屬於原生父親，因此他可以自由歸回原生的家庭。養父若喜歡這孩子，他可以作第二次買賣，但這孩子仍屬原生家庭。若養父想將孩子確實歸自己，他要作第三次買賣。這次的買賣，原生父親將會永遠失去孩子的擁有權。第二，當養父成為孩子新的父親，這養子不再需要照顧原生父親及負上任何責任。同樣的，這養子就要為養父負起作親生兒子的責任照顧養父，以及延續香火和繼承財產。當養父離世，養子自然地就成為那個家庭的「父親」。⑪

6節上繼續說明父上帝預定我們藉著耶穌基督得兒子名分的目的，就是「使祂榮耀的恩典得到稱讚」。這句類似的話在本段中一連出現3次（另兩處是一12和一14下），結構上好像近代讚美詩的副歌。12節「頌讚祂的榮耀」及14節下「榮耀得到稱讚」的重點是「榮耀」（*doza*），而6節上的重點是「恩典」（*charis*）。

保羅進一步闡述這個「榮耀的恩典」（6節下）是「祂在愛子裏白白賜給我們的」。「白白賜給」（*charitoō*）這動詞原文字根與名詞「恩典」（*charis*）相同。「**在愛子裏**」（*en tō ēgapēmenō*）的表達很特別，這介詞短語強調的，是我們所歸屬的基督也是蒙愛的。「愛子」讓我們立刻聯想到亞伯拉罕要獻上他的

「在愛子裏」原文可譯作「在那所愛的」，這「所愛的」是指「耶穌基督」。

愛子以撒的故事(創二十二章)。保羅亦曾有如此聯想(羅八 32;加四 4~5)。「愛子」顯示父上帝和耶穌基督有特殊及親密的關係(參可一 11,九 7;西一 13)。

「白白賜給我們」(6 節下)是一個轉接語,一方面承接上文 4 至 6 節上的「恩典」這概念,另一方面開啟下文 7 至 10 節的「愛子」(耶穌基督)的工作。

3.2.2.2 基督在救恩歷史成全的事(一 7~10)

上文提到聖父上帝的安排,在此保羅論到聖子耶穌基督的救贖。這救恩是透過耶穌基督的寶血來成全的(7 節),這完全是上帝的恩典(8~10 節)。

一、救恩是藉著耶穌的寶血成就(7 節)

保羅在此清楚説明基督救贖的 3 方面:

- 方法:「藉著這愛子的血」;
- 結果:「得蒙救贖」及「過犯得以赦免」;
- 根源:「照祂豐富的恩典」。

當保羅提到「藉著這愛子的血」(7 節上),我們自然會聯想到出埃及事件逾越節羔羊的血(出十二章)和以賽亞書提及的「受苦的僕人」如同羊羔被牽到宰殺之地(賽五十三章)。如今,耶穌基督(即猶太人所等候的彌賽亞)為我們成了「逾越節羔羊」,祂的寶血成就了救恩。「血」代表耶穌在十字架上受死流血,並且帶來兩方面的果效:救贖和赦免(弗一 7 下)。「救贖」(*apolutrōsis*)與「贖金」(*lutron*)這兩個名詞在原文用詞上有密切關係。「救贖」表示藉著付出的一些代價——

「贖金」——把一個人贖回來，使那人重獲自由。若以逾越節羔羊的背景來說，上帝要透過耶穌基督把我們從罪惡的權勢裏救贖出來（參羅三 24；加三 13；多二 14），如同以色列民從埃及的轄制中被拯救出來（參羅六章）。

據說在保羅時代，羅馬帝國有約 300 萬奴隸，這些奴隸沒有得到「人」一般的對待，他們就像貨物被人作買賣，誰肯付出贖價，那奴隸就歸誰。「救贖」這詞也用來形容以色列人從奴隸身轉至自由人的出埃及經歷，以及上帝拯救在患難中的子民。因著基督的救贖，無法自救的人類得以脫離罪的奴役和律法的咒詛，並且與上帝和好，重享上帝兒女的自由。這救贖因著基督已經開始了，但要救贖得以成全，則仍有待將來才實現（參 14 節）。

耶穌的寶血所帶來的另一個果效是「過犯得以赦免」（7 節下）。「赦免」（*aphesis*）這名詞的字根有「滿足、挪開」的意思。這名詞令人聯想到阿撒瀉勒的公山羊的事（利十六章）。在一年一度的贖罪日，祭司要取兩隻公山羊，一隻殺了歸耶和華上帝，另一隻由祭司按手在那羊的頭上為百姓認罪，然後把那羊放回曠野，讓它遠走，表示牠背負了百姓的罪。「過犯」（*paraptōmata*）原文的意思是走錯了路，即一個錯誤的行為。過犯要蒙赦免，惟有藉著愛子的血（弗二 13；參利十七 11；來九 22；彼前一 18～19）。

「照祂豐富的恩典」（7 節下）說明耶穌基督在十字架上所完成的救恩，不是基督信徒應該可以享有的，而是出自上帝的恩典，這恩典包括：

- 救贖：藉著耶穌基督在十字架上為我們所付上的贖價，上帝使我們從罪惡中得釋放，重獲自由；
- 赦免：藉著耶穌基督在十字架上的犧牲，滿足了上帝對公義的要求,祂也不再計較我們的過犯。

二、上帝恩典的意義(8～10節)

這段經文提及恩典是上帝用「諸般的智慧聰明」(8節),照祂在基督裏「所立定的美意」賜給我們的(9節上),目的是要我們「知道祂旨意的奧祕」(9節下),以及祂如何「在基督裏」使萬有同歸於一(10節)。由此可見,上帝所定的美意是要透過耶穌基督來完成使命,藉著他的受死、復活、得榮耀,來實現新時代的來臨,而最終目標是要「使天上、地上、一切所有的,都在基督裏面同歸於一」。對保羅來說,這就是上帝「奧祕」的啟示。

「奧祕」(*mustērion*)一詞在以弗所書中共出現6次(一9,三3～4、9,五32,六19),而在其他書卷共20次。「奧祕」是指人的理性和智力所無法理解的事物。惟有透過上帝的啟示,人才有可能明白。早年學者認為,在保羅的時代,這是異教徒非常流行使用的詞彙,用來形容某些神祕的宗教儀式。這些入教者在獲得傳授神祕的知識以前,要經過特定儀式,誓言絕不洩露祕密,否則不得好死。不過,近代學者多認為保羅使用此詞之背景來自舊約時代和猶太教。⑫ 保羅多次用這詞來指上帝萬古隱藏對人的終極旨意和計劃。在以弗所書中,「奧祕」就是指上帝在基督裏的救恩計劃,如何使猶太基督信徒與外邦基督信徒在耶穌裏成為新人(參三3～6)。

這「奧祕」的最終目標是「要照著所安排的,在時機成熟的時候,使天上、地上、一切所有的,都在基督裏面同歸於一」(10節)。這是耶穌基督在救恩歷史上所成就的高峯。這節經文不只是聖子救贖工作的高峯,也是以弗所書的高峯。我們稱它為天上救贖的一幅完美的圖畫。

「要照著所安排的，在時機成熟的時候」（10節上）這短句是指上帝的救恩安排已經來到成熟落實的時刻。這是上帝所預定的最關鍵時刻，因為上帝的救恩計劃將會完全實現。那時，耶穌基督再次臨到世上，伊甸園的美景將會重現，所有的敵對和仇恨將煙消雲散（參賽十一6）。

「同歸於一」（*anakephalaiōsasthai*）源自「完成」（*kephalaion*）這詞，意即「作總結」。這詞在10節包含3種意義：恢復、聯合、在一位元首之下。這個世界因為受了罪惡的破壞而產生了混亂，無法將萬物「總結」起來，以致一切事物都變得沒有意義；但當耶穌再臨時，萬物將會在這位元首基督裏面整合起來，建立起一個有意義的關係。在舊約時期，猶太人在上帝所預定的美好旨意下成為祂的子民；如今，外邦人也因上帝的美好旨意，聽聞並接受福音，也成為祂的子民。與此同時，上帝也賜下聖靈給他們，印證他們都有同屬基督的身分。聖靈就像上帝所付的保證金，擔保著他們將會獲得屬靈的福氣。因此，猶太基督信徒和外邦基督信徒一同在基督裏同歸於一，同在一位元首之下。不過，上帝的救贖計劃不僅是要猶太基督信徒與外邦基督信徒在基督裏同歸於一，這個範圍還包括整個宇宙，無論是靈界的或是物質的都要在基督裏同歸於一。這就是啟示錄所描述的新天新地的來臨。

顯然，耶穌基督使萬物「同歸於一」的行動是「已然又未然」（already but not yet）的。基督的十字架（7節，二16）和高升（20～21節，二6～7），已經開始把萬物和教會歸服在他的王權之下（22節）。耶穌的受死和復活也開始制服了捆綁人的邪惡力量（二1～6），基督信徒也因此有能力站穩來抵抗邪惡力量（六10～20）。雖然如此，邪惡的力量仍沒有完全崩潰，它還在對抗上帝的作為（二2，六11～13；參彼前五8）。這是因為「天上、地上、一切所有的」仍未完全在基督裏「同歸於一」(參羅八19～23)。一切受造之物直到如今仍在勞苦中等候得兒子的名分。

3.2.2.3 我們的信仰經驗(一11～14)

在這個段落裏,保羅進一步指出這位父上帝在創世前的救恩安排,以及耶穌基督在歷史上所完成的救恩,已經成為「我們」(猶太人)和「你們」(外邦人)的信仰經驗。這個信仰經驗讓上帝的榮耀得到稱讚(12、14節)。當「我們」(猶太人)在基督裏得基業後,上帝的榮耀得到稱讚(11～12節);當「你們」(外邦人)聽聞福音真道,歸信基督,領受聖靈為印記,得到基業的憑據之時,上帝的榮耀也同樣得到稱讚(13～14節)。須注意的是,14節的「我們」不只包括11至12節的「我們」,也包括13節的「你們」。這「基業」原本是「我們」(猶太人)的屬靈特權,但如今卻也成為「你們」(外邦人)的特權。保羅在7至10節和11至14節的表達,猶如以色列人離開埃及,邁進迦南應許之地得基業的樣式。

「基業」(*klēronomia*;11節上)這詞彙意義豐富。在舊約時代,它可以指「應許之地」、「摩西律法」(參「便西拉智訓」〔*Sirach*〕24.23;「以諾一書」〔*1 Enoch*〕99.14)、「永生」(參「所羅門詩篇」〔*Psalms of Solomon*〕14.7;「以諾一書」40.9)、「選民身分」(參申三十二9)。保羅把「基業」的重點解釋為在耶穌基督裏得到各樣的屬靈福氣和權利,也就是上帝向亞伯拉罕的應許(參羅四13～14;加三18,四30)。基督信徒如今確實已經成為亞伯拉罕的後裔,可以照著應許承受產業了(加三29)。上帝透過耶穌基督給我們一個新的生命關係,我們是祂的屬靈的兒女,與耶穌基督同為「後嗣」(參羅八14～17;加四4～7)。這是我們本不配得的福氣,但因著耶穌基督的代死和復活所帶來的功效，「我們」和「你們」都得以承受這福分，就好比一個人繼承合法的遺產。

「隨己意行萬事的上帝」(11節下)這短語說明上帝的全能和自由，但這個全能和自由是「照著自己的旨意所預定的」(11節下)。這個旨意是在創世前為救恩的完成所做出的安排。因此，「我們」得基業不只本於上帝的全能，也是祂所預定的目標。「行萬事」也是指任何事情都不能阻撓上帝來完成祂的計劃。上帝賜「我們」基業的目的是要我們以感恩的心來回應，頌讚祂的榮耀。同樣的，上帝揀選以色列民的目的也是為了祂榮耀的緣故(賽四十三7；耶十三11)。保羅在這裏對「我們」的身分加以描寫，這「我們」就是「首先把希望寄託在基督裏的人」(12節)。

學者們對於11至12節的代名詞「我們」的身分有不同看法(參頁45～46列表)。有學者認為「我們」是指猶太基督信徒，而「你們」則是指外邦基督信徒，因為猶太人是「首先」把希望寄託在基督裏的人(12節)。亦有學者認為「我們」是指保羅及與他一起的基督信徒，而「你們」是指以弗所的基督信徒。另有認為「我們」和「你們」都是指基督信徒，因此可以互相交替使用。但是，由於保羅非常清楚說明「從前你們按肉體是外邦人……你們與基督無關，與以色列選民團體隔絕……」(二11～12)，因此，「你們」就是外邦基督信徒，而「我們」就是猶太基督信徒。不過，保羅並沒有將「我們」規限於「猶太基督信徒」，在以弗所書某些地方「我們」包括猶太基督信徒和外邦基督信徒。

> 「印記」原文是過去不定時時態被動語態動詞，可直譯為「受聖靈所印」。

在講述「我們」(猶太基督信徒)的信仰經驗之後(11～12節)，保羅接下來以「你們」(外邦基督信徒)的信仰經驗來互相對照(13節)。這裏提及「聖靈為印記」，有學者認為這「**印記**」(*esphragisthēte*)指「水禮的洗」，但保羅在此明說是「聖靈為印記」，因此解釋為「聖靈的洗」較為正確。在古時，「印記」是指一個物主或重要信件發送者的私人記號，以便分辨信件的真偽。此外，它也有封緘的功用，保證經過傳送的物件原封不動。在新約時期，某些異教教派把徽章紋在教徒的身上，作為入教者的「印記」。保羅可能以此為背景來說明「聖靈為印記」。這個在基督信徒身上的聖靈的「印」是一個不容銷毀的記號。「聖靈為印記」有兩個主要含義。第一，上帝已把基督信徒從世人中分別出來，歸屬於祂了。第二，聖靈的印記帶著上帝的屬性，這印記有基督的形象，讓基督信徒漸漸有基督的樣式。

在古代文獻中，「憑據」這個詞也曾被用作「訂婚戒指」。

「**憑據**」（*arrabōn*）一詞在新約書卷中共出現3次（14節；林後一22，五5），都是用來指聖靈的憑據。這詞源自希伯來文「信物」（*ʿērāḇôn*；參創三十八17），後來經過腓尼基商人的使用而成為希臘文。這詞的意思是「訂金」，就是分期付款中的首期。其意義在於保證其餘的部分必定全數付足。基督信徒所受的聖靈就好比上帝給我們得基業的訂金。雖然基督信徒仍未繼承天上的基業，但因為有聖靈的內住，基督信徒可以預嚐天上的生活，永恒的生命。聖靈也給我們盼望和耐心來等候上帝的子民得到完全救贖的那日子的到來。

「上帝的子民」（*peripoiēsis*；14節）原文的意思是「上帝的產業」（參「新譯本」）。上帝的子民要成為上帝的產業這觀念在舊約時代非常普遍（參出十九5；申十四2；另參彼前二9）。「直等到上帝的子民得救贖」說明基督信徒得救贖的應許必定會在一個特定的時間實現（四30；帖前四16～17）。

信仰反省

總括來說，保羅在這段經文中使用「我們」（11～12節）和「你們」（13節）的信仰經歷來處理猶太基督信徒和外邦基督信徒「在基督裏」的問題。「我們」是指那些比外邦人較早因歸信耶穌基督而得基業的猶太人；「你們」則是指外邦基督信徒（參二17～18）。保羅先講述猶太基督信徒的信仰經驗，然後再講述外邦基督信徒的信仰經驗，最後將他們「同歸於一」。再論「我們」之時，就是指猶太基督信徒和外邦基督信徒都同享基業，同有聖靈作為得基業的憑據（14節）。今天，聖靈也照樣降臨在歸信耶穌基督的人身上，我們的生命因而更新，成為聖靈臨在和同在的記號。猶太人和外邦人在基督裏有同等的地位是以弗所書的重要教導之一。作為外邦人使徒的保羅，縱使在監獄裏，這個問題仍是他的關注。

在「頌讚詞」裏，保羅把基督信徒的眼目帶到天上去，以永恆的角度去看三一上帝的救恩。耶穌基督是這救恩關鍵的角色，而聖靈則落實基督信徒的主觀信仰經驗。凡蒙恩得救的人，無論是猶太基督信徒，或是外邦基督信徒，都有分於上帝的救恩計劃。這救恩計劃遠超地上羅馬人的管治，也超越他們當時供奉的守護神亞底米的力量。昔日如是，今天也如是。

今天基督信徒能得這救恩，是莫大的福氣。今日的世界，人心惶惶，不論政治、經濟、社會都處於不穩定中。同時，人與上帝的關係、人與人的關係、人與自己的關係，甚至人與動物和植物的關係都處於疏離和分裂中。然而，在時機成熟的時候，上帝要按照祂的救恩安排，使一切萬有都降服在基督的統管之下，重現一個穩定、和諧及有意義的局面和關係。讓我們俯伏跪下，敬拜頌讚三一上帝！

釋經短註

❶「和修版」4 節下的「滿有愛心」(*en agapē*)是連接上文，指聖潔的表現；而「和合本」是連接下文(5 節)，指上帝預定的基礎。「新譯本」譯作「使我們因著愛，在祂面前成為聖潔，沒有瑕疵。」

❷「和修本」把 8 節上連接至 7 節，而 8 節下則連接至 9 節(參其標點附號)。如同 New Revised Standard Version(NRSV)：" v.7 In him we have redemption through his blood, the forgiveness of our trespasses, according to the riches of his grace v.8 that he lavished on us. With all wisdom and insight v.9 he has made known to us the mystery of his will ... "；New International Version(NIV)則把 8 節整個句子和 7 節連接一起，但跟 9 節分開：" In him we have redemption through his blood, the forgiveness of sins, in accordance with the riches of God's grace v.8 that he lavished on us with all wisdom and understanding "。

❸有關「頌讚詞」所表達的框架及經文之間關係的討論，可參 Harold Hoehner, *Ephesians: An Exegetical Commentary* (Grand Rapids, MI: Baker Academic, 2002), 154～157。

❹有關以三一上帝的框架來分析 3 至 14 節，可參張達民、黃錫木：《使徒行傳與保羅書信要領》(香港：基道出版社，2003)，頁 166；Peter T. O'Brien, *The Letter to the Ephesians* (Grand Rapids, MI: Eerdmans; Leicester: Apollos, 1999), 91 等。有關凸顯三一上帝的工作，可參 Hoehner, *Ephesians*, 174。

❺有關希爾(John P. Heil)以扇形結構為 3 至 14 節作分段，可參 John P. Heil, *Ephesians: Empowerment to Walk in Love for the Unity of All in Christ* (Leiden / Boston, MA: Brill, 2007), 17～19。他提出的理由列在他書內頁 55 至 75。此外，伊恩(H. Thomson Ian)也提出了一個扇形結構。他把一章 3 至 10 節分成 8 個小節。參 Ian H. Thomson, *Chiasmus in the Pauline Letters* (Sheffield: Sheffield Academic, 1995), 46～83。這分段法難以解釋為何將分析止於 10 節，而沒有處理 11 至 14 節這段經文。現將這分段列出：

引言(3 節)
  A(4 節)
    B(5 節)
      C(6 節)
        D(7 節上)
      C'(7 下～8 節)
    B'(9 節上)
  A'(9 下～10 節)

❻有關韋特寧頓(Ben Witherington III)對基督完成救恩任務的觀點，可參 Ben Witherington III, *The Letters to Philemon, the Colossians, and the Ephesians: A Socio-Rhetorical Commentary on the Captivity Epistles* (Grand Rapids, MI: Eerdmans, 2007), 230。

❼ 有關赫爾拿（Harold W. Hoehner）對「天上各樣屬靈的福氣」的看法，可參 Hoehner, *Ephesians*, 175。

❽ 有關赫爾拿對「成為聖潔，沒有瑕疵」的看法，可參 Hoehner, *Ephesians*, 184～185。

❾ 有關「羣體的揀選」的討論，可參 Ernest Best, *Ephesians: A Critical and Exegetical Commentary on Ephesians* (Edinburgh: T & T Clark, 1998), 120, 124；Markus Barth, *Ephesians*, ABC 34 (Garden City, NY: Doubleday, 1974), 105 ～ 109。另參 Karl Barth, *Church Dogmatics*, vol. 2 Part 2 (Edinburgh: T & T Clark, 1957), 94 ～ 194；William G. MacDonald, "The Biblical Doctrine of Election," in *The Grace of God, the Will of Man*, ed. Clark H. Pinnock (Grand Rapids, MI: Zondervan, 1989), 219 ～ 226。根據赫爾拿的分析，他認為加爾文也好像持此概念，參 Hoehner, *Ephesians*, 176；John Calvin, *The Epistles of Paul the Apostle to the Galatians, Ephesians, Philippians, and Colossians*, ed. David W. Torrance and Thomas F. Torrance (Grand Rapids, MI: Eerdmans, 1965 [1548]), 125。

❿ 有關非特定性的「我們」來指涉「全人類」的討論，可參 Best, *Ephesians*, 119～120；Pheme Perkins, *Ephesians* (Nashville, TN: Abingdon, 1997), 373；Witherington, *The Letters to Philemon, the Colossians, and the Ephesians*, 233～235；另參赫爾拿針對巴刻的觀點所提出的討論，參 Hoehner, *Ephesians*, 188～193。事實上是沒有需要處理個人性預定論的問題的：為甚麼上帝只揀選某些人得救，而又預定另一些人滅亡。

⓫ 關於羅馬式的領養方法，可參 Hoehner, *Ephesians*, 196。

⓬ 9 節下的「奧祕」這詞常見於猶太教的智慧文學和天啟文學（參「巴錄二書」〔*2 Baruch*〕81.4；「以斯拉四書」〔*4 Esdras*〕14.5；「以諾一書」〔*1 Enoch*〕51.3, 103.2, 104.10；死海古卷的「哈巴谷書註釋」〔1QpHab〕7.4, 8, 13；「戰卷」〔1QM〕3.8, 16.9；「會規守則」〔1QS 3.21~23, 4.18, 11.34；「感恩詩集」〔1QH〕7.27, 10.4, 11.9, 16）。甚至「七十士譯本」但以理書二章更是用這字來翻譯亞蘭文的 *rāz* 來表達某些神祕事情。

溫習及思考問題

1. 3至14節的「頌讚詞」有何特色？不同的學者如何看這「頌讚詞」的框架？這「頌讚詞」如何表達基督教的信仰？它對基督信徒的敬拜生活有何重要的提醒？
2. 保羅如何描述「上帝」的名稱（3節上）？這個描述對你有甚麼特別的意義？「天上各樣屬靈的福氣」是甚麼意思（3節下）？你是否擁有這些福氣？
3. 「在基督裏揀選了我們」（4節）是甚麼意思？如何知道自己是被揀選的人？
4. 保羅所指基督信徒都有「兒子的名分」（5節）是甚麼意思？這身分對你有何意義？
5. 你的日常生活是否讓人看到你有「兒子的名分」？你認為自己是否已「得蒙救贖，過犯得以赦免」（7節）？試分享你的經歷。
6. 保羅所說的上帝「旨意的奧祕」（9節）是指甚麼？從你教會的處境來看，你認為要如何定義上帝「旨意的奧祕」？
7. 當你面對重要的抉擇時，你會如何尋求上帝「旨意的奧祕」？你認為這個「奧祕」是可知還是不可知的？請說明原因。
8. 對於「在時機成熟的時候，使天上、地上、一切所有的，都在基督裏面同歸於一」（10節）的實現，我們在其中可擔當甚麼角色？
9. 甚麼是「聖靈為印記」（13節）？它包含甚麼意義？何謂在基督裏受「聖靈為印記」？你如何確定你有聖靈的印記？你確信自己有聖靈的印記的嗎？
10. 在這段經文中，保羅如何解釋上帝的救恩是處於「已然和未然」的張力中？你是否有同樣的生活經歷？

第四章

為基督信徒能更多認識上帝而祈禱（一15～23）

- 感恩和禱告
- 禱告的內容
- 闡明上帝在基督裏所顯的能力

經文

1 15 因此，我既然聽見你們對主耶穌有信心，對眾聖徒有愛心，16 就
不住地為你們感謝上帝，禱告的時候常常提到你們，17 求我們主
耶穌基督的上帝，榮耀的父，把那賜人智慧和啟示的靈賜給你們，使
你們真正認識祂，18 照亮你們心中的眼睛，使你們知道祂呼召你們來
得的指望是甚麼，祂在聖徒中所得榮耀的基業是何等豐盛，19 並知道
祂向我們這些信的人所顯的能力是何等浩大，這是照祂的大能大力運
行的。20 這大能曾運行在基督身上，使他從死人中復活，又使他在天上坐
在自己的右邊，21 遠超越一切執政的、掌權的、有權能的、統治的和一切有
名號的；不但是今世的，連來世的也都超越了。22 上帝使萬有服在他的腳
下，又使他為了教會作萬有之首；23 教會是他的身體，是那充滿萬有者所充
滿的。

這段經文的原文也是「贅句」（參3～14節；另參「3.1.1『贅句』的特色」，頁41），以希臘文計算，全句共169個字。這段經文明顯以感恩禱告開始，然後以論述基督作結束。20至23節論到有關基督的內容，是以一句從句組成，以 *hēn*（原文譯作「那個」，「和修版」沒有將它譯出來）這關係代名詞開始，垂吊在19節的「大能」之後。這部分內容主要有3方面：第一，感恩和禱告（15～16節）；第二，禱告的內容（17～19節）；第三，基督論式的神學宣告（20～23節）。這個基督論是以弗所書所強調的教會論的基礎。

4.1 感恩和禱告（一15～16）

這禱文的語句原文與歌羅西書一章3至4節，以及腓利門書4至5節非常相似。

古代希臘信件傳統的格式都是以向神明感恩作開始，以此表示寫信人是繼續為受信人向神明代求。保羅書信也是**採納這種格式**（參羅一8～15；林前一4～9；西一3～8），但禱告的對象不再是希臘的神明，而是他們所相信的上帝。這感恩的內容有別於頌讚詞，前者關注的是上帝在基督信徒身上的作為，後者關注上帝本身的作為。保羅書信引言部分的感恩內容共有兩種基本形式。第一種感恩內容有一連串的感恩事情（可以多至7項），以 *hina* 這連接詞（譯作「為了／以便」）作結束，說明保羅為基督信徒禱告的內容（參腓一3～11；西一3～14；門4～6節）。第二種感恩內容比較簡短，以 *hoti* 這連接詞（譯作「因為／因此」）作結束，說明感恩的原因（參林前一4～9；羅一8～10）。以弗所書這段的感恩語屬於第一種的形式。

15節以「因此」（*dia touto*）作開始，將保羅這段感恩和禱告連接於前文的頌讚詞，尤其是13至14節。保羅「因此」不住地感謝父上帝，說明讀者是已歸信的羣體，他們不只對上帝有恆久信心，也因著對上帝的信心而對眾聖徒有愛心（15節下）。「信心」（*pistis*）這詞所強調的是他們信仰的對象。他們原先的信心是放在亞底米女神身上，如今是在耶穌基督裏。這「信心」不只強調對基督起初的信，就是「聽見真理的道」（13節）的信，也包括繼續留在基督裏的信心。這個信心不是隱藏的，而是透過對眾聖徒的愛心表露出來。「愛心」（*agapē*）不是感情上一時的衝動，而是以實際行動表示關心別人的需要。它強調的是付出和為他人最大的好處來著想。由於上帝的愛，基督信徒也以愛回應上帝，也以愛對待其他聖徒。這就是上帝揀選我們的期望。

16節「不住地感謝上帝」是古代信件一種誇張的寫作手法。它不是指保羅無論在任何時刻、每分每秒都在感謝上帝，而是說在他日常的禱告生活中沒有忘記為基督信徒的信心和愛心來感謝上帝。總括來說，保羅為基督信徒在教會中所活出對上帝有信心，以及對眾聖徒的愛心來感恩。

保羅說他「聽見……」。既然保羅曾在以弗所住過一段日子，並且認識那裏的基督信徒，為何他對那裏基督信徒的認識只是「聽」來的？這有兩個可能性：第一，保羅離開以弗所後，當地教會增長很快，有許多不認識保羅的人歸信，至於他們信仰的情況，保羅只得從他所熟悉的基督信徒那裏聽到。第二，以弗所書是寫給以弗所地區眾教會的一封公開傳閱的信。保羅只到訪其中幾間教會，而其他沒有到訪過的教會，只有從「聽」來得到消息。

4.2 禱告的內容（一17～19）

接著是一段禱文。保羅在上帝面前為基督信徒祈求，所求的是基督信徒生命的需要。這段落可以再分為3段，以下列出其內容大綱：

分段大綱(一17～19)

一、禱告的對象(一17上)
二、祈求賜下智慧和啟示的靈(一17下～18上)
三、祈求上帝讓基督信徒真正認識祂(一18下～19)

4.2.1 禱告的對象(一17上)

保羅禱告的對象是「主耶穌基督的上帝」，也稱為「榮耀的父」(17節上)。「主耶穌基督的上帝」這短語與頌讚詞中對上帝的描述十分相似，這短語也顯示耶穌基督與父上帝是不同的。初代教會早已承認耶穌基督擁有超乎萬名之上的名，也宣認耶穌基督是主(腓二9～11)，但他們沒有將耶穌基督的身分提升至與上帝同等，同時也不會將子與父的關係混淆，上帝依然稱為「耶穌基督的父」。雖然鄧雅各(James D.G. Dunn)認為這裏的論述框架仍屬於相當傳統的「猶太教獨一神觀」(Jewish Monotheism)，但也有學者認為保羅的神學已衝破這傳統框架。❶「主耶穌基督的上帝」這稱呼也顯示了保羅擴大了猶太觀念中「亞伯拉罕、以撒、雅各的上帝」。如今，在基督裏，耶和華上帝不僅是猶太人的上帝，也是外邦人的上帝。17節的「我們」(*hēmōn*)是指猶太基督信徒和外邦基督信徒(這是回應11至14節的「我們」和「你們」)。

「榮耀的父」(*ho patēr tēs dozēs*)是一個特別的用詞(保羅在他寫

的其他書信中曾稱耶穌基督是「榮耀的主」；參林前二8）。「榮耀的」是以所有格（genitive）表達，可以指上帝的屬性，又或指上帝是榮耀的來源。「榮耀」的希伯來文 *k̲āb̲ôd̲* 是指耶和華上帝的同在和能力所散發的光輝。「榮耀」也聯繫於「使祂的榮耀得到稱讚」（6節上、12、14節）。這位「**榮耀的父**」不只是舊約時代，也是新約時代的上帝。「榮耀的父」與上帝的工作息息相關，其中最重要的是使耶穌從死人中復活（參羅六4）。以弗所書提及父上帝的工作就是如何在基督裏作揀選和預定的工作（4～5節）、救贖與赦罪的工作（7節）、立定和顯明永恆的旨意（9節），及以聖靈作為印記（13節）。

除了「榮耀的父」，上帝也稱為「榮耀的上帝」（詩二十九3；徒七2）、榮耀的王（詩二十四7～10）。

4.2.2 祈求賜下智慧和啟示的靈（一17下～18上）

接著保羅又說求上帝賜下「智慧和啟示的【聖】靈」（17節下）。「智慧」（*sophia*）是指與上帝的旨意有關的知識（西一9），當中也包括為基督信徒所帶來的屬靈福氣（參一8，三10，五15）。「啟示」（*apokalupsis*）是將上帝所隱藏的事物揭露或揭示出來。保羅指出基督信徒需要「智慧和啟示的靈」來明白上帝旨意的「奧祕」（8～9節）。值得留意的是，保羅並不是求上帝將「智慧和啟示的靈」賜給使徒、先知或傳道牧師，而是給每一位基督信徒。換言之，明白上帝旨意是每個基督信徒的權利，而不是專屬神職人員的（參三5）。

至於「靈」（*pneuma*）這詞的意思，學者們有不同意見。有學者認為是指人的靈，另有認為那是指聖靈，後者是較多學者的看法。若從上文看，這「靈」解作「聖靈」會較為合理。保羅在第三章清楚說明，父上帝透過啟示讓他知道福音的「奧祕」（三2～3），這「奧祕」在從前的世代沒有人知道，如今卻藉著聖靈向他啟示(三5)。保羅這樣的表達會引發另一個問題的出現，就是：既然受信人已經在歸信時領受了聖靈的印記，作為得基業的憑證(一13～14)，為何保羅在此要祈求父上帝賜他們「智慧和啟示的【聖】靈」? 保羅並不是求上帝賜下聖靈住在他們心中，而是祈求聖靈某種工作的彰顯。聖靈要使基督信徒「真正認識祂」(*en epignōsei autou*；17節，另參西一9～10)。「認識」(*epignosis*)這詞將會在四章13節再次出現。這詞強調基督信徒與上帝之間有**親密的關係**。基督信徒對上帝的認識，不僅是理性上，也在經驗和實踐上。當基督信徒真正認識上帝，他們的生命就會按照上帝的旨意來生活。

創世記描述亞當與夏娃「同房」，這「同房」也用了與「知識」相同字根的動詞「知道」(參創四1；「七十士譯本」)。

雖然保羅沒有很清楚地宣告三一上帝的觀念，但是聖父、聖子和聖靈同時出現在17節。聖父——耶穌基督的上帝——藉著「智慧和啟示的靈」使基督信徒可以真正認識祂。事實上，保羅在以弗所書以三一上帝的格式作為論述他的神學主題是相當普遍的(參一4～14、17，二18、22，三4～5、14～17，四4～6，五18～20)。

接著，保羅在18節說這「靈」是要「照亮你們心中的眼睛」，並「使你們知道……」來表達祈求的目的。「照亮你們心中的眼睛」這短句不是保羅的另一個祈求內容，因為「照亮」(*pephōtismenous*)在原文是以完成時態**被動語態**分詞表達，表示一個已經完成的行動(直譯「已經受到照亮」)。「和修版」將這動詞譯作主動語態，但被動語態更切合原文意思，因為這樣是要表示「照亮」是出自上帝的作為，而不是人本身的行動。「照亮你們【即基督信徒】心中的眼睛」是指上帝賜給基督信徒屬靈的悟性，得以明白屬靈的事。照樣的，因為外邦基督信徒的眼睛也得到「照亮」，因此不能夠繼續活在黑暗中。死海古卷中的「社羣守則」(*Community*

NRSV照原文意思，以被動語態表達，譯作："so that, with the eyes of your heart enlightened, you may know ..."。

Rules）也有類似的記載：「用洞察萬事的睿智照你的心，用永世的智識施恩給你」（1QS 2.3）。此外，以弗所書的「心」（*kardia*）這名詞不只是指人情感的核心（申二十八47；詩三十四18），也是指人的悟性、理智和意志的核心（王上八17；但二3）。這「心」是單數名詞，表示每一位基督信徒都有一個屬靈的悟性。

4.2.3 祈求上帝讓基督信徒真正認識祂（一18下～19）

接著的經文說明保羅祈求上帝讓基督信徒真正認識祂的具體內容，這可以包括3件事情：

- 祂呼召基督信徒所得的指望（18節下）；
- 祂在聖徒中所得豐盛的榮耀基業（18節下）；
- 祂向基督信徒所顯浩大的能力（19節）。

一、「祂呼召你們來得的指望是甚麼」（18節下）

第一件事的重點是在「呼召」，這「呼召」是指上帝召喚基督信徒接受救恩。因著上帝的呼召，基督信徒的生命就有「指望」。這「指望」不是指可能會實現，或可能會落空的夢想，而是一個必定實現的應許。保羅如此確定基督信徒有「指望」，是因為呼召基督信徒的上帝是信實的。這位上帝已經透過耶穌基督實現了創立世界以前所立定的救贖計劃（3～14節）。即使基督信徒未能看見他們的將來，上帝也必定會使屬於祂的人得著基業和完全的救贖，而聖靈的印記就是得基業的憑據。保羅曾稱讚以弗所的基督信徒有信心和愛心，可是他們似乎缺少了得救的盼望和確據（15節）。因此，保羅祈求上帝賜他們悟性，對得救的盼望有絕對的把握。如此，他們就得以見證上帝，活出活潑

的信仰。❷

二、「在聖徒中所得榮耀的基業是何等豐盛」(18 節下)

第二件事提及「聖徒」(*ho hagois*；參 2.2「受信人：以弗所的眾聖徒〔一 1 下〕」，頁 33～34)。保羅延伸了舊約時代的觀念，將「聖徒」這詞延展為每一位蒙上帝呼召的人。「在聖徒中所得榮耀的基業」可以指基督信徒從上帝那裏得到基業，或指上帝以眾聖徒為祂自己的基業。這裏是指後者。在舊約時代，「以色列民是耶和華上帝的基業」是一個普遍的觀念(申四 20，九 26；撒下二十一 3；詩二十八 9 等)。保羅也借用了這觀念，指出無論猶太基督信徒或外邦基督信徒，都是上帝的基業。上帝的揀選和耶穌基督救贖的結果，不只是基督信徒得到基業，上帝同時也得到基業(參 14 節)。基督信徒是上帝榮耀而豐盛的基業，這反映了基督信徒在上帝的眼中何等寶貴。當耶穌基督再來之時，他將把眾聖徒接到天上，並與其他「聖徒」聯合，那時不只是「我們」得到基業(14 節)，上帝自己也將得到祂完全的基業。

三、「祂向我們這些信的人所顯的能力是何等浩大，這是照祂的大能大力運行的」(19 節)

上文提及的兩點，都是關乎將來仍未發生的事。但是，這裏提及上帝向基督信徒所顯的「能力」卻是關乎基督信徒當時生活上的經歷。「能力」(19 節)對於以弗所地區的基督信徒來說非常適切，因為他們受著宗教和社會政治的壓力。教會正面臨不信世界的逼迫以及靈界邪惡勢力的攪擾(六 10～20；參徒十九 11～41)，他們極需要上帝浩大的能力，來幫助他們過得勝的生活。保羅在這裏用了 4 個不同的詞彙來表達上帝的「能力」。中文和英文譯本都無法將它們的意義完全翻

譯出來，現將這 4 個詞列出如下：❸

- 「能力」(*dunamis*)：強調能力的容量，包括能力本身和潛在的能力；
- 「大能」(*kratos*)：強調抵擋或反抗的能力；
- 「大力」(*ischus*)：強調內潛的能力；
- 「運行」(*energeia*)：強調行動的能力。

現以一個具體例子説明這 4 個詞的關係。一個推土機有鏟平叢林的能力(*dunamis*)；當它的機器未被啟動時，它有鏟平叢林的內潛能力(*ischus*)；當它的機器啟動時，它有啟動的能力(*kratos*)；當它在鏟平叢林時，它有行動的能力(*energeia*)。保羅使用 4 個不同的詞彙，目的是要將上帝浩大的能力表達得淋漓盡致，以肯定基督信徒在上帝裏有完全的保障。

4.3 闡明上帝在基督裏所顯的能力(一 20～23)

這段落進一步闡明 19 節提及上帝彰顯在基督信徒生命中的能力。這段經文以「他」(***hēn***)這關係代名詞聯繫。這個能力曾運行在基督的身上，使他從死裏復活過來，以及使他坐在天上的父上帝右邊，遠超越一切的權勢(20～21 節)，又把萬有服在他腳下(22 節上)，使他為了教會作萬有之首(22 下～23 節)。保羅表達了基督與教會密切的關係：基督是「頭」(*kephalē*)，教會為「身體」(*sōma*)。現將這段落再細分 3 段作討論：

「和合本」和「呂振中譯本」將 hēn 譯作「就是」，「和修版」沒有將這詞譯出來。

分段大綱(一 20～23)

一、上帝能力的展現(一 20～21)

二、使萬有服在基督腳下(一 22 上)

三、使基督為教會作萬有之首(一 22 下～23)

4.3.1 上帝能力的展現(一 20～21)

上帝的能力展現在耶穌基督身上，就是使他「從死人中復活」(20節上)。「復活」(*egeiras*)是過去不定時時態分詞，它連於「運行」(*enērgēsen*)這動詞，意味著「復活」這行動雖已完成，但果效仍在延續。這表示基督的復活這事情繼續在基督信徒的生命中帶出果效。保羅經常將耶穌基督的復活與上帝的能力相提並論(參林前六 14；羅一4；腓三 10；西二 12)。

上帝的能力也使耶穌基督「在天上坐在自己的**右邊**」(20節下)。在舊約書卷記述裏，耶和華的右邊象徵上帝所愛的(耶二十二 24)、勝利(詩二十 6，四十四 3，四十八 10)和能力(出十五 6；詩八十九 13；賽四十八 13)。保羅這個描述是有其舊約背景：「耶和華對我主說：『你坐在我的右邊，等我使你仇敵作你的腳凳。』」(詩一一〇 1)。以弗所書的「坐」意思是指勝利的位置，上帝的能力使復活的基督在天上有至高的地位和能力。他遠超於任何屬靈領域裏的挑戰者。同樣的，當基督信徒的生命與復活的耶穌基督聯繫，他們也能勝過所有的逼害。

在古代近東世界，君王常常被描繪為坐在守護神明的右邊。他們代表神明來行使權柄，並擁有「萬人之上，一神之下」的地位。

上帝的大能不只使耶穌基督從死人中復活，坐在天上上帝的右邊，而且也「遠超越一切執政的、掌權的、有權能的、統治的和一切有名號的；不但是今世的，連來世的也都超越了」(21 節)。至於這些「執政的」(*archē*)、「掌權的」(*exousia*)、「有權能的」(*dunamis*)、「統治的」(*kuriotēs*)的意思，學者們意見不一，尤其對「執政的、掌權的」的討論更為激烈。這 4 個不同的稱號是否代表著 4 個不同的權勢？它們是否有等級之分？保羅是否按照它們在靈界的地位作排列？它們是否是不同區域的靈界掌權者？這個領域是在天上抑或在地上？它們都是邪惡的勢力嗎？現將保羅在他的其他書信中曾使用這些詞彙的經文列出：

經文	詞彙
羅八 38	天使、掌權的、有權能的
林前十五 24	執政的、掌權的、有權能的
弗一 21	執政的、掌權的、有權能的、統治的
弗三 10	執政的、掌權的(天上)
弗六 12	執政的、掌權的(天上)
西一 16	有權位的、統治的、執政的、掌權的
西二 10	執政的、掌權的
西二 15	執政的、掌權的
多三 1	執政的、掌權的(地上)

從以上列表，我們有 3 項的觀察。第一，「執政的」和「掌權的」大多並列提及，而出現的次數也最多，共有 8 次；另外，「有權能的」出現 3 次；「統治的」出現兩次。第二，這些稱號的排列秩序多是「執

政的」、「掌權的」、「有權能的」、「統治的」，但也有例外（參西一16）。第三，「執政的」、「掌權的」可以指是屬天上的（弗三10，六12）；亦可以指屬地上的（多三1）。

如此來看，我們可以作出一些結論。首先，由於歌羅西書一章16節的排列次序有別於其他的經文，我們不能總結說這4個稱謂是有等級之分。再者，若這4個稱號都是展示耶穌基督的能力如何超越不同權勢，這些稱號都應該同時出現。因此，這些稱號可說是對執政掌權者的統稱，而沒有任何等級之分。此外，由於以弗所書一章21節不像三章10節、六章12節或提多書三章1節般，清楚說明這些稱號是與天上或是地上掌權的有關，一章21節所指的可以是天上的，也可以是地上的。

接著的「和一切有名號的」（21節）也與「執政的、掌權的、有權能的、統治的」相同，同樣是指天上和地上的權勢，包括維護正義的力量和抵擋邪惡的勢力。在舊約時代，呼求神明的名字意味著對那個神明的敬拜（王上八24）。以色列的上帝——耶和華——和外邦人的神明都各有自己的名字，而耶和華上帝同時也是一位命名者。祂為亞伯蘭、雅各改名（創十七5，三十二28），為天上的星宿改名（詩一四七4）。基於上帝是命名者，祂便超越一切。當耶穌基督超越「一切有名號的」，就表示他擁有「超乎萬名之上的名」（腓二9），「不但是今世的，連來世的也都超越了」（弗一21下）。「今世」可解釋為這個邪惡的世代（參二2，五16；另參加一4；林前二6、8，三18～19；林後四4），「來世」可以解釋為基督再來作王的世代（羅八18）。從死人中復活與高升在天上的耶穌基督的能力，不只超越一切的勢力，也超越一切的時空。

保羅這一連串對基督的描述，是要強調上帝在耶穌基督裏的能力，遠超過任何天上靈界的及地上一切有生命的，以及現在的和將來的權勢。因此，這段經文的中心信息是講述基督的超越性。

4.3.2 使萬有服在基督腳下（一 22 上）

「你派他管理你手所造的，使萬物……都服在他的腳下。」（詩八 6）「耶和華對我主說：『你坐在我的右邊，等我使你仇敵作你的腳凳』。」（詩一一〇 1）

上帝的大能大力不僅使耶穌基督超越一切的權勢，甚至「使萬有服在他的腳下」（22 節上）。這短句**引自詩篇八篇 6 節及一百一十篇 1 節**。這圖像象徵耶穌基督（即彌賽亞）已經勝過仇敵。被降服的敵人伏在地上，而勝利者把腳放在他們的頸項上。復活與高升的基督使人類重新得回上帝曾經賦予他們那管理全地的權柄（參創一章；詩八篇），凡在基督裏的人都可以分享和分擔此管理萬物的重要任務。這樣，「使天上、地上、一切所有的，都在基督裏面同歸於一」便可成就（弗一 10）。

4.3.3 使基督為教會作萬有之首（一 22 下～23）

「教會」這詞在福音書只出現於馬太福音（太十六 18，十八 17〔x2〕）。保羅書信出現這詞最多的是哥林多前書，共 21 次。

接著，保羅提及上帝藉著祂的大能大力，使耶穌基督為教會的緣故作萬有之「首」（*kephalē*；22 節下，或譯作「頭」）。基督和教會的關係非常密切，如同頭和身體的聯繫（23 節上）。「教會」（*ekklēsia*）這詞**在新約聖經共出現 114 次**，其中有 3 次在福音書裏出現，也有出現於使徒行傳（23 次）、大公書信（6 次）和啟示錄（20 次）。至於保羅書信，這詞則出現 62 次，而以弗所書共出現 9 次（一 22，三 10、21，五 23、24、25、27、29、32）。「教會」通常是指某個城市或某個地方的教會，不過以弗所書指的明顯是「普世教會」(universal church),即宇宙性的教會。保羅又提到耶穌基督是「萬有之首」(23節),接著再提及「充滿萬有者所充滿的」。這「充滿萬有者」無論在語法上或翻譯上都不易處理,它可以有3種解法:

- 教會是那「充滿萬有者」,它使基督有一個完整的身體,不是只有頭而已;
- 教會是那「充滿萬有者」,它要充滿世界萬有;
- 基督本身就是那位「充滿萬有者」,他也充滿教會(即他的身體)。

我們接受第三個解釋。基督不只充滿教會,他也與教會聯繫一起,成為一體。須注意保羅較早期的書信是以「身體」來象徵教會羣體彼此之間的關係(參羅十二5~6;林前十二12~27),基督信徒彼此互為肢體、互相依存。因此,我們留意到,「身體」這圖像有兩個不同的意思。第一,教會是整個身體,當中包括頭部在內(如羅馬書及哥林多前書所記)。這強調基督信徒的合一和團契。第二,基督是頭,教會是他的身體(如以弗所書及歌羅西書所記)。這強調基督的主權和教會對基督的順服。

羅馬書/哥林多前書	以弗所書/歌羅西書
基督是根源(強調起源)	基督是頭(強調主權)
教會是整個身體,包括頭在內(強調合一、團契)	教會就是身體(強調順服)

信仰反省

基督是教會的「頭」，同時也是「萬有之首」。他坐在上帝的右邊，戰勝一切邪惡的敵對勢力。當基督成為肉身，降世為人時，一個新時代便開始。耶和華上帝所應許列祖的彌賽亞已來臨，並且更新了上帝與人的關係，這種更新的關係繼續延伸至今日，今日的基督信徒已經活在新的時代中。雖然基督信徒仍要等候「上帝的子民得救贖」(14 節)的來臨，但在基督裏，基督信徒可以有無比浩大的能力面對和抵抗反對上帝的邪惡勢力。基督的教會已經可以在今天初嚐將來的指望。上帝在天上對地上基督信徒的永恆計劃已經實現了。我們不應懼怕，反而要勇往直前事奉上帝。

釋經短註

❶ 關於鄧雅各（James D.G. Dunn）對「猶太教獨一神觀」的評論，可參 James D.G. Dunn, *The Theology of Paul the Apostle* (Grand Rapids, MI: Eerdmans, 1998), 252 ～ 260, 281 ～ 288；*Did The First Christians Worship Jesus? The New Testamnet Evidence* (London: SPCK, 2010)。反對鄧雅各看法的有：Larry W. Hurtado, *One God, One Lord: Early Christian Devotion and Ancient Jewish Monotheism*, 2nd ed. (Edinburgh: T & T Clark, 1998)。參 N.T. Wright, *Paul and the Faithfulness of God* (Minneapolis, MN: Fortress, 2013), 619～773。

❷ 對於「指望」的看法，可參 Harold W. Hoehner, *Ephesians: An Exegetical Commentary* (Grand Rapids, Baker Academic, 2002), 264～265。

❸ 赫爾拿（Harold W. Hoehner）對 4 個有關「能力」這詞彙的解釋，可參 Hoehner, *Ephesians*, 242。

溫習及思考問題

1. 保羅如何為基督信徒禱告?他的感恩和代禱的內容是甚麼(15～23節)?我們從保羅的禱告中學習到甚麼功課?試分享你最近為教會祈禱的一些事情。
2. 「不住地禱告」(16節)是甚麼意思?你會如何為教會「不住地禱告」?
3. 保羅所說「信心」和「愛心」是指甚麼(15節)?我們要如何活出這兩樣東西?
4. 甚麼是「智慧和啟示的靈」(17節)?你是否同樣可以擁有這靈?
5. 保羅祈求上帝讓基督信徒可以「真正認識祂」(17節)是指甚麼意思?你曾經如此為自己禱告嗎?你認為自己是否「真正認識祂」?
6. 保羅所說「呼召你們來得的指望」(18節)是指甚麼「指望」?你有這「指望」嗎?
7. 你如何理解保羅「執政的、掌權的、有權能的、統治的」(21節)?若應用在今天的處境中,它是指甚麼?你認為基督信徒要如何活在這權柄下,同時又可以因著基督而超越它?
8. 以弗所書所指教會是基督的「身體」(23節)這意義與哥林多前書所指「身體」有何不同?為何保羅會有如此不同的表達?你如何將兩者的真理融合去看?

第五章

基督大能的彰顯：救贖與和睦（二1～22）

- 基督的救贖
- 基督使基督信徒彼此和睦共處

經文

2 [1]從前，你們因著自己的過犯罪惡而死了。[2]那時，你們在過犯罪
惡中生活，隨從今世的風俗，順服空中掌權者的領袖，就是現今
在悖逆的人心中運行的邪靈。[3]我們從前也都生活在他們當中，放縱肉
體的私慾，隨著肉體和心中的意念去做，和別人一樣，生來就是該受
懲罰的人。[4]然而，上帝有豐富的憐憫，因著祂愛我們的大愛，[5]竟在
我們因過犯而死了的時候，使我們與基督一同活過來——可見你們得
救是本乎恩——[6]祂又使我們在基督耶穌裏與他一同復活，一同坐在
天上，[7]為要把祂極豐富的恩典，就是祂在基督耶穌裏向我們所施的恩
慈，顯明給後來的世代。[8]你們得救是本乎恩，也因著信；這並不是出
於自己，而是上帝所賜的；[9]也不是出於行為，免得有人自誇。[10]我們
是祂所造之物，在基督耶穌裏創造的，為要使我們行善，就是上帝早
已預備好要我們做的。

[11]所以，你們要記得：從前你們按肉體是外邦人，是「沒受割禮的」；
這名字是那些憑人手在肉身上「受割禮的人」所取的。[12]要記得那時候，
你們與基督無關，與以色列選民團體隔絕，在所應許的約上是局外人，而
且在世上沒有指望，沒有上帝。[13]從前你們是遠離上帝的人，如今卻在基
督耶穌裏，靠著他的血，已經得以親近了。[14]因為他自己是我們的和平，
使雙方合而為一，拆毀了中間隔絕的牆，而且以自己的身體終止了冤仇，
[15]廢掉那記在律法上的規條，為要使兩方藉著自己造成一個新人，促成了
和平；[16]既在十字架上消滅了冤仇，就藉這十字架使雙方歸為一體，與上
帝和好，[17]並且來傳和平的福音給你們遠處的人，也傳和平給那些近處的
人，[18]因為我們雙方藉著他，在同一位聖靈裏得以進到父面前。[19]這樣，
你們不再是外人或客旅，是與聖徒同國，是上帝家裏的人了，[20]被建造在
使徒和先知的根基上，而基督耶穌自己為房角石，[21]靠著他整座房子連接
得緊湊，漸漸成為在主裏的聖殿。[22]你們也靠他同被建造，成為上帝藉著
聖靈居住的所在。

從內容上看，二章1節至三章13節似乎是3段「岔句」（二1～10、二11～22、三1～13；參頁27列表）。保羅的禱文又被打斷，直到三章14節才繼續下去。這3段岔句有3個不同信息：第一，提醒讀者有關個人得救的經歷（二1～10）；第二，讓外邦讀者明白自己也有分於這救贖計劃（二11～22）；第三，讓讀者明白保羅的事奉（三1～13）。嚴格而言，三章1節不屬於岔句（參6.1「保羅繼續為基督信徒禱告〔三1〕」，頁124～125），但為了方便分段，這節將列入第三段岔句。

第一與第二段岔句是兩個平行的段落，且結構相當工整。它們同是先論到「過去」（*pote*），然後是「現在」（*nun*），說明在基督裏的轉變和結果。我們先在本章討論第一及第二段岔句，第三段岔句留待下一章再作討論。根據觀察，二章1至22節有以下的分段：

基督大能的彰顯（1～22節）					
基督的救贖（1～10節）			基督帶來的和睦（11～22節）		
1～3節	4～7節	8～10節	11～12節	13～18節	19～22節
過去	轉捩點	現在	過去	轉捩點	現在
罪人死在罪中	基督的工作	在基督裏的新生命	隔離的光景	基督的工作	在基督裏的新關係
基督的救贖 罪人 ——→ 聖徒			基督帶來的和睦 隔離 ——→ 聖徒		

5.1 基督的救贖（二1～10）

這段經文講述基督的救贖。按照希臘文語法結構，1至10節由兩個句子構成：1至7節、8至10節。1至7節是以弗所書中第三個「贅句」(參 1.1.1.2「寫作風格和遣詞用字」中討論的「贅句」,頁 3),共有 124 個字。從內容來看,這段經文可以分 3 小段。第一,論及基督信徒的「過去」(1～3 節);基督信徒「從前」未歸信時在「罪惡」(*harmatia*)中的景況;第二,論及基督信徒生命的「轉捩點」(4～7 節);基督信徒「現今」在基督裏蒙憐恤,生命被改變;第三,論及救恩的基礎和目的(8～10 節)。我們須留意這 3 小段之間的聯繫:❶

- 4 節上出現一個連接詞「然而」(*de*),它是 1 至 3 節及 4 至 7 節之間的橋梁;
- 1 節的短句「因著自己的過犯罪惡而死」(*ontas nekrous tois paraptōmasin*)和 5 節上「因過犯而死了」(*ontas hēmas nekrous tois paraptōmasin*)將 1 至 3 節和 4 至 7 節連接起來;
- 5 節下和 8 節上的「你們得救是本乎恩」(*chariti este sesōsmenoi*)將 4 至 7 節和 8 至 10 節連接起來;
- 2 節「隨從」和 10 節「要……做的」的原文都是用同一動詞(*peripateō*),分別說明「從前」和「現今」的生活方式,將 1 至 10 節前呼後應地形成完整的單元。

另外,作者又將「過去」與「現在」作對比:

- 「過去」因著自己的罪而死了(1 節),「現在」與基督一同活過來(5 節上);
- 「過去」隨從今世的風俗,順從空中掌權者的領袖(2 節),「現在」順從基督,與基督一同復活,一同坐在天上(6 節);
- 「過去」是該受懲罰的人(3 節),「現在」活在上帝的大愛、憐憫和恩典中(4～5、7 節)。

此外，我們留意到經文中的「你們」（*humeis*；1～2、8 節）和「我們」（*hēmeis*；3～7、10 節）交替出現。現將經文列出作比較（「猶基」代表猶太基督信徒；「外基」代表外邦基督信徒）：

「我們」、「你們」、「他們」的指涉羣體				
經文	「我們」（猶基＋外基）	「我們」（猶基）	「你們」（外基）	「他們」（外邦人）
1 節			「你們」（外基）	
2 節			「你們」（外基）	
3 節		「我們」（猶基）		「別人」即他們（外邦未歸信的人）
4 節	「我們」（猶基＋外基）			
5 節上	「我們」（猶基＋外基）			
5 節下			「你們」（外基）	
6 節	「我們」（猶基＋外基）			
7 節	「我們」（猶基＋外基）			
8 節			「你們」（外基）	
10 節	「我們」（猶基＋外基）			

接下來是按照經文內容所作的大綱分段：

分段大綱（二 1～10）

一、「過去」：在罪惡中的狀況（二 1～3）

1. 對外邦人的描寫（二 1～2）

2. 對猶太人的描寫（二 3）

二、「轉捩點」：生命改變與轉機（二 4～7）

1. 基督信徒與基督聯合（二 4～6）

2. 基督信徒與後來的世代（二 7）

三、「現在」：得救的基礎與目的（二 8～10）

1. 救恩的基礎（二 8～9）

2. 救恩的結果與目的（二 10）

5.1.1「過去」：在罪惡中的狀況（二 1～3）

1 至 3 節描述「你們／我們」在罪惡中的狀況。「你們」是指外邦基督信徒（1～2 節），而「我們」（3 節）是指猶太基督信徒。保羅描寫「你們／我們」過去的狀況包括 5 方面：

- 死在過犯罪惡中（二 1）；
- 隨從今世的風俗（二 2 上）；
- 順服空中掌權者的領袖（二 2 下）；
- 放縱肉體的私慾（二 3 上）；
- 該受懲罰的人（二 3 下）。

5.1.1.1 對外邦人的描寫（二 1～2）

保羅宣告外邦人過去的生命「因著自己的過犯罪惡而死」。換言之，外邦人因著自己的過犯而與上帝的關係斷絕。接著，保羅繼續描寫這些外邦人的狀況。他們「隨從今世的風俗」（2 節上）和「順服空中掌權者的領袖」（2 節下）。在 1 至 3 節，保羅指出外邦人「過去」的生命有兩方面的敵人，就是外面的世界、靈界的惡者。「隨從今世的風俗」所指的是第一方面的敵人 ——外面的世界；而「順服空中掌權者的領袖」則指第二方面的敵人 ——靈界的惡者。

就著第一方面的敵人，保羅提出「你們……隨從今世的風俗」。「隨從」（*peripateō*）的原文是「生活／行事為人」。這動詞是以弗所書的一個關鍵詞，共出現 8 次（二 2、10，四 1、17〔x2〕，五 2、8、15）。基督信徒的行為或生活方式是本書非常關注的課題。「今世的風俗」（*kata ton aiōna tou kosmou toutou*；原文可直譯「按照這個世界的時代」）是指「整個與上帝隔絕的社會價值系統」。這節經文的意思是指「你們」從前因受外面世界所誘惑，以致「你們」在一個敵對上帝的價值系統裏活著。

就著第二方面的敵人，保羅指出你們「順服空中掌權者的領袖」。保羅在以弗所書用不同的句子或詞彙來描述這些領袖。他們是靈界中「執政的、掌權的、有權能的、統治的」（一 21）的惡勢力，也是指「天上執政的、掌權的」（三 10），又或更直接的，就是「魔鬼」（*ho diabolos*；四 27，六 11；參提前三 6～7；提後二 26），也就是「那惡者」（*ho ponēros*；六 16；參帖後三 3）。

魔鬼與撒但

「魔鬼」與「撒但」都是指同一樣活物，只是「撒但」（希伯來文是 *śāṭān*）是由希伯來語音譯而來，「魔鬼」則是希臘文的一個詞。保羅早期的著作中，用來描述與靈界惡勢力有關的詞彙，多是用「撒但」（*satanas*；羅十六20；林前五5，七5；林後二11，十一14，十二7；帖前二18；帖後二9；提前一20，五15）。另外，也有用「這世界的神」（林後四4），又或「彼列」（林後六15）。「撒但」就是指那位超越的敵對者「魔鬼」（參代上二十一1；伯一～二章；亞三1～12；路十18；啟二十章）。「撒但」善於在上帝面前控告上帝的子民（參亞三1～2；伯一6～9；啟十二9～10），牠有時也被稱為「這世界的統治者」，像是擁有統轄這個世界的權柄（弗二2；參約十二31，十四30，十六11；林後四4；約壹五19；啟十三2）。

「魔鬼」雖然是超越於人的一種靈界活物，但牠並不是與上帝同等，牠本質上是對抗上帝的。在猶太人的傳統裏，「魔鬼」（即「撒但」）是與天使同級的靈界活物，且仍在上帝的治理下（伯一6～11；啟十二7～9）。牠的行為同樣受到上帝的認可或控制。在兩約中間時期，猶太人一般上都清楚認定「魔鬼」是上帝與世人之間，尤其是上帝與以色列子民之間的首要破壞者。新約時期的著作承繼了這些概念，強調「魔鬼」是上帝的主要敵對者，也是統治罪惡世界的王。因此，「魔鬼」與上帝勢不兩立，彼此為敵。牠極力破壞耶穌的事工，攔阻耶穌完成使命。

成為某人之子就好像是屬於某人般（參照一章5節「藉著耶穌基督得兒子的名分」的意義及用法，頁52～53）。因此，「悖逆之子」是屬於悖逆的。

保羅使用「空中」這名詞反映一個古舊希臘的世界觀，這詞是指地球與月亮之間的地方，是邪靈藏匿所在。由於這地方與地面相距不遠，當時代的人便想像這些邪惡勢力其實影響著世界有權勢的人，甚至操控他們。保羅進一步說，這個邪惡勢力就是「現今在悖逆的人心中運行的邪靈」（2節下）。「悖逆的人」（*ho huios hē apeitheia*）原文可直譯「**悖逆之子**」（參「和合本」、「思高譯本」）。順服空中掌權者的領袖就表示他要悖逆上帝，故可稱為「悖逆之子」。這些邪惡勢力很自如地在那些悖逆上帝的人心中工作，叫他們遠離上帝。以弗所地區的基督信徒也許會特別留意到「空中掌權者」的勢力，尤其是亞底米女神的屬靈勢力和影響。

5.1.1.2 對猶太人的描寫（二3）

保羅描寫猶太人的生命「放縱肉體的私慾」（3節上）和「生來就是該受懲罰的人」（3節下）。放縱肉體的私慾同樣是指一個人的「過去」的生命的敵人，即內心的喜好。保羅指出猶太人也是如此，他們沒有被豁免於這罪行。我們過去「放縱肉體的私慾，隨著肉體和心中的意念去做」（3節上）。「肉體」在這裏出現兩次，意指「敗壞的道德取向」。這名詞在以弗所書共出現9次，只有3節所出現的兩次帶有負面意思。其他的則指「種族身分」（11節〔x2〕）或「血肉之軀」（14節，五29、31，六5、12）。「心中」（*dianoia*）是指思想或理智。「肉體和心中的意念」不只是與性方面有關的行為和慾望（五3～5），也包括種種「情慾的事」（參加五19～21），甚至是對食物和權力的欲望。

保羅在3節下描繪在罪惡中的人「生來就是該**受懲罰的人**」（*tekna phusei orgēs*；直譯為「生來就是該受懲罰的孩子」），「生來」有兩個不同的意思，它可以指先天造成的情況（參羅二27，十一24；加二15），亦可指自然的定律（參羅一26；林前十一14）。以弗所書所指的是前者，意思是說，人天生就是一個罪人，本性上早已有許多的污點。

「和合本」將「受懲罰的人」譯作「可怒之子」（參羅一18～20，二5，九22）。

由於我們「隨從今世的風俗」（2節上）、「順服空中掌權者的領袖」（2節下）、「放縱肉體的私慾」（3節上），結果我們都成為「該受懲罰的人」（3節下）。在這短短3節經文中，保羅概括了所有人（包括猶太人）犯罪的天性，以及罪行的問題。同時，他也強調人要為自己所犯的罪負上責任。世人是因為「自己」犯罪而面對「死」(1節),他們又主動隨著世界的風俗和甘願被空中掌權者所操控。結果,人人都要因自己的過犯而成為該受懲罰的人(3節下)。

保羅在1至2節開始時稱呼讀者為「你們」(即外邦人羣體),但3節上卻出現「我們」(指猶太人羣體)。可見當談到罪,保羅刻意將猶太人羣體和外邦人羣體併在一起談論。他也加上「和別人一樣」(3節下)。「別人」這短語原文是帶有貶意,是猶太人稱呼那些不與他們同族的人。保羅要表示不論外邦人或猶太人(「我們」)都在罪惡過犯之下(參羅三22)。猶太人雖然擁有如籬笆般保護他們的律法,但這並不保證他們不會被罪惡侵蝕。這些律法只是一些宗教符號,令人陷入偽善的景況中,徒有外表的宗教規範,但我們需要內心的自律和屬靈的生命力。

信仰反省

在這段經文中,我們留意到保羅用了3個不同的詞彙來描寫罪。「過犯」即過錯、跌倒、失足;「罪惡」是指達不到上帝公義的標準,有如一個跑不到目標的賽跑者;「悖逆」即不順服,故意跑錯誤的道路、錯誤的方向。這3個詞彙包含「明知故犯」的意義。這暗示了懂得犯罪的人是不會不知罪的。「罪」帶來的破壞性很大,它扭曲了人性,使人與上帝、與別人、與自己,甚至萬物的關係破裂。

對現代人來說,其實也要提防「世界、撒但、自己」這3方面影響著我們的事情。基督教不是鼓吹基督信徒逃避世界,而是要在不信的羣體中過著與別不同的生活。對世界及對人應當抱憐憫的心,但卻不是順著他們犯罪的行為而行事。很多時候,基督信徒都會以「人在江湖,身不由己」作為一種藉口,逃避自我審視罪的試探和誘惑,將那些不合上帝心意的行為,以不同的社會理論來作合理化的解釋,以此逃避承認自己的罪。上帝當然期望人能夠面對自己,承認自己的軟弱,但祂更期望人可以接受耶穌基督的救贖,有分參與在祂永恆的計劃中。

5.1.2「轉捩點」：生命改變與轉機（二 4～7）

5.1.2.1 基督信徒與基督聯合（二 4～6）

4 節以「然而」（*de*）這連接詞開始，說明「從前」（1 節）的景況，轉接至與基督聯合的景況。這個轉折點在於「上帝有豐富的憐憫」。1 至 3 節所討論罪惡的權勢，以及 4 至 7 節所討論上帝的大能不是平起平坐，並駕齊驅，而是後者遠勝過前者。在一章 20 節，保羅描寫上帝的大能「運行」（*enērgēsen*）在基督身上，使他從死人中復活；在二章 2 節，保羅用相同的詞彙來描述罪惡的權勢「運行」（*energeia*）在「悖逆的人」身上，導致人因過犯而死。然而，上帝的能力遠勝過罪惡的權勢，那些因過犯而死的人因而得以與基督一同活過來（5 節）。保羅在這段經文用了 3 個非常獨特和有意義的詞彙來描寫上帝：

- 上帝的「**憐憫**」（*eleos*；4 節上）。「憐憫」不但是一種帶著慈憐的感情，也帶有「忠誠」的意思。人因為自己的罪（1 節）落在懲罰中，而上帝的「憐憫」臨到人的身上，是在於上帝忠誠地對待自己的旨意（一 5、9～10），因而賜下救恩。在新約其他的書卷中，當論及一個人歸信耶穌基督之時，都會提到上帝的「憐憫」（參羅十一 30～32；提前一 13；多三 3～5；彼前二 10）。

「憐憫」的希伯來文 ḥeseḏ，是強調上帝對恩約的忠誠。當以色列人背約之時，耶和華——上帝對他們仍有赦罪之恩。這詞在新約書卷共出現 28 次，而保羅書信則出現 11 次。

- 上帝的「大愛」（*tēn pollen agapē*；4 節下）。「愛」與上帝的救贖必須連在一起討論。上帝拯救人類完全出自祂的愛（參約三 16；羅五 8，八 35、37、39；林後五 14；約壹三 1、16）。
- 上帝的「恩典」（*charis*；5 節下）。這是指上帝的恩惠和祂赦罪的愛，而這些都是我們不配得的，它是上帝的「憐憫」和「大愛」的行動基礎。

上帝的憐憫、大愛和恩典使基督信徒得以與基督聯合。5至6節出現3個「一同」（*sun* 這介詞組成的複合詞，來表達基督信徒與基督聯合的概念（參羅六1～11；西二11～13，三1～4）：基督信徒與基督「一同活過來」（*sunezōopoiēsen*；5節下；參西二13）；基督信徒與基督「一同復活」（*sunēgeiren*；6節上；參西二12，三1）和基督信徒與基督「一同坐在」（*sunekathisen*；6節下）的希臘文，都是以過去不定時時態表達，表示這是一個事實。因著基督信徒的生命與基督聯合，基督的生命歷程就成為基督信徒的生命歷程；基督信徒與基督同享上帝的大能和在基督裏的新地位。

「一同坐在天上」這概念只出現在以弗所書。對照加拉太書強調基督信徒與主同釘十字架（加二19～20）和歌羅西書強調基督信徒與主同釘死和同復活（西二12），以弗所書不僅強調基督信徒與主同死、同復活，而且進一步強調基督信徒與基督同坐在天上。換言之，基督信徒同時活在地上和天上：基督信徒可以進到父上帝面前（二18）；基督信徒與聖徒同國（二19）；基督信徒與天上的執政者有聯繫（三10）。這個「天上」並不是指完美的天堂，因為惡勢力仍在其中（參六11～13）。因此，與基督「一同坐在天上」的基督信徒仍然要面對靈界惡勢力與罪惡的挑戰。不過，可以肯定的是，基督信徒已從邪惡管轄的領域中得到釋放，不再在邪靈統治下生活。❷

5.1.2.2 基督信徒與後來的世代（二7）

7節以「為要」（*hina*）這連接詞來連接4至6節的內容，說明上帝使基督信徒與基督「一同活過來」、「一同復活」、「一同坐在天上」。這除了是為了基督信徒本身的好處，也是為了要「顯明給後來的世代」。學者們對「後來的世代」這短語有不同看法，有認為是指第一世紀至基督再來之前的這段日子，亦有認為是指基督再來之後的日子，但更多的學者認為是指第一世紀至基督再來之後的日子。保羅的重點並不在於時間，而是在於未曾聽聞福音的世代。保羅提醒基督信徒要成為上帝豐富恩典的見證，讓眾人看見他們與基督聯合的新生命，也可以從過犯中回轉，與基督「一同活過來」、「一同復活」、「一同坐在天上」。

5.1.3「現在」：得救的基礎與目的（二 8～10）

5.1.3.1 救恩的基礎（二 8～9）

這兩節經文撮寫了保羅對福音的看法，也進一步解釋 5 節下「你們得救是本乎恩」的宣告。「得救」（*sesōsmenoi*）的原文是以完成時態來表達，表示一個已經完成，但其果效延續直到現今的行動。這裏的「恩」就是 7 節提及的「恩典」（*charis*）。保羅指出，基督信徒得救是本乎恩典，「也因著信」（*dia pisteōs*；參羅三 21～31）。基督信徒之所以得救，除了憑著上帝的恩典，也要有「信」。因此，在「得救」這事上，人不是完全被動的，人必須對基督的救贖有正面回應。

接著，保羅加上「這並不是出於自己，而是上帝所賜的」（8 節下）。這節經文所出現的「這」（*touto*）是指向哪一個名詞？首先，我們需要留意「這」在希臘文是一個中性代名詞。若是如此，它不是指向 8 節上的「信」，因為「信」（*pisteōs*）在希臘文是一個陰性名詞。此外，它也不能用來指「恩典」（*charis*），因為「恩典」在希臘文同樣是陰性名詞。因此，「這」應該是指這節經文之前的詞組或從句的內容，就是

8 節上和 4 至 7 節的整個救贖概念。換言之，我們得救不是靠自己的努力，而是完全出於祂的恩典（參羅三 20、28，四 1～5，十一 6；加二 16；提後一 9；多三 5）。我們這些救恩的領受者只有感恩，不可自誇（9 節）。

「和合本」將 erga nomou 這名詞短語譯作「遵行律法」是不恰當的，「和修版」譯作「律法的行為」也不是很理想。較好的翻譯是「律法之工」。

保羅繼續指出救恩也「不是出於行為」（9 節）。值得留意的是，保羅曾説人稱義不是因「律法之工」（***erga nomou***；羅三 28；加二 16）。近代學者，尤其是接受「保羅新觀」的學者都認同「律法之工」是指猶太人選民的「身分標記」（identity marker），包括割禮、安息日、食物的條例等。❸鄧雅各認為兩者之間的差異是因為保羅在以弗所書的思想有進一步的發展。早期的書信辯證基督（即舊約時代的彌賽亞）所帶來的新時代，這救恩與猶太人的身分標記無關（即不是因為「律法之工」）；以弗所書辯證救恩與任何的行為和努力都無關（即「不是出於行為」）。❹

5.1.3.2 救恩的結果與目的（二 10）

10 節説明救恩的結果和目的。上帝拯救的結果是基督信徒成為祂在基督耶穌裏的「所造之物」。「所造之物」（*poiēma*；10 節上）含有「藝術品」、「傑作」的意思。保羅讓我們回想創世記第一章上帝原先「完美」的創作，但因為人犯罪墮落的緣故，此創作被糟蹋，人被撒但操縱，人性也被扭曲（參 1～3 節；另參創三章）。如今，上帝在基督裏的救贖行動就是一個重新的創造，將我們敗壞的生命轉化成「聖潔，沒有瑕疵，滿有愛心」（一 4），並披戴著耶穌基督的樣式（四 24）。

上帝拯救的目的是要我們「行善」（*epi ergois agathois*；10 節下）。新造的人理當有新生命的樣式。若從前是行可惡之事（1～3 節），如今就當行上帝要求的「善行」（或好行為）。2 節的「隨從」與 10 節上的「要……做的」原文是同一個動詞（*peripateō*；參 5.1.1.1「對外邦人的描寫〔二 1～2〕」中「隨從」的解釋，頁 91）。前者行惡，後者行善。雖然得救並不是靠行為，但也不表示上帝沒有期望人有好的行為，正如馬丁路德所說：「善行不會使人成為良善，但良善的人會行善。」保羅在此沒有說明「善行」具體的內容，但會在接下來四至六章的內容作進一步的解釋。

5.1.4 總結二章 1 至 10 節的內容

總括來說，保羅在這段經文所提出的耶穌基督救恩的概念，可以總結如下 4 點：

- 拯救的原因（4～5 節）：上帝因著祂對我們有豐富的憐憫及大愛而賜下救恩，這全是上帝的恩典；
- 拯救的行動（5～6 節）：耶穌基督完成救贖，基督信徒如今可以與他的生命聯合，與他一同活過來、一同復活、一同坐在天上；
- 拯救的基礎（8～9 節）：建基於上帝的恩典，而人則需要以信心來領受；
- 拯救的目的（7、10 節）：顯明上帝豐富的恩典，活出新生命的好行為和善行。

5.2 基督使基督信徒彼此和睦共處（二 11～22）

11 至 22 節是談論基督信徒在基督裏成為新造羣體裏一成員的經驗，尤其是猶太人與外邦人羣體之間的合一關係。如上文列表提及的，11 至 22 節與 1 至 10 節相同，也是從「過去」、「轉變」、「現在」

這 3 方面來討論（參頁 87），不過，這裏是以救恩歷史作為框架。這段經文可劃分成 3 個小段落。第一，「過去」：只有以色列人是上帝的恩約子民，外邦人是沒有分兒的（11～12 節）。第二，「轉捩點」：耶穌基督的血帶來人與上帝和好，以及人與人和睦（13～18 節）。第三，「現在」：猶太信徒和外邦信徒都一同成為上帝家裏的人（19～22 節）。同樣，我們需要留意這段經文對「我們」（指「猶基＋外基」或「猶基」）、「你們」（「外基」）、「他們」（外邦人）的描繪。

「我們」、「你們」、「他們」的指涉羣體				
經節	「我們」（猶基＋外基）	「我們」（猶基）	「你們」（外基）	「他們」（外邦人）
11 節			「你們」（外基）要記得	從前你們＝「他們」（外邦人）
12 節			「你們」（外基）要記得	
13 節			「你們」（外基）	從前你們＝「他們」（外邦人）
14 節	「我們」（猶基＋外基）			
15 節	雙方＝「我們」（猶基＋外基）			
16 節	近處的人＝「我們」（猶基＋外基）			
17 節		「我們」（猶基）	「你們」（外基）	
18 節	「我們」（猶基＋外基）			
19 節			「你們」（外基）	
22 節		同＝「我們」（猶基）	「你們」（外基）	

這段經文講述耶穌基督在十字架上完成的救恩所帶來的兩個重大的意義，就是「縱向的復和」（vertical reconciliation；即上帝與人的復和）及「橫向的復和」（horizontal reconciliation；即人與人之間復和）。這兩方面的「復和」好比十字架的兩根交叉木條。橫的那條象徵「橫向的復和」；直的那條象徵「縱向的復和」。此外，這段經文也以三一上帝的概念作為思想框架：因著耶穌基督在十字架上成就的救恩和復和工作，基督信徒得以在同一位聖靈裏，進到父上帝面前。其分段大綱如下：

分段大綱（一 11～22）

一、「過去」：外邦人與上帝隔離的光景（二 11～12）

二、「轉捩點」：耶穌基督的血帶來的轉變（二 13～18）

1. 合一的宣告（二 13）
2. 解釋合一的意義（二 14～18）

三、「現在」：猶太信徒和外邦信徒合而為一（二 19～22）

1. 上帝的國度：同是國民（二 19 上）
2. 上帝的家：家庭成員（二 19 下）
3. 上帝的殿：材料與房屋（二 20～22）

5.2.1「過去」：外邦人與上帝隔離的光景（二 11～12）

這段經文以「*所以*」（*dio*）這連接詞開始，說明這段經文與上文 1 至 10 節的內容有連帶關係。在上一段經文，保羅以個人層面的狀況來定義「過去」；在這段經文，保羅則以羣體層面在救恩歷史上的宗教狀況，以及社會處境來定義「過去」。作為外邦人使徒的保羅，他提醒「你們【指外邦基督信徒】要記得……」（11 節）。「記得」（*mnēmoneuō*）這動詞說明保羅講述的不是一些新的事情，而是作出提醒。這些事情不是指他們過去敗壞的生活，而是他們在猶太人眼中的身分地位，以及與猶太人之間的種族關係。❺

猶太人與外邦人之間的種族關係

傳統和保守的猶太人看外邦人是上帝為地獄的火而造的燃料，認為上帝在萬族中只愛猶太人。一個猶太人若幫助一個外邦產婦分娩就是違反律法，因為把一個外邦人帶到世界上來是一種罪行。若一個猶太人和一個外邦人結婚，其他猶太人就要為那猶太人舉行喪禮，因為這就是一種將人陷於死亡的行為。若猶太人進入一個外邦人的家，這猶太人就被視為不潔。猶太人稱外邦人為「外邦罪人」（加二 15），對於外邦人而言，這是非常侮辱的稱呼。猶太人將世界簡單分為兩個部分：世俗的世界（即外邦人世界）和神聖的世界（即猶太人世界）。他們稱自己的世界為神聖的，因為他們確信自己是上帝的選民，並且活在上帝所賜的土地上。猶太人有非常清楚的聖潔層次概念。簡單來說，巴勒斯坦地是他們的聖地（Holy Land），也是應許之地；耶路撒冷稱為聖城（Holy City），是聖地中高一層次聖潔的地方；聖城座落的山稱為聖山（Holy Mountain），比聖城再高一層次聖潔之處；聖殿（Holy Temple）是比聖山再高一層次的聖潔；至於聖殿中的至聖所（The Holy of Holies）就是最聖潔的地方。❻

既然「記得」的事是指過往種族的關係，保羅在此將外邦人作詳細的描繪。他稱他們為「按肉體是外邦人」及「沒受割禮的」（11 節）。這兩個描繪清楚地將外邦人與以色列選民的分別講出來。保羅稱外邦人為「沒受割禮的」（*akrobustia*），而猶太人是「受割禮的人」（*peritomē*）。

在舊約聖經裏，割禮原代表耶和華上帝與亞伯拉罕並他子孫立約的記號（創十七23），也是外邦人歸信以色列人宗教最重要的禮儀（參創三十四14～22）。但是，這種身體上的記號卻使許多猶太人只誇耀自己是上帝的選民，而忽略了內心對上帝的敬虔。在第二聖殿時期，割禮是一個備受爭議的課題。當時的巴勒斯坦和亞細亞一帶深受希臘文化的影響，希臘人認為割禮是自殘，是野蠻人的行為。有些猶太人因為害怕被嘲笑，就接受整容手術，使別人看不出自己曾受割禮（參林前七18；另參「馬加比一書」1.15）。此外，當時的統治者安提阿古四世（Antiochus Epiphany）實行了強制希臘化運動。為要徹底將猶太人希臘化，他禁止他們行割禮，甚至勒死那些受了割禮的嬰孩和他們的母親。「馬加比一書」1.44至1.48有如此的記載：

> 「安提阿古打發使者把詔書送到耶路撒冷和猶太境內的城鎮，命令他們要遵行外邦人的風俗習慣。依照王的詔書，以色列人不可在聖殿獻燔祭、素祭或奠祭，也不可守安息日和節期。他們被逼褻瀆聖殿和祭司。他們甚至要為偶像製造祭壇、聖祠和神龕，並要獻豬和其他不潔的牲畜為祭。他們還得停止為兒子行割禮，又被逼行各樣可憎和污穢的事。」❼

但是，敬虔的猶太人沒有因此而妥協，反而更加嚴守律法，維護自己的宗教傳統。公元前168年，馬加比家族起義，帶動了一場轟轟烈烈的反抗。當這民族面臨危機之時，行割禮與否成了猶太人向耶和華上帝表達忠誠的試金石，割禮也因此成為他們的身分標記。除了割禮之外，猶太人也嚴守安息日和食物條例。這些身分標記，即律法之工，將他們與外邦人區分開來，彼此劃清界限。

接著，保羅繼續提出5方面的描繪，說明外邦人在信仰層面上的欠缺。他以「那時候」(*hoti*)這連接詞作開始(12節)：

- 沒有猶太人對「基督」的終極盼望；
- 無分於成為上帝國度裏的子民，「與以色列選民團體隔絕」(參出十九6)；
- 在「所應許的約上是局外人」；
- 「在世上沒有指望」；
- 「沒有上帝」。

「和合本」譯作「諸約」，「和修版」沒有將這複數直譯出來。

12節提及的「約」(*tōn diathēkōn*)是**複數名詞**，指上帝與他們所立的許多恩約。這些約可以包括：上帝與亞伯拉罕立的約(創十五7～21，十七1～21)、與以撒立的約(創二十六2～5)、與雅各立的約(創二十八13～15)、與以色列民立的約(出二十四1～8)、與大衛立的約(撒下七章)等。這些恩約都帶有應許，且指向彌賽亞——基督——的救恩。然而，外邦人在此卻是「局外人」(*zenoi*)，表示他們無分於上帝與以色列人所立的恩約中，完全被拒絕在外。當保羅說外邦人「沒有上帝」(*atheoi*)，這並不是說外邦人沒有信奉任何宗教，保羅乃是從猶太人那「獨一神觀」的角度來談論外邦人沒有相信真正的神(參羅九4～5上)。

5.2.2「轉捩點」：耶穌基督的血帶來的轉變(二13～18)

這整段的內容是強調當外邦人歸信後所帶來合一的轉變，這合一源於耶穌基督。

5.2.2.1 合一的宣告（二 13）

這節經文是保羅對猶太人和外邦人合而為一的重大宣告。這節以「從前……如今卻」這表達方式，表示保羅將之前的與如今的轉變作對比。「如今卻」（*nuni de*）這連接詞將外邦人之前的景況完全改變過來。外邦人之前與上帝沒有任何關係，「如今卻」靠著基督耶穌的寶血，已可以親近上帝。「在基督耶穌裏」（*en Christō Iēsou*）在原文是接著「如今卻」之後，這短句可說是開首句，然後以「靠著他的血」（*en tō haimati tou Christou*；原文可譯作「**靠著基督的血**」）來結束這句子。保羅帶出這強烈轉變的關鍵因素在於被釘十字架、為人流血的耶穌。保羅兩次提及「基督」這名詞，為要凸顯「基督」的角色。耶穌基督在十字架上流出的寶血，將原本「遠離」（*makran*）上帝的外邦人「**走向**親近」（*egenēthēte engus*）上帝。這個「遠離」和「親近」的圖像，其背景源於舊約書卷（參賽五十七 19）。相對於以色列民，外邦人是「遠處」的民（參申二十八 49，二十九 22；王上八 41；賽五 26；耶五 15；亞六 15），而以色列人與上帝是「親近」的（詩一四八 14）。如今，凡歸信基督的外邦人都因基督的緣故與上帝的關係拉近，也與猶太基督信徒的關係拉近。保羅把人與上帝和好的概念（羅五 10～11；林後五 18～20），延展到人與人之間關係的和好。

> 「和修版」沒有將「基督」譯出來。

> 「和修版」沒有將「走向」這原文（egenēthēte）譯出來。

5.2.2.2 解釋合一的意義（二 14～18）

這段經文進一步解釋 13 節的宣告。它先以「因為」（*gar*）這連接詞開始，以此解釋基督如何締造和平（14～16 節）；然後再解釋基督如何促進兩下和睦的關係，一同進到父上帝面前（17～18 節）。

一、基督締造和平（14～16節）

「和平」的希臘文可翻譯為「和平/和睦/平安」；在希伯來文，「和平」（*šālôm*）是指全人的健康，不只靈魂得救，肉身也享有幸福和富裕。

「因為他自己是我們的和平」（14節上）中的「**和平**」（*eirēnē*）原文可譯作「和睦」，而這短句原文意思的重點在於基督本身就是我們的和睦，而不是他做了一些事而帶給我們和睦。這裏的「和平」尤其指終止人與人之間的敵對狀態，重修和好的關係。基督就是「我們的」（*hēmōn*）和平，意思是猶太族羣和外邦族羣的關係，不再是分離疏遠，而是彼此靠近了（參3.2.2.3「我們的信仰經驗〔一11～14〕」中「我們」、「你們」的講論，頁60）。

究竟耶穌基督如何締造和睦呢？他首先將「雙方合而為一」。耶穌基督要將兩個從來沒有任何接觸的羣體連結起來，並使之成為一個團體。若他要使「雙方合而為一」，他必須作「拆毀」及「廢掉」這兩個行動（14下～15節）。

「拆毀」就是「拆毀了中間隔絕的牆」（14節下）。有關「牆」的看法，學者有不同的意見。❽ 不過，既然猶太人和外邦人之間的隔離是因著猶太人的身分標記，這堵「中間隔絕的牆」應該就是那些將猶太人和外邦人區分出來的「身分標記」，尤其指割禮（11節），安息日和食物潔淨條例。這些身分標記不只導致猶太人在外邦人面前自以為優越，更將他人排斥於上帝的恩典和救恩之外。因此，耶穌基督將這堵「牆」拆毀，使外邦人同樣可以進到父上帝面前（18節）。

除了「拆毀」，耶穌基督達成「合一」的第二個行動，就是「廢掉」。他「以自己的身體終止了冤仇，廢掉那記在律法上的規條」（14下～15節上）。「以自己的身體……冤仇」（*tēn echthran en tē sarki autou*）應該連接至「廢掉」（*katargēsas*；15節上）這動詞，它包括兩個賓語——「冤仇」和「那記在律法上的規條」。「那記在律法上的規條」（*ton nomon tōn entolōn en dogmasin*）中的原文是由「那律法」（*ton nomon*）和「眾誡命」（*tōn entolōn*）這兩個名詞，以及一個介詞短語「在規條裏」（*en dogmasin*）組成，整個句子可解作律法所屬的範疇。此「律法」要強調的不是摩西律法，❾ 而是律法所帶出來的某些功用。從上文來看，此功用為「中間隔絕的牆」（參 14 節下）。

接著，保羅繼續說明耶穌基督所締造的和睦工作帶來的兩個結果。15 至 16 節以「為要」（*hina*）這連接詞來表明結果：

- 促成和睦，創造新人（15 節下）；
- 消滅冤仇，與上帝和好（16 節）。

前者著重「橫向的復和」，後者為「縱向的復和」。在「橫向的復和」方面，基督「使兩方藉著自己造成一個新人，促成了和平」（15 節下）。這個「新人」不再是猶太人或外邦人，而是由猶太基督信徒和外邦基督信徒一同組成的「教會」羣體。不過，這個耶穌基督所創造的「新人」，並不是一個全新的族羣，而是一個延續舊以色列民族的「新以色列民」。這個「新以色列民」不再需要舊有選民的身分標記，而是藉著歸信耶穌基督而成為上帝的子民（參羅二 28～29，四 11～12；加三 28～29；腓三 3）。❿ 換言之，保羅並沒有開展一個全新的、完全脫離猶太教的信仰羣體。他乃是承繼舊約對上帝子民的觀念，以基督的來臨作為新時代之上帝的選民。

其次，在「縱向的復和」方面，基督所帶來的結果是「既在十字架上消滅了冤仇，就藉這十字架使雙方歸為一體，與上帝和好」（16 節）。「使……和好」（*apokatallassō*）這動詞只出現在這裏和歌羅西書一章 20 及 22 節，但「和好」**這概念卻有出現在保羅其他的書信**，這概念可說是保羅很獨特的思想。耶

保羅其他的書信雖然沒有出現 apokatallassō 這動詞，但卻有表達有關「和好」這觀念（參林後五 18～21；羅五 8～11）。

穌基督所締造的和平，目的是要使人與上帝和好。須注意保羅在這裏強調的是「人與上帝和好」，而非上帝與人和好。因此，要改變的是人，而不是上帝。當人與上帝之間的冤仇消除之後，人就會與上帝和好。

二、基督宣告和平（二 17～18）

耶穌基督締造了和平，並且也宣告他那和平的福音（17～18 節）。他所指「給你們遠處的人，也傳和平給那些近處的人」（17 節下）中「遠處的人」，無疑是指外邦人，而「近處的人」是指猶太人（參 5.2.2.1「合一的宣告」（二 13），頁 105）。因此，所指涉的對象是所有的人，這概念反映以賽亞書的思想（參賽五十二 7，五十七 19）。究竟耶穌基督如何傳講這和平的福音呢（17 節上）？

在此先解釋「來」（*elthōn*；17 節）的意義。這「來」不可能指耶穌基督第二次的榮耀來臨，因為這和平的福音決不能等到那時候才來傳講。因此，最合理的解釋是，耶穌基督如今藉著他的靈（聖靈）及他所差派的傳道者，或宣教士來傳揚這和平的福音。

這「和平的福音」不但使人與人和睦，更是要使人與上帝完全和好。這救贖的工作有三一上帝的參與，因為「我們雙方藉著他【耶穌基督】，在同一位聖靈裏得以進到父面前」（這節經文可按原文譯為「藉著他，**我們——雙方——有一個途徑**，在同一位聖靈裏得以進到父面前」；18 節）。因此，耶穌基督是我們「進到父面前」的「途徑」（*prosagōgē*），它似乎暗示人可以毫無攔阻地進入聖殿的至聖所（來十 19～22）。我們能夠有把握地來到父上帝面前並親近祂，是藉著耶穌基督的十字架和聖靈的感動。人因著犯罪與上帝的關係決裂，如今耶穌基督已經使人與上帝的關係復和，也因此人與人之間也得以彼此和睦。

「我們有一個途徑」（echomen tēn prosagōgēn）這短語很少出現於新約聖經，而 prosagōgēn 這名詞在聖經只出現 3 次（另參三 12；羅五 2）。

5.2.3「現在」：猶太信徒和外邦信徒合而為一（二 19～22）

保羅在本段經文以「國」、「家」、「聖殿」這 3 個圖像，來解釋耶穌基督成就了救恩所帶來合一的結果。保羅宣告外邦基督信徒「不再是外人或客旅」（19 節上），而是「與聖徒同國，是上帝家裏的人」（19 節下），並且逐漸建立成上帝的「聖殿」（20～22 節）。這 3 個圖像之間的關係可參下圖：

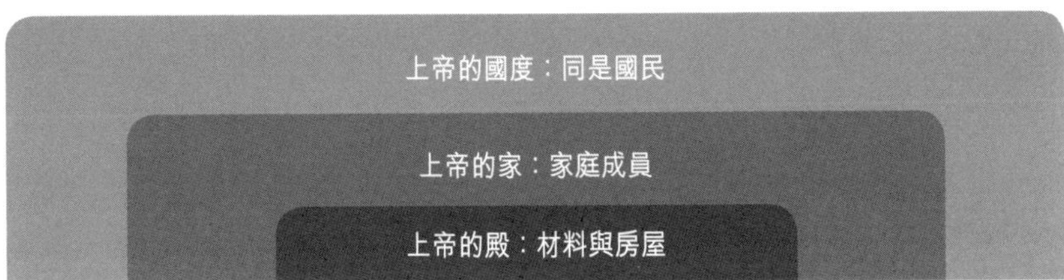

5.2.3.1 上帝的國度：同是國民（二 19 上）

19 節以一個連接詞短語「這樣……不再」（*ara oun ouketi*）作開始來回應 11 至 12 節的處境，表示外邦基督信徒如今「不再是**外人**或**客旅**」（19 節上）。接著保羅再以「而是」（*alla*；「和修版」以「是」表示）作出對比。保羅首先提出，外邦基督信徒是「與聖徒同國」（19 節上）。這表示他們擁有上帝國的公民權，與以色列民是同胞（參腓三 20）。保羅在此重新定義「上帝的子民」這概念，將一個原本只有猶太人為主的羣體，轉化為外邦基督信徒也包括在內的信仰羣體。「同國」（*sumpolitai*）這名詞中的前綴「同」（*sun-*，是一個介詞；三章 6 節再提及 3 個「同」）帶有完全平等的意思。在這國裏的人將繼承「上帝子民」所有的屬靈福

「外人」（xenoi）即外國人或外僑；「客旅」（paroikoi）是指住在附近，卻又不是家裏的成員。

分。那麼，「舊約的上帝子民」和「新約的上帝子民」又是一個怎樣的關係呢？希伯來書八章 7 至 13 節如此解釋耶利米書三十一章 31 至 34 節之「新約」的應許：「既然上帝提到『新的約』，那麼第一個約就成為舊的了；而那漸舊漸衰的必然很快消逝了。」

5.2.3.2 上帝的家：家庭成員（二 19 下）

外邦基督信徒亦是「上帝家裏的人」（*oikeioi tou theou*；19 節下）。耶穌基督在十字架上所流的寶血（13 節），使每一位相信他的人有了一種不是血統性的親屬關係。他們成為一家人，而上帝就是這個非血統性家庭的家長。上帝已經收納我們成為祂的兒女（羅八 14～17；加四 4～7），因此家裏的人就是弟兄姊妹，這個關係比同一國民的身分和關係更加密切。

5.2.3.3 上帝的殿：材料與房屋（二 20～22）

此外，保羅提出，外邦基督信徒是主的「聖殿」（*naon hagion*；20～22 節）。他先藉著建築的比喻來談論「聖殿」。耶穌基督是這座聖殿的「房角石（或拱頂石）」，而使徒和先知是它的根基，基督信徒就是建築的材料(20～21 節)。接下去保羅以身體的比喻來談論這「聖殿」（22 節；參四 15～16；彼前二 4～5）。身體是一個有機體，包含著生命並會成長。這「聖殿」在建造過程中，整座房子彼此連接得緊湊，上帝也藉著聖靈居住在其中。對於一個認識舊約預言的讀者來說，並不詫異萬國萬民（外邦人）可以來到耶路撒冷的聖殿敬拜和禱告，這是彌賽亞日子的記號（參賽二 1～5，六十六 18～20；彌四 1～5）。如今彌賽亞已經來了，保羅不只描繪外邦人前來耶路撒冷的聖殿朝拜，更是進一步指出敬拜者本身就是「聖殿」（參林前三 16～17，六 19；

林後六16～18）。這是一個突破性的概念。

保羅在論到這座新建的聖殿時，提到幾個重要的詞句：被建造在「使徒和先知」的根基上、基督耶穌為「房角石（或拱頂石）」，及靠著耶穌整座房子「連接得緊湊」。

一、「使徒和先知」

「使徒」（*apostolos*）在新約裏有狹義和廣義的意思（詳細討論可參2.1「寫信人：保羅〔一1上〕」，頁31）。

「先知」（*prophētēs*）是按上帝啟示而發言的人。在舊約時代，耶和華上帝透過先知來勸告、呼喊以色列子民悔改，回歸到祂面前。以弗所書將舊約「先知」的觀念應用在新約時代，他們是上帝和耶穌基督的代言人（參徒十三1；羅十二6），其工作與舊約時代的先知相同。先知雖受聖靈感動說話，但仍然受理智引導，所說的話是人聽得明白的。他們大膽宣講上帝的話語，剛強不畏懼，勇敢向社會權勢宣告上帝的權能和旨意，其中包括揭露罪惡，使人知罪（林前十四24～25）。舊約先知的宣講是有預言的成分，但預言只屬他們宣講的其中部分事工而已，而且內容都是關於人將來與上帝關係的狀況。在新約時代，聖經的默示仍未完成之前，「先知」是向眾教會宣講上帝的旨意及祂的話語（參徒十一28，二十一9、11）。他們通常來往各地，從一個教會往另一個教會作宣講。在以弗所書，「先知」是放在「使徒」後面（三5，四11），顯示他們是新約時代的先知。如今上帝已把以前隱藏的「奧祕」向基督信徒啟示出來（三5），因此到了新約時代，「先知」在廣義上可指有講道恩賜的基督信徒（林前十一章，十四章；對照徒十一27～28，十三1，十五32，二十一9～10）。

二、「*房角石*（或拱頂石）」

學者對「*房角石*」（*akrogōniaos*；或譯作「拱頂石」，20 節下）的希臘文有兩個不同見解。它可以指「房角石/奠基石」，也可以指「拱頂石/定頂石」。

若是「房角石/奠基石」，這塊石頭的功用比根基還重要。在古代的建築結構上，「房角石」是一塊有 90 度直角的石頭，要十分小心地安放，因為它是建築房屋時第一塊安放的石頭。它用以聯繫其他位於根基及樓閣上的石頭。這塊石頭的重要性在於整座建築物都是以它作為聯繫的準繩，目的是使整座建築物穩固起來，不致倒塌。

若是「拱頂石/定頂石」，它是穩定整座建築物的最後一塊石頭，用以緊扣拱型建築物的其他部分。它安放在拱頂或拱形結構建築物的頂點，用以鎖定該結構其他部分的一塊石頭（參下圖）。它十分重要，因為如果沒有這塊「拱頂石」，整座建築物便會倒塌下來。

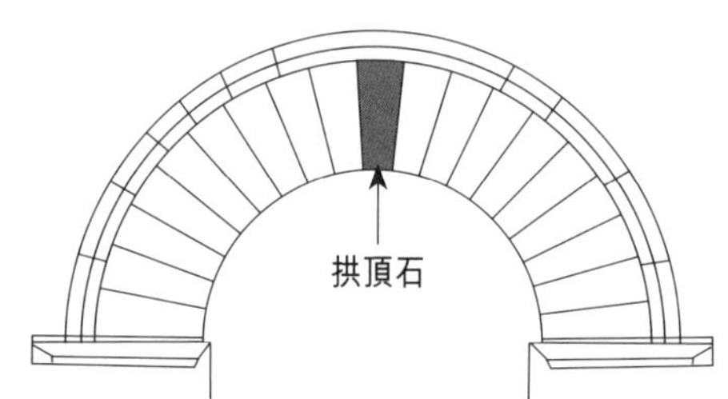

按照以弗所書的內容，這很可能是指「拱頂石/定頂石」。這說法有以下 4 個理由：

- 18 節說耶穌基督是我們進到父上帝面前的「途徑」（*prosagōgē*），而**三章 12 節**也說「*在他*【指耶穌基督】*裏面放膽無懼，滿有自信地進到上帝面前*」。這與「拱頂石」作為一個「門口」的拱形頂部的圖像很配合。耶穌基督就是那「門口」，使人可

「途徑」這詞再次在三章 12 節出現，「和修版」沒有直接譯出來。

以藉著他進到上帝那裏。若參考一些典外文獻，「所羅門遺訓」（〔*Testament of Solomon*〕22.7 ～ 23.3）也以「拱頂石」（*prosagōgē*）來描述耶路撒冷聖殿門頂的石頭。

- 21 節提及「靠著他【指耶穌基督】整座房子連接得緊湊，漸漸成為在主裏的聖殿」，這也很符合「拱頂石」的功能，將整個結構所有部分「鎖定」。
- 22 節又提到「上帝……居住」在這聖殿中。那麼，一個由「拱頂石」所立定的「門口」便是這座建築所必備的。
- 這個「拱頂石」圖像將基督置於上方，與以弗所書裏的其他圖像吻合：基督作「萬有之首」、「教會是他的身體」、「萬有服在他的腳下」（一 22～23）；「各方面向著基督長進，連於元首基督」（四 15）。

三、「連接得緊湊」

保羅描寫這座在「主裏的聖殿」是靠著耶穌基督「連接得緊湊」，也成為父上帝「藉著聖靈居住的所在」。21 和 22 節是兩節平行的句子，保羅在這裏結合了建築的圖像和身體的圖像來描寫那新的「聖殿」。這裏有兩個分詞「連接得緊湊」（*sunarmologoumenē*；可直譯為「同被連接」）和「同被建造」（*sunoikodomeisthē*），這兩個分詞都有一個前綴 *sun-*；這前綴是一個介詞，意思是「一同／一起」。這兩個分詞是以現在時態表達，表示這種連接和建造的行動仍在不斷地進行中。身體繼續成長的這種概念在四章 15 至 16 節再次出現。

「連接得緊湊」比喻全體基督信徒，包括猶太人和外邦人都緊扣在一起。這座聖殿好像有很多房間，靠著基督，每一個房間都聯絡得合適，非常調和，沒有隙縫地配合在一起。保羅這樣的表達，顯然反映了他很擔心教會（即基督的身體）分裂成猶太教會和外邦教會，最後使雙方不相往來，分道揚鑣。

22 節再次出現三一上帝的影子。在舊約聖經裏，上帝應許與祂的子民同在，住在他們之間（利二十六 11～12；結三十七 27），但保羅把「住在他們之間」進一步成為「居住的所在」（即住在他們之內）。對保羅來説，舊約聖殿的原本觀念已徹底轉化，將一座由人手所造堂皇的建築物，轉化為一個超越時空的羣體。不但如此，那些原本不可以接近聖殿的人，如今已聖化為這聖殿的材料，甚至聖靈也居住在他們裏面。「居住的所在」（*katoikētērion*；22 節下）含有長久居住的意思。因此，猶太基督信徒和外邦基督信徒需要有一個全新的角度來理解「聖殿」，他們再沒有原因要繼續彼此隔絕，反而要在基督裏的羣體中展現和睦的樣式。

簡單而言，保羅提醒當代這些亞細亞地區的外邦基督信徒在基督裏的屬靈福分、屬靈地位和屬靈關係。外邦基督信徒如何透過被釘十字架的彌賽亞所成就的「和平」，得以與父上帝和好，也與猶太基督信徒和睦，成為一家人。將來總有一天上帝要使天上地上的一切都在耶穌基督裏同歸於一，而現今那些有基督信仰的羣體必須在地上先落實「和好/和睦」的願景。從人的角度看，要消除猶太人和外邦人之間的隔閡是一件不容易的事，但因為耶穌基督的十字架（二 14～16）及父上帝的大能大力（一 19～23），一切沒有難成的。

信仰反省

我們生活在一個多元種族的社會，若教會要活出「復和的福音」，首先必須學習衝破種族的猜疑、語言的隔閡、文化的距離。既然人可以藉著耶穌基督與上帝和好，我們就當努力去與人和睦，正如耶穌所說：「締造和平的人有福了！因為他們必稱為上帝的兒子。」（太五9）不過，和平之先，必須有饒恕，耶穌基督也教導我們學習饒恕（太五23～24，六14～15，十八21～22）。

若要與人和睦，就要與上帝建立親密關係。公元6世紀有一位沙漠教父迦薩的多羅西斯（Dorotheus of Gaza）提醒我們，與上帝有親密關係的人，自然也會與人和睦共處。因此，屬靈生命的追求和羣體生活的和睦相處是息息相關的。英國北部有一個古舊的基督信徒羣體在守聖餐之後仍然遵守一個傳統。在禮儀完成之後，每位參與崇拜的人都被分配一塊麵包，這塊麵包不是給自己吃，而是要餵別人吃。這行動雖然簡單，卻提醒基督信徒當彼此團契、彼此關懷。

今日我們所處的社會，充斥著許多的不信任。我們不信任政府，不信任權威。我們不想再受騙，所以我們不自覺地為自己築起了一堵牆。在教會裏，我們也不信任牧者、教會領袖。作為基督的教會，我們當如何宣講這「復和的福音」？耶穌基督「復和的福音」包括「縱向的復和」（勸人與上帝和好）和「橫向的復和」（勸人與人彼此和睦）。願以聖法蘭西的〈和平之子〉這禱文互勉：

> 「使我作祢和平之子；在憎恨之處播下愛；在傷痕之處播下寬恕；在懷疑之處播下信心；在絕望之處播下盼望；在幽暗之處播下光明；在憂愁之處播下歡愉。主啊！使我少為自己求；少求受安慰但求安慰人；少求被了解但求了解人；少求愛但求全心付出愛。因施比受更為有福；當我們忘掉自我時我們才找到自我；當我們懂得原諒別人時我們才能被諒解；當我們睡了時我們才被接往永生的國度。阿們。」

釋經短註

❶ 有關1至10節分段的標記，可參 Andrew T. Lincoln, *Ephesians*, WBC 42 (Garden City, NY: Doubleday, 1990), 84 ～ 85；Peter T. O'Brien, *The Letter to the Ephesians* (Grand Rapids, MI: Eerdmans; Leicester: Apollos, 1999), 154～155。

❷ 有關基督信徒「一同坐在天上」(6節)的討論，可參 Ernest E. Best, *Ephesians: A Critical and Exegetical Commentary on Ephesians* (Edinburgh: T & T Clark, 1998), 220 ～ 223；Ben Witherington III, *The Letters to Philemon, the Colossians, and the Ephesians: A Socio-Rhetorical Commentary on the Captivity Epistles* (Grand Rapids, MI: Eerdmans, 2007), 255。

❸ 這原是筆者的博士論文指導老師鄧雅各（James D.G. Dunn）根據桑德斯（E.P. Sanders）之「猶太教新觀」(New Perspective on Judaism)所提出的「保羅新觀」(New Perspective on Paul)對「律法之工」的重新定義。正如舊約神學本身，猶太教是一個以恩典為基礎的宗教。猶太子民之所以遵守律法和誡命是基於對耶和華上帝的忠誠，並非為要博取救恩。我們必須以「恩約守法主義」(Covenantal Nomism)的框架來了解「律法之工」。有關這方面的詳細討論，可參鄧雅各的創新文章：James D.G. Dunn, "The New Perspective on Paul", *BJRL* 65 (1983): 95 ～ 122；"Works of the Law and the Curse of the Law [Galatians 3:10~14]", *NTS* 31 (1985): 523 ～ 542；*The Partings of the Ways: Between Christianity and Judaism and Their Significance for the Character of Christianity* (London: SCM Press, 1991), 135 ～ 139；*The Theology of Paul the Apostle* (Grand Rapids, MI: Eerdmans, 1998), 5 ～ 6, 335 ～ 340, 354 ～ 371；*The New Perspective on Paul*, rev. ed. (Grand Rapids, MI: Eerdmans, 2008)。另參 Michael B. Thompson, *The New Perspective on Paul*, B26 (England: Grove Books, 2002)；盧龍光：《保羅新觀——羅馬書的主題與目的》(台中：東海大學校牧室，2006)；Ezra Hon-Seng Kok, The *Truth of the Gospel: A Study in Galatians 2:15~21*, JDDS 7 (Hong Kong: Alliance Bible Seminary, 2000), 110～119；郭漢成：《加拉太書導論》(香港：基道出版社，2003)，頁 11 ～ 15、88～90。對比反對者，如T.R. Schreiner, "Works of the Law", *Dictionary of Paul and His Letters* (1993): 975 ～ 979 =「律法的行為」，載《21世紀保羅書信辭典》，霍桑、馬挺編（台北：校園書房，2009)，頁 1396 ～ 1401；馮蔭坤：《加拉太書注釋》，上、下冊（台北：校園書房，2008)，頁 160～203、526～545。有關「保羅新觀」的辯論，可參吳慧儀：〈從保羅新觀看聖經研究對福音信仰之貢獻與挑戰〉，《中國神學研究院期刊》第44期（2008)，頁 13 ～ 29；劉聰賜：〈保羅新觀簡介〉，*Malaysian Association of Theological Schools Journal* (2008)，頁 86～127。

❹ 鄧雅各認為保羅寫以弗所書時，是將他早期的思想作了進一步的擴充，這可參 James D.G. Dunn, "Ephesians," in *The Oxford Bible Commentary*, ed. John Barton and John Muddiman (Oxford: OUP, 2001), 1110～1111。

❺ 有關 11 節「記得」這動詞是指外邦人要記起他們過往與猶太種族之間的疏離這論點，這點可參Tet-Lim N. Yee, *Jews, Gentiles and Ethnic Reconciliation: Paul's Jewish Identity and Ephesians* (Cambridge: CUP, 2005), 124～125。

❻ 古代羅馬帝國的種族之間的鬥爭相當嚴重，有關這議題，可參 A.N. Sherwin-White, *Racial Prejudice in Imperial Rome* (Cambridge: CUP, 1967)。有關潔淨不潔淨的象徵世界，可參 Bruce J. Malina, *The New Testament World: Insights from Cultural Anthropology* (Louisville, KY: Westminster John Knox, 1981), 122～152。對於猶太人對聖潔層次的分類，可參 Dunn, *The Partings of the Ways*, 51～58。

❼「馬加比一書」1.44 至 1.48 的中譯文參自盧龍光：《基督教身份尋索——使徒行傳和新約書信導論》（香港：天道書樓，2006），頁 15。

❽ 對於 14 節所指「牆」作比喻的爭議，可參 Best, *Ephesians*, 259 ～ 261；Witherington, *The Letters to Philemon, the Colossians, and the Ephesians*, 259 ～ 260；G.B. Caird, *Paul's Letters from Prison: Ephesians, Colossians, Philemon* (Oxford: OUP, 1976), 57～58。

❾ 對於 14 節所指「牆」視為摩西律法的看法，有 Lincoln, *Ephesians*, 141 ～ 142；O'Brien, *The Letter to the Ephesians*, 196；Witherington, *The Letters to Philemon, the Colossians, and the Ephesians*, 259～ 260。

❿ 有關鄧雅各對「新以色列民」的看法，可參 Dunn, "Ephesians," 1170；另參 Yee, *Jews, Gentiles and Ethics Reconciliation*, 166～167。

溫習及思考問題

1. 保羅如何描繪未信者的狀況(1～3節)?其中所指「過犯罪惡」(1節)是甚麼意思?你如何描繪你在未信主前的狀況?今天你是否仍然活在「過犯罪惡」之中?這會帶給你甚麼影響?
2. 保羅說「今世的風俗」(2節)所指的是甚麼?「肉體和心中的意念」(3節)是指甚麼?你如何將這詞應用在你身處的社會?
3. 你怎樣理解「空中掌權者的領袖」(2節)的工作?若你今天翻閱報紙,你是否可以找到「空中掌權者的領袖」的工作?你如何分辨這些是他們的工作?
4. 上帝的「憐憫、大愛和恩典」(4～5節)是指甚麼?我們應如何在生命中活出來?你認為領受恩典困難嗎?
5. 基督信徒是否必須等到耶穌再來的日子才能經歷與基督「一同坐在天上」(6節)?抑或是現今我們就已經可以體驗?這對你來說有甚麼特別的意義嗎?
6. 保羅對外邦人的「從前」作出哪些描繪(11～12節)?你認為保羅為何只要求外邦基督信徒記得這些「從前」的狀況,而不包括猶太基督信徒在內?你仍記得你「從前」的狀況嗎?這對你今日的信仰有何提醒?
7. 保羅所指「遠離」及「親近」(13節)的人是誰?你如何由「遠離」的人成為「親近」的人?
8. 從保羅的描述中,上帝以甚麼方法使人「和平」(14節)?祂的目的何在?種族優越感或種族偏見對你有甚麼提醒?「新人」是甚麼意思?有別於「新人」,例如:信主之前的背景、學歷等,我們如何看待?
9. 保羅用了哪3個圖像來表達「合一」這信息(19～21節)?這3個圖像對你或你的教會有何意義?
10. 「使徒和先知」(20節)是指甚麼人?這裏提及的「根基」是甚麼意思?保羅如何循序漸進地以「聖殿」解釋我們基督信徒之間的合一?
11. 保羅說「我們是上帝藉著聖靈居住的所在」(22節)。在教會生活中,這句話對我們而言有多真實?
12. 你如何理解「縱向的復和」及「橫向的復和」?這與你的信仰有何關連?如果要實踐這樣的復和,會遇到甚麼困難?

第六章

保羅宣揚在基督裏的奧祕（三1～13）

- 保羅繼續為基督信徒禱告
- 保羅承受了上帝奧祕的啟示
- 保羅蒙召作外邦人的使徒
- 保羅為福音的緣故受苦

經文

3 [1]因此，我—保羅為你們外邦人作了基督耶穌囚徒的，替你們
祈禱。

[2]想必你們曾聽見上帝賜恩給我，把關切你們的職分託付我，[3]用啟示
讓我知道福音的奧祕，正如我以前略略寫過的。[4]你們讀了，就會知道我深
深了解基督的奧祕；[5]這奧祕在以前的世代沒有讓人知道，像如今藉著聖靈
向祂的聖使徒和先知啟示一樣，[6]就是外邦人在基督耶穌裏，藉著福音，得
以同為後嗣，同為一體，同為蒙應許的人。[7]我作了這福音的僕役，是照著
上帝的恩賜，是照祂運行的大能賜給我的。

[8]雖然我比眾聖徒中最小的還小，祂還賜我這恩典，讓我把基督那測不
透的豐富傳給外邦人，[9]又使眾人都明白甚麼是歷代以來隱藏在創造萬物之
上帝裏的奧祕，[10]為要在現今藉著教會使天上執政的、掌權的知道上帝百般
的智慧。[11]這是照著上帝在我們主基督耶穌裏所完成的永恆的計劃。[12]我們
因信耶穌，就在他裏面放膽無懼，滿有自信地進到上帝面前。

[13]所以我求你們，不要因我為你們所受的患難喪膽；這原是你們的
光榮。

保羅在一章15至19節已經開始為受信人禱告，但卻因為談論到上帝在基督裏的大能大力，轉而思想到祂如何改變人的生命，使人脫離死亡，進入永生（二1～10），並且透過和平的福音促進猶太基督信徒和外邦基督信徒的和睦（二11～22）。

從內容上看，三章1至13節與歌羅西書一章23至29節相似，都是談論保羅向外邦人宣教和說明「奧祕」（*mustērion*）的概念，這兩段經文明顯的分別在於聖靈只出現在以弗所書裏。

題目	以弗所書三章	歌羅西書一章
我－保羅……作了	1節	23節
為你們所受的患難	13節	24節
作了……僕役	7節	25節
上帝賜恩給我，把關切你們的職分託付我	2節	25節
隱藏……的奧祕	9節	26節
讓我把基督……外邦人	8節	27～28節
照祂運行的大能賜給我	7節	29節
（「奧祕」的內容）	6節	27節

保羅接下來要講述上帝的大能如何在他的事奉中流露出來（1～13節）。這段經文可細分成4個段落。保羅先以**一個代禱**作開始（1節）；接著，保羅指出他如何蒙受上帝的恩典，而得到上帝「奧祕」的啟示（2～7節）；然後，保羅描述他蒙召作外邦人使徒的特殊職分（8～12節）；最後，保羅勸勉基督信徒要為福音受苦（13節）。

這節經文上承一章15至19節的禱文，接著再連接三章14至21節的禱文。

在思路上，1節的「因此」表示保羅因著第二章的內容，而帶出接下來的論述。他雖以禱文開始，但這禱文很快又被打岔（2～13 節；參頁 27 列表）。保羅轉而反省他的使徒職分（2～13 節）。

按希臘文句子結構看，2 至 13 節是由 3 個句子所組成：兩段長句（2～7、8～12 節）和一個短句（13 節）。另外，2 至 7 節與 8 至 12 節是平行句，前者講論有關上帝向人啟示的「奧祕」，就是讓外邦人知道，只要他們是在基督裏，他們也會得到猶太人所得的福氣；後者講論有關保羅所蒙特殊的職分，就是成為外邦人的使徒，特別被差派傳揚上帝的「奧祕」。13 節是小結，提及保羅為主的福音受苦，但強調那是榮耀，因而勸勉基督信徒不要因他所受的苦難而喪膽。

6.1 保羅繼續為基督信徒禱告（三 1）

在此，保羅打算繼續他的禱告（三 1 上），但卻又因為想到自己為「外邦人作了基督耶穌囚徒的」（三 1 下），於是禱文又再次被截斷，轉而講述他的事奉及為此作勸勉（三 2～13）。

「替你們祈禱」這短句原文是沒有的，「和修版」是對照三章 14 節的內容而加上去的。保羅在此自稱為「囚徒」（*desmios*）。若保羅是此書作者，他當時也許是被囚禁在羅馬，或是被軟禁在羅馬所租的房子裏。他說明自己被囚的原因是「為你們外邦人」和「基督耶穌」。表面看，他被羅馬政府囚禁是人為的因素，實際上，他是為了主的緣故，傳福音給外邦人，尤其是為了教會內的外邦基督信徒和猶太基督信徒之間的合一。但是，許多猶太人卻因此對他十分不滿，最後在耶路撒冷的聖殿裏引起騷亂，將他逮捕，送往凱撒利亞及羅馬受審（參徒二十一～二十八章）。不過，保羅相信這一切都有上帝美好的旨意在其中。

在保羅的事奉生平中，他多次坐牢(參林後六5，十一23；腓一7、12~14、17；西四3、10、18；門1、9~10、13、23節)。不過，他卻認定能夠為上帝受苦是一種榮耀(林前四9~13，十五30~32；林後一3~11，四7~11，六3~10，十一23~33，十二7~10；加六17；腓三7~10；西一24)。

6.2 保羅承受了上帝奧祕的啟示(三2~7)

這段經文可以分為3大方向討論。首先，保羅再次提及他是因著上帝的恩典，而接受了上帝的託付來服事讀者(2節)；接著，他用了一些篇幅論述有關「奧祕」的事(3~6節)；最後，他再次申明自己成為福音的僕人，也是因著上帝的恩典(7節)。

分段大綱(一2~7)

一、保羅被派作外邦人的使徒(三2)
二、保羅所宣講的奧祕(三3~6)
三、保羅是福音的執事(三7)

6.2.1 保羅被派作外邦人的使徒(三2)

保羅在此解釋他如何被揀選、被指派作外邦人的使徒。他的使徒職分與「外邦人」和「奧祕」的內容關係密切。保羅的「使徒」職事是上帝特別的「託付」(2節)。保羅原本是法利賽派中極端保守的一分子，而且對外邦人有強烈的種族偏見（保羅把外邦人看作「狗」）；但是，上帝卻顛覆了保羅的價值觀，並且特派他向外邦人宣講福音（三 8；參羅一 5、13～14，十一 13，十五 15～16；加一 15～16，二 7～9；西一 24～29；帖前二 16；提前二 7；另參徒二十一 17～34，二十二 21～24，二十六 12～23）。

6.2.2 保羅所宣講的奧祕（三 3～6）

3 至 6 節說明保羅所宣告的福音是一個「奧祕」（*mustērion*），這詞曾經在一章 9 節出現（參 3.2.2.2「基督在救恩歷史的成全〔一 7～10〕」中一章 9 節對「奧祕」的討論，頁 57）。在神祕宗教盛行的亞細亞地區，一般人民都等待著一個神祕莫測的「奧祕」，只有那宗教圈內的人才可以知道那「奧祕」，它是神祕、不為局外人所知的。但是，保羅所指的「奧祕」卻是可以「讓我知道」（*egnōristhē*；3 節上）的，而且也表示這「奧祕」如今已不再是一個預告，是已經藉著上帝的靈向人顯明，甚至也已經完全顯明出來了。

保羅描述這個「福音的奧祕」，是他「以前略略寫過的」（*proegrapsa en oligō*；3 節）。有學者認為「以前」（*pro-*）所指的是保羅寫這卷以弗所書之前，曾經另外寫了一封書信解釋有關「奧祕」的事；也有學者認為這「奧祕」是指保羅在羅馬書和歌羅西書所提及過的（羅十六 25～27；西一 25～27）。大多數學者認為，那是指保羅在一章 9 至 10 節和二章 11 至 22 節所論說到的「奧祕」。❶ 保羅首先在一章 9 至 10 節從廣義層面來說明「奧祕」，接著在二章 11 至 22 節，從狹義的角度來解釋這「奧祕」。這「奧祕」是指耶穌基督在十字架上所完成的復和工作。被釘十字架的耶穌廢掉了猶太人和外邦人之間隔絕的牆，使他們與上帝和好(縱向的復和),也彼此和好(橫向的復和)。不論是一章9至10節或二章11至22節,「奧祕」的中心人物都是耶穌基督,而三章4節更直接說明3節的「福音的奧祕」就是「基督的奧祕」。

接著,保羅進一步說明這個「基督的奧祕」顯明出來的時間和對象。「這奧祕在以前的世代沒有讓人知道,像如今……啟示一樣」(5節);這不是說,在「以前的世代」就完全沒有這「奧祕」的影子。舊約聖經多處提到彌賽亞的福音包括外邦人(參創十二1~3;賽二1~4,十一10,四十二6,四十九6,六十1~3,六十一5~6;耶三17,十六19;彌四2;番二11;亞八20~23;另參使徒行傳十三章47節引用以賽亞書四十九章6節),只是舊約時期的以色列人從沒想過他們要與外邦人同蒙恩典,同為國民。因此,當保羅說「這奧祕在以前的世代沒有讓人知道」,意思是指這「奧祕」在舊約時期已啟示,但要等到耶穌基督的來臨,才「藉著聖靈」(*en pneumati*)完全地向「聖使徒和先知」顯明出來。有關「聖使徒和先知」的意義,可參考二章20節的討論(參5.2.3.3「上帝的殿:材料與房屋〔二20~22〕」中討論「使徒和先知」這段落,頁111)。

6節繼續說明這個「奧祕」的內容,就是「外邦人在基督耶穌裏,藉著福音,得以同為後嗣,同為一體,同為蒙應許的人」這節經文出現3個「同」(***sun-***)這前綴組成的複合詞:

> *sun-這介詞會因為與不同的詞連接而刪掉"n"。*

- 「同為後嗣」(*sunklēronoma*):「後嗣」(*klēronomos*)的原文與「產業」(*klēronomia*)是同字根,這兩個詞的詳細討論,可參考一章13至14節,以及18節下(參3.2.2.3「我們的信仰經驗〔一11~14〕」有關「後嗣」的討論,頁59~60;4.2.3「祈求上帝讓基督信徒真正認識祂〔一18下~19〕」中有關「基業」的討論,頁75)。外邦人可以在基督裏藉著福音而與其他相信耶穌基督的猶太人，一同蒙祝福成為上帝的兒女。「同為後嗣」表示每一個基督信徒在上帝眼中有同等的地位，同樣可以繼承上帝的產業。

- 「同為一體」(*sussōma*)：「一體」的原文與「身體」(*sōma*)相同。「同為一體」是指無論是猶太人或外邦人，當他們歸信耶穌基督後，都是上帝所創造的「新人」，在耶穌基督裏合成一體(參15～16節)。
- 「同為蒙應許」(*summetocha*)：強調外邦基督信徒和猶太基督信徒一同繼承上帝的產業。在耶穌基督裏，上帝給予亞伯拉罕的應許已經實現，無論是猶太人或外邦人，都是亞伯拉罕的後嗣(參二11～12)。

6.2.3 保羅是福音的執事(三 7)

保羅在此宣稱他作了這福音的「僕役」(*diakonos*；「和合本」譯「執事」)。這名詞亦可以翻譯為「用人」(太二十26，二十三11；可九35，十43；約二5、9；羅十三4；林後六4)、「僕人」(西一7)、「差役」(林後十一15)，以及「事奉主的」(弗六21)。從狹義來看，「僕役」這名詞是指教會的職事，如執事(提前三8～12)；從廣義來看，這名詞是指服事耶穌基督的人。以弗所書三章7節明顯是指後者。保羅作為「福音的僕役」，是從上帝所領受，而不是由人揀選出來的。因此，上帝將「福音的奧祕」向他顯明，同時他也必須負責將這「奧祕」傳揚出去。保羅的服事是照著「上帝的恩賜」和照祂「運行的大能」(7節下)，表示他能成為「福音的僕役」，完全出於上帝白白賜給他的「禮物」，以及出於上帝在他身上「運行」(*energeia*)的「大能」(*dunamis*)。(參一19～20)

6.3 保羅蒙召作外邦人的使徒(三 8～12)

在説明這「奧祕」的啟示與內容之後，保羅再次申明他的身分與事工。這段落可分為兩小段。

分段大綱(一 8～12)

一、保羅個人的特殊使命(三 8～9)
二、教會整體的特殊使命(三 10～12)

6.3.1 保羅個人的特殊使命(三 8～9)

保羅説「**我**比眾聖徒中最小的還小」(8 節上)不是因為自卑或説客套話(參林後十一 5，十二 11)，而是要誇耀上帝在他身上的奇妙恩典。他原是一個逼迫教會的人(參徒九 4～5，二十六 11、14～15；加一 13～14；林前十五 9；提前一 12～14；腓三 6)，但上帝卻揀選他成為外邦人的使徒(弗三 8 下)。雖然保羅與某些基督信徒領袖同樣領受了使徒的職分，但他的使徒職分是特殊的，因為上帝特選他去傳福音給外邦人。以事奉年資來看，保羅亦是最後受委派的使徒，所以他在使徒中「比眾聖徒中最小的還小」(參林前十五 8～9)。不過，他的任務卻是重要無比，就是要「把基督那測不透的豐富傳給外邦人」(8 節下)和「使眾人都明白甚麼是歷代以來隱藏在創造萬物之上帝裏的奧祕」

8 節在原文的句子結構裏，是以「我」(emoi)作為句子的第一個詞。因此，這句子的開首應譯作「我，我……」，為要強調「我」。

（9節）。

「測不透」（*anexichniaston*）的原文有「探測不出」的意思，這是超越人思考的能力。保羅曾用這詞來表達上帝的知識何其難測（羅十一33）。「那測不透的豐富」就是上帝的救贖旨意（弗一13～14）是要救贖「我們」（猶太人）及「你們」（外邦人）。❷

9節指出這測不透的恩典在「歷代以來」是隱藏的，這「歷代以來」是指從創世以來；如今，創造萬物的上帝已經將這個從創世以來隱藏的「奧祕」顯示出來（參林前二6～10）。上帝是創造萬物的主，祂絕對可以隨著自己的旨意來決定這個「奧祕」顯明的時間、對象和方法。保羅的特別使命就是要使「眾人都明白」這「奧祕」（三9）。

6.3.2 教會整體的特殊使命（三10～12）

保羅接下來宣告「教會」（*ekklēsia*）在這新時代所擔負的特殊使命（10～12節）。上帝透過教會使「天上執政的、掌權的」都知道祂百般的智慧（10節）。學者們對於這些「天上執政的、掌權的」有不同的意見（參4.3.1「上帝能力的展現〔一20～21〕」中一章21節的討論，頁79～80）。保羅認同猶太人一般對天使存在的理解，也認同它們的職務。它們都是上帝的受造物，且在祂的管轄之下。「百般」（*polupoikilos*）意指「各式各樣」。在這裏保羅用它來描述上帝豐富的智慧，尤其是指猶太人和外邦人在基督裏的關係。至於教會如何使天上執政的、掌權的「知道」他百般的智慧，保羅沒有明說，但肯定包括教會的宣講及它的存在。作為一個在基督裏的新創造，一個超越種族界限的羣體，「教會」必須向這世界的政權和靈界的勢力作出生命的見證。地上的教會不僅需要以言語宣講「和平的福音」（二17），也要以行動實踐「和平的福音」。「教會」的合一表現及具體的和睦,是見證上帝「使天上、地上、一切所有的,都在基督裏面同歸於一」(一10)的起始點。顯然,按照3至10節,上帝顯示「奧祕」是有次序的。祂先讓保羅知道(3節),然後讓「聖使徒和先知」知道(5節),後來又讓外邦人知道(8~9節),現在祂讓天上的天使知道(10節)。

接著,保羅指出上帝的永恆計劃是在「我們主」、「基督」、「耶穌」裏完成的(11節)。按照原文排列,次序是「基督、耶穌、我們的主」(*en tō Christō Iēsou tō kuriō hēmōn*)。有學者認為這個排列說明了上帝是透過創世以前的「基督」(即彌賽亞),進而到歷史上的「耶穌」,然後到教會承認耶穌是「主」來完成祂在萬世以前所定下的救贖計劃。不過,更須留意的是,「基督」這名詞帶有定冠詞,顯示「基督」是一個特別的稱號。透過這位「基督」,外邦人和猶太人被聯繫在一起。「我們主」強調「你們——外邦基督信徒」與「我們——猶太基督信徒」(11~12節)在基督裏一同尊他為主。

既然耶穌基督已完成上帝永恆的救恩計劃,基督信徒就當有所回應(12節)。我們「因信耶穌」(*dia tēs pisteōs autou*;原文可直譯為「因著〔或藉著〕他的信」)而歸入基督。一般譯本都把這短語當作**所有格賓語來翻譯**。不過,近代有不少學者認為這個*pisteōs autou*的表達很可能是所有格主語而不是賓語,可以譯作「因耶穌的信實/誠信」。耶穌基督因著自己的信實,而對父上帝完全順服以至於死,完成十字架的救贖;我們也因著歸信耶穌基督與上帝和好,並且領受豐富的救贖恩典。因此,歸根究柢,這都是出於耶穌對父上帝的信實。若朝著此作解釋,便明白保羅的宣告:我們「在他裏面放膽無懼,滿有自信地進到上帝面前」(12節),這宣告與二章18節「因為我們雙方藉著他,在同一位聖靈裏得以進到父面前」相似。

以所有格賓語翻譯的,就如「呂振中譯本」譯作「憑著信他的心」。

二章 18 節强調的是猶太人和外邦人同在聖靈的感動之下，但三章 12 節則著重基督信徒對救恩有充分的把握（參羅五 2；林後三 12）。12 節提及的「放膽無懼」（*parrēsia*）原文是一個名詞，意思包括公開、坦白、滿有膽量、滿有信心、勇敢，不懼怕地在人面前自由發表言論，而「滿有自信地進到上帝面前」（*prosagōgēn en pepoithēsea*）與「放膽無懼」的意思相似，只是再進一步表達與上帝更加親密的關係。

6.4 保羅為福音的緣故受苦（三 13）

13 節是 2 至 12 節的一個小結，結構與 1 節前後呼應。這節經文所用的詞彙也弔詭，它把「患難」、「喪膽」與「光榮」對照。保羅已說明上帝呼召他作為外邦人的使徒，是要使他們明白「福音的奧秘」（2～12 節）。為了達成這目的，他遭受囚禁、羞辱（13 節）。雖然如此，保羅知道他所遭遇的一切都是為了耶穌基督（1 節）。保羅顧念的不是自己的安危，而是外邦人福音的需要，因此他看受苦為必然發生的事。所以他勸諭讀者不要因他的遭遇而沮喪。

這節經文以「所以」這連接詞作開始，然後他「求」（*aitoumai*；原文有「懇求」的意思）讀者不要因他的遭遇而「喪膽」。「喪膽」這動詞的意思指「喪失勇氣」（參路十八 1）。以弗所地區的讀者羣可能因為聽到保羅受苦的遭遇，而信心開始動搖，或已經在沮喪中。故此，保羅懇請他們不要「喪膽」，反而要將他的受苦，看為是他們的「光榮」（參林後十一 23～29）。保羅要他們認識到，他是為了「福音的奧秘」、福音的事工而受苦的。

信仰反省

保羅堅信他被監禁是因為上帝的託付（2節），這託付就是要受差派到外邦人中間宣講福音。因著保羅的事工，外邦人得以享受這救贖的恩典。在世人的眼中，「受苦」不是一件容易接受的事，如今保羅卻看為一種光榮，這種事奉的態度是值得基督信徒效法的。且看今天，我們在一個如此個人主義的社會，若要活出捨己，是會遭受奚落的。當人人不注重愛，而我們卻要實踐愛，這必然是一種挑戰；當活在一個充斥著「不信任」的文化中，而我們卻鼓勵信任一位看不見的上帝，這是一種難以啟齒。信仰於這世代的人，是不實在、與社會背道而馳的東西。許多基督信徒可能早已因信心動搖而離開這信仰，又或只作一個在教會遵守禮儀的基督信徒。世界侵蝕著我們的思想，若要抗衡，需要很大的勇氣。保羅的生命鼓勵我們，要以勇氣面對這世界，以活出信仰為榮。

保羅也讓我們知道，原來讓外邦人歸信基督，是上帝救贖計劃中的一個「奧祕」。從猶太人的角度看，歸信基督只專屬於他們，非他們族類的是沒有機會接受這福音的。保羅卻正正要打破猶太人的觀念，上帝的救贖是給予全人類的。在上帝面前，人人皆罪人，沒有人是不需要福音的。此外，凡歸信基督的人，在上帝面前也是平等的，他們同為一體，同得救贖，同得基業。只是，很多時候，信主年日久的會看不起初信的，事奉年日久的會看不起那些事奉新丁。如果耶穌基督的救贖是給予所有人，沒有一個相信他的人是不被重視的。當教會愈是中產，階級觀念愈會浮現。在此讓我們重新思考我們的教會是否在「一同」的實踐上與保羅的教導相距很遠。

釋經短註

❶ 有關學者贊成「奧祕」是指以弗所書提及的「奧祕」，可參 Peter T. O'Brien, *The Letter to the Ephesians* (Grand Rapids, MI: Eerdmans; Leicester: Apollos, 1999), 229；Ernest Best, *Ephesians: A Critical and Exegetical Commentary on Ephesians* (Edinburgh: T & T Clark, 1998), 302 ～ 303；Ben Witherington III, *The Letters to Philemon, the Colossians, and the Ephesians: A Socio-Rhetorical Commentary on the Captivity Epistles* (Grand Rapids, MI: Eerdmans, 2007), 265；John P. Heil, *Ephesians: Empowerment to Walk in Love for the Unity of All in Christ* (Leiden / Boston, MA: Brill, 2007), 137；Andrew T. Lincoln, *Ephesians*, WBC 42 (Garden City, NY: Doubleday, 1990), 175；Rudolph Schnackenburg, *The Epistle to the Ephesians: A Commentary* (ET; Edinburgh: T & T Clark, 1991), 132。

❷ 有關奧布賴恩（Peter T. O'Brien）對「測不透的豐富」這短語的理解，可參 O'Brien, *The Letter to the Ephesians*, 242。

溫習及思考問題

1. 保羅是為了甚麼而作了「囚徒」的（1節）？他如何看待這件事？上帝託付給保羅的職分是甚麼？
2. 保羅如何知道他有這個職分？你是否知道上帝所託付給你的職分？你會怎樣完成你的職分？
3. 保羅提及哪3個「奧祕」（6節）？這3個「奧祕」對於今日的教會有甚麼特別的意義？你如何理解這些「奧祕」？
4. 保羅稱自己為「福音的僕役」（7節），這是上帝對每一個基督信徒的呼召或只是對某些人的呼召？你認為自己是「福音的僕役」嗎？試想像作為一個「福音的僕役」將會遇到甚麼困難。
5. 上帝的大能如何彰顯在保羅的身上（7節）？保羅所指「我比眾聖徒中最小的還小」（8節）是甚麼意思？我們可以像保羅般形容自己嗎？
6. 教會有一個特殊的使命，就是在世人面前活出合一的見證（三10～12）。你認為阻攔著教會實踐合一的原因是甚麼？
7. 保羅看受苦「原是你們的光榮」（13節）？為何受苦的羞辱可以成為光榮？有沒有認識一些基督信徒遇過像保羅的景況，你怎樣回應他所經歷的？
8. 我們應該如何看待生命中的患難？你又如何看待別人所遭遇到的患難？
9. 保羅因為福音的緣故，被困於一個有形的監牢。你心中有沒有一個無形的監牢？你為誰而被困？你怎樣看待這無形的監牢？

第七章

保羅為基督信徒祈禱（三14～21）

- 保羅以牧者心懷為眾基督信徒禱告
- 榮耀頌

經文

3 [14]因此，我在父面前屈膝——[15]天上地上的各家都是從祂得名
的——[16]為要祂按著祂豐盛的榮耀，藉著祂的靈，使你們內心的
力量剛強起來；[17]又要祂使基督因著你們的信住在你們心裏，使你們既
在愛中生根立基，[18~19]能夠和眾聖徒一同明白基督的愛是何等的長、
闊、高、深，並知道這愛是超過人的知識所能測度的，為要使你們充
滿上帝一切的豐盛。

[20]上帝能照著運行在我們心裏的大能充充足足地成就一切，超過我們
所求所想的。[21]願祂在教會中，並在基督耶穌裏，得著榮耀，直到世世代
代，永永遠遠。阿們！

14至21節是保羅的禱文。鐘馬田（Martin L. Jones）對保羅寫的這段經文評價極高，他認為這段經文除了文筆通順，內容思想也很豐富，是一篇傑出的禱文。這段經文可以分為兩個主題來討論。第一，保羅以牧者心懷為眾基督信徒禱告（14～19節）；第二，榮耀頌（20～21節）。

這段經文與一至三章有前後呼應的作用。20至21節以榮耀頌回應一章3至14節之頌讚；14至19節的禱文則回應了一章15至23節之禱告。至於這框架的中間部分則是3段較為神學性的講論（二1～10、11～22、三2～13）。

A　頌讚：三位一體上帝的奇妙作為（一3～14）

　B　感謝與祈禱（一15～23）

　　神學議題：在個人層面上，在基督裏出死入生的恩典（二1～10）

　　神學議題：在羣體層面上，猶太人和外邦人合而為一（二11～22）

　B'　保羅的祈禱（三1）

　　神學議題：神聖奧祕及保羅的使徒職分（三2～13）

　B''保羅的祈禱（三14～19）

A'　頌讚（三20～21）

不過，三章14至19節的禱文和重點與一章15至23節不完全相同。一章15至23節的重點在於基督信徒要認識上帝，知道「在基督裏」有何等大的盼望和能力。三章14至19節則進一步提到基督信徒的屬靈眼光，他們要明白和經驗基督的大能和基督的大愛，著重經驗和體會上帝的大能大力。

7.1 保羅以牧者心懷為眾基督信徒禱告（三 14～19）

從希臘文的語法結構看，14 至 19 節為一個「贅句」（有關「贅句」的討論，可參 1.1.1.2「寫作風格和遣詞用字」，頁 2～3），共有 84 個字，是以弗所書第五個「贅句」。從內容看，這段經文基本上可分成兩小段。保羅先以一個引言開始（14～15 節），然後便是他的禱文（16～19 節）。從希臘文語法上看，16 至 19 節的結構相當複雜。這段經文共出現 3 個「為要」（*hina*；16、18、19 節；「和修版」只將第一和第三個譯出來），學者們對這些連接詞的用意意見分歧，也因此他們對於 16 至 19 節中究竟有多少項祈求的事情，也意見不同。現列出以下 7 個不同觀點：❶

- 16 至 19 節只有一項祈求內容，以 16 節的第一個 *hina* 為重點，第二及第三個 *hina* 則表達目的。它可以作如下分析：

  祈求：「為要……使你們內心的力量剛強起來」（16 節）

  結果：「基督……住在你們心裏」（17 節）

  目的：「為要能夠……明白基督的愛」（18 節）

  結果：「知道這愛」（19 節上）

  目的：「〔為要〕使你們充滿上帝一切的豐盛」（19 節下）

- 16 至 19 節有兩項祈求內容，包括 16 至 17 節和 18 至 19 節上，19 節下為最終目的，是要說明完全明白基督的愛所帶來的後果。前兩個 *hina* 直接連接到禱告這動詞，而第三個 *hina* 是連接到前兩個的 *hina*。
- 16 至 19 節有兩項祈求內容，包括 16 至 17 節上、17 節下至 19 節上，而 19 節下是總結。
- 16 至 19 節有 3 項祈求內容，包括 16 至 17 節、18 至 19 節上，以及 19 節下。第三個 *hina* 直接聯繫到禱告這動詞，這 3 個連接詞是並排的。

- 16 至 19 節有 3 項祈求內容，包括 16、17 節上、17 節下，而 18 至 19 節上為結果，19 節下再作一個總結。
- 16 至 19 節有 4 項祈求內容，包括 16 至 17 節上、17 節下、18 至 19 節上，以及 19 節下，它們如上樓梯的階級。
- 16 至 19 節有 5 項祈求內容，包括 16 節、17 節上、17 節下、18 至 19 節上，以及 19 節下。

綜觀以上的分析，最為清楚的結構仍是第四個觀點。它按照 3 個 *hina* 的位置將 16 至 19 節分為 3 項的祈求內容。這個 *hina* 同是連接回 14 至 15 節的「屈膝」，這 3 項祈禱內容分別是 16 至 17 節、18 至 19 節上，以及 19 節下。這段經文大綱列出如下：

分段大綱(三 14～19)

一、保羅為基督信徒禱告(三 14～15)

二、禱告的內容(三 16～19)

1. 內心的力量剛強起來(三 16～17)
2. 明白基督超越的愛(三 18～19 上)
3. 被上帝的一切豐盛所充滿(三 19 下)

7.1.1 保羅為基督信徒禱告（三 14～15）

在這段經文，保羅以「因此，我在父面前屈膝」（14 節）作開始，這是連接至 1 節「因此，我—保羅⋯⋯替你們祈禱」。保羅在 1 節已說明他想繼續第一章的禱告，可是因為有另些重要的議題想討論（2～13 節），所以暫時停止他的禱詞。到了 14 節，這「因此」（*toutou charin*）說明了他要繼續他的禱告。不過，這禱文的內容比較之前他提及的更豐富（一 15～23，二 1～10、11～22，三 1～13）。「**屈膝**」（*kamptō*）這動詞表示一種謙卑和完全順服的動作。猶太人禱告之時，大多是站著，高舉雙手，臉面向上仰望著天（參太六 5；可十一 25）；不過也有屈身跪著的（王上八 54；拉九 5、15；路二十二 41；徒二十一 5）。保羅「屈膝」禱告表明他對上帝有格外的虔誠和委身的態度（參羅十一 4，十四 11；腓二 10）。再者，「屈膝」是以現在時態表達，表示「屈膝」很可能是保羅慣常用的姿勢。

以弗所書曾描寫幾個行動姿態，包括「坐」（二 4～6）、「行事」（四 1、17，五 2、8、15）、「站」（六 10～13）和這裏的「屈膝」。

保羅祈禱的對象是「父上帝」（參一 2～3、17，二 18，四 6，五 20，六 23）。接下來，他進一步描寫「天上地上的各家都是從祂得名」（15 節）。對於「各家」（*pasa patria*）要如何翻譯，學者們有不同意見。「家」（*patria*）這名詞是從「父」（*patēr*）的字根演變出來，它們字根相同、讀音相近。所以，「各家」這短語可譯作「部落/種族」、「全家」（「新譯本」譯作「所有的家族」）。「各家」有一個深層的意思，指天上和地上的教會，若譯為「各家」，其實是指「全人類」。有學者認為「天上⋯⋯各家」是指各種各類的天使，「地上⋯⋯各家」指世上各式各樣的人，亦有學者認為是指天上凱旋的教會，以及在地上仍然奮戰的教會（參約十四 2；來十二 23）。無論「各家」所指的是甚麼，基於它與

「父」的密切關係，我們不難聯想到父上帝與天下萬人的關係。「從祂得名」（*onomazetai*；15節）是以被動語態表達上帝擁有主權，而萬有都在祂的管轄之下（參詩一四七7；賽四十26）。

7.1.2 禱告的內容（三16～19）

若根據3個「為要」的分析，保羅為基督信徒祈求的內容包括3方面：內心的力量剛強起來（16～17節）；明白基督超越的愛（18～19節上）；被上帝的一切豐盛所充滿（19節下）。

7.1.2.1 內心的力量剛強起來（三16～17）

保羅首先提到「為要祂按著祂豐盛的榮耀，藉著祂的靈，使你們內心的力量剛強起來；又要祂使基督因著你們的信住在你們心裏，使你們既在愛中生根立基」（16～17節）。保羅關心的是基督信徒「內心的力量」是否剛強。一個靈命成熟的基督信徒不是外表上的剛強，而是內心深處的剛強。基督信徒可以藉著聖靈，以及藉著基督內住在我們心裏得著真正的剛強。

一、藉著聖靈剛強（16節）

16節下的「剛強起來」（*krataiōthēnai*）與17節的「住在」（*katoikēsai*）同是連接至16節上的「為要」（***hina dō***）這連接詞短語。16節下的重點是聖靈，17節是基督。既然禱告的對象是父上帝，16至17節便再次展現三一上帝的樣式。

hina dō 這短語是由一個連接詞 hina 及一個動詞 dō 組成，可直譯作「為要賜予」。

「剛強起來」這動詞是以被動語態表達，其意思就是指我們之所以可以剛強，是因著父上帝按著祂豐盛的榮耀使然，而不是我們可以自己「剛強起來」(NRSV 譯作“you may be strengthened”)。基督信徒不可能靠自己的力量來自我剛強，而是藉著祂的靈得以剛強。保羅祈求上帝來剛強基督信徒的「內心」(*ton esō anthrōpon*；NRSV 譯作“your inner being”)，這「內心」就是一個人的心靈及意志的中心(參羅七22；林後四16)。在此，聖靈扮演一個很重要的角色，因為上帝是「藉著祂的靈」把力量賜給基督信徒。之前，保羅祈求父上帝把那賜人智慧和啟示的靈賜給基督信徒，使他們真正認識祂(一17)，如今他祈求父上帝透過聖靈把力量賜給他們，使他們活出剛強的生命。

二、藉著基督內住在我們心裏(17節)

17節進一步解釋16節，説明父上帝如何透過基督的內住使基督信徒得以剛強。「住」(*kotoikeō*)的原文意思是指長期居住，並定居下來，作為固定之家的意思(參西一19，二9)。另一個與這「住」意思相近的希臘文是 ***peroikeō***，這動詞在新約聖經只出現兩次(路二十四18；來十一9)，指暫時性的居住。耶穌基督將我們的心靈當作他的住處，且安頓下來。耶穌基督的內住不是不請自來，而是「因著你們的信」(*dia tēs pisteōs*)而來的。這顯示耶穌基督得以住在基督信徒的心裏，是因著基督信徒對耶穌基督有正面的回應。但是，這個基督的內住不是指一個人決志歸主時對基督的邀請，而是基督信徒持續性對基督的委身。在保羅的神學裏，究竟耶穌基督是透過聖靈住在我們心裏還是基督本身住在我們心裏？其實兩者沒有甚麼分別(參羅八9～11；林前六17，十二4～6)。當保羅説上帝「藉著祂的靈」使我們剛強，然後耶穌基督的內住使我們在「愛中生根」，這並不表示聖靈內住再加上基督的內住，而是聖靈的內住就等同

peroikeō 這動詞在「和合本」譯作「作客」。

於基督的內住，因而使我們剛強，同時也使我們有愛。❷保羅曾以不同的圖像來描寫耶穌基督與基督信徒及教會的關係。保羅曾論述耶穌基督為教會的頭，教會是他的身體（一22～23；參4.3.3「使基督為教會作萬有之首〔一22下～23〕」，頁80～81），又論述耶穌基督與教會的關係猶如聖殿與殿的「房角石」（二20～22；參5.2.3.3「上帝的殿：房屋與材料〔二20～22〕」，頁111～112）。在17節，保羅描述耶穌基督是住在基督信徒的心裏。

接著，保羅描寫耶穌基督的內住使基督信徒「在愛中生根立基」（17節下）。在此，保羅結合了樹木「生根」與建築物「立基」的圖像。這兩個圖像一同指向基督信徒的信仰基礎。「生根」與「立基」是兩個完成時態被動語態分詞，表示過去發生的事到現時仍有其效用或影響力。因此，「生根立基」可以直譯為「既已生根又立基」。基督信徒的生命既已在基督裏生根立基，就能夠與眾聖徒一同明白基督的愛，也可以向周圍的人流露神的愛（三18）。❸

7.1.2.2 明白基督超越的愛（三18～19上）

這是保羅禱文的第二段內容。18節 *hina* 這連接詞，再次連接至14節的「屈膝」。保羅祈求基督信徒「能夠和眾聖徒一同明白基督的愛是何等的**長、闊、高、深**，並知道這愛是超過人的知識所能測度的」。「明白」（*katalabesthai*）的希臘文是以過去不定時時態關身語態不定詞表達，帶有「徹底把握住」的意思。保羅祈求基督信徒不僅要自己「明白」，也要「和眾聖徒一同明白」基督的愛。18節的原文沒有「基督的愛」這短語，譯本可能根據17節下和19節上所論及的「愛」來作補充。

> *「長、闊、高、深」」原文的次序是「闊、長、高、深」，NRSV譯作 "what is the breadth and length and height and depth"。*

接著，保羅再詳論這「愛」。保羅讚歎這愛是「何等的長、闊、高、深」。這 4 個量度的意思不容易解釋。❹ 斯托得(John R.W. Stott)認為「長」是指能達於永恆;「闊」表示足以包羅所有的人(尤其是猶太人和外邦人);「高」則達於天,使人得以升高;「深」可及於最墮落的罪人。肯定的,保羅是使用「對稱法」(*merismus*)來形容「基督的愛」是何等浩瀚宏博。

簡單而言,保羅在禱文中祈求父上帝使眾聖徒一同徹底地把握基督超越且無比偉大的愛。基督的愛「長、闊」到一個地步足以跨越人與人之間所存有的種族、性別、社會地位等距離;基督的愛「高、深」到一個地步足以超越任何地上的權勢和靈界的惡勢力。19 節上再加強 18 節的概念。保羅要眾聖徒一同明白基督偉大的愛,「並知道這愛是超過人的知識所能測度的」。

學者對「長、闊、高、深」的其他看法

有些學者認為這 4 個量度並不是用來描寫基督的愛,而是描寫其他事情。它可以指上帝的智慧及被啟示的知識何等長闊高深。他們是引用約伯記十一章 8 至 9 節作論據。亦有學者認為這是指「宇宙」,又或是「上帝的新聖殿」何等長闊高深。他們引用以西結書四十至四十三章的內容作論據(另參亞二 1~2;啟十一 1~2,二十一 15~17)。其他的還有「上帝的大能」何等長闊高深;十字架的樣式何等長闊高深;「基督的身體」長闊高深,充滿大地;又或是「上帝的救贖」長闊高深等。但從經文的語境來看,我們還是認為這是指「基督的愛」何等長闊高深。

7.1.2.3 被上帝的一切豐盛所充滿(三 19 下)

保羅第三個禱告祈求的內容,也是整個禱告的高潮。保羅祈求基督信徒要被「上帝一切的豐盛」所充滿。這也是保羅對基督信徒的終極

期望。學者們對「一切的豐盛」（*to plērōma*）的意義有不同見解，主要有以下 4 種解釋：❺

- 上帝的恩典（參約一 16）；
- 上帝的兒子（參四 13）；
- 被上帝的榮耀所充滿的聖殿；
- 上帝的本性（參西二 9）。

我們傾向於指「上帝的本性」這個解釋。保羅在這裏不是要向上帝祈求知識、恩賜、力量或慈愛充滿在基督信徒的生命中，而是祈求上帝本身住在基督信徒的生命中。上帝的豐盛充滿基督信徒，正如基督的豐富充滿他的身體（即大公教會；參一 23）。

7.2 榮耀頌（三 20 ～ 21）

20 至 21 節是「榮耀頌」（doxology），原文是一個完整的句子。在講述父上帝如何藉著耶穌基督完成他永恆救贖計劃的奧祕之後，保羅以「榮耀頌」作為總結。留意保羅在這裏使用「我們」這代名詞，而不是其禱文裏所使用的「我」，表明他邀請受信者與他一同參與敬拜頌讚上帝。保羅在 20 節的頌讚內容可以一步一步擴大如下：❻

- 上帝能成就我們所求的；
- 上帝能成就我們所求所想的；
- 上帝能成就我們「一切」（*panta*）所求所想的；
- 上帝能成就一切，「超過」（*huper*）我們所求所想的；
- 上帝能「充足」（*perissou*）成就一切，超過我們所求所想的；
- 上帝能「充足地」（*ekperissou*）成就一切，超過我們所求所想的；

- 上帝能「充充足足地」(*huperekperissou*)成就一切，超過我們所求所想的。

保羅提醒基督信徒，我們不是靠自己來成就大事，我們也不能靠自己來成就大事，一切都是全能上帝的奇妙作為。接著，保羅在21節繼續頌讚「願祂在教會中，並在基督耶穌裏，得著榮耀，直到世世代代，永永遠遠。阿們！」(21節)這是以弗所書最後一次出現「榮耀」，它迴響保羅在第一章的頌讚詞的三次表達(一6、12、14)。

在神學上和一般的情況下，「基督耶穌」是上帝得榮耀的媒介，但保羅在此加上「教會」也是上帝得榮耀的媒介。上帝固然是藉著耶穌基督來完成他的救贖計劃，但祂也要透過「普世教會」(即基督的身體)來執行這個任務和使命。對教會而言，一方面，這是何等大的榮耀，另一方面，這也是一個重大的責任和託付。但願上帝真能在教會中得著榮耀！

21節提及「直到世世代代，永永遠遠」(參羅十一36，十六25～27；腓四20；提後四18；來十三21；彼前五11)，這兩個重疊用詞的表達，結合了時間性和永恆性的描述。這種表達十分獨特，因為其他書信沒有出現過。這兩個重疊用詞也許要加強語氣，表示從「奧祕」被揭示開始，便代代相傳，直到時間終結，直到永恆。保羅最後以「**阿們**」作結束。一般的祈禱和祝福都是以「阿們」(*amēn*)作為結束，表示認同。這個榮耀頌不只結束了保羅的禱告祈求，也總結了一至三章的神學思想。

「阿們」即「誠心所願」，表示以上的話都是真正打從內心而出的。

總括來說，以弗所書一至三章是以感恩祈禱的情懷來思想父上帝藉著耶穌基督所賜於基督信徒的各樣屬靈福氣。保羅闡述長久以來上帝為普世人類所設計的救恩計劃，以及祂在普世教會身上初步完成的計劃。上帝啟示的「奧祕」是以耶穌基督為中心，並透過他使萬有合而為一。上帝的救贖計劃得以成就，是需要按部就班來實現，先透過耶穌基督成為肉身，在十字架上受死，並透過聖靈感化人心，以及透過和平的福音使外邦人和猶太人歸入上帝的家，最後是透過合而為一的教會（包括猶太基督信徒和外邦基督信徒）具體地呈現出來。

信仰反省

從14至19節來看，保羅禱告祈求的內容對我們的信仰有很大的提醒。首先，我們要知道我們之所以能夠剛強，是上帝藉著聖靈使我們心裏的力量剛強起來（16～17節）。換言之，我們不需要靠著自己有限的力量來自我剛強，而是可以依靠上帝做剛強的人。對於以弗所地區的弟兄姊妹來說，當他們面對宗教性或社會政治性的權勢壓力時，他們就不會驚恐害怕，因為他們不是靠自己孤軍作戰，而是依賴上帝的大能大力，做剛強的人。因此，無論是亞底米女神或是羅馬王帝都不能再威脅他們。正如保羅在羅馬書八章35至37節所寫的凱歌：「誰能使我們與基督的愛隔絕呢？難道是患難嗎？是困苦嗎？是迫害嗎？是饑餓嗎？是赤身露體嗎？是危險嗎？是刀劍嗎？……然而，靠著愛我們的主，在這一切的事上，我們已經得勝有餘了。」保羅昔日對以弗所一帶教會的提醒，對我們而言，同樣非常重要。活在一個多元思想，多元主義的社會中，我們要剛強起來；活在一個多元種族、宗教、文化的社會中，我們更要剛強起來。

此外，保羅祈求禱告的內容都是與基督信徒的屬靈生命成長有關。他祈求上帝讓基督信徒心裏的力量剛強，生命體驗到耶穌基督的愛之豐富，也被上帝一切的豐盛所充滿。保羅將神學反省、屬靈操練、敬拜禱告緊緊相扣。保羅關心基督信徒的屬靈生命狀況，我們又對身邊基督信徒的靈命成長關心多少？對於自己的靈命，我們又是否關心呢？

除此之外，我們也留意到保羅為了使外邦人得聽耶穌基督的和平福音，而成為外邦人的使徒；他甚至願意為了猶太基督信徒和外邦基督信徒在基督裏合而為一而冒上生命的安危。由此可見，保羅不只是一位神學家，也是一位宣教士。但願我們不是在象牙塔裏學習聖經，也不是麻木無知地事奉上帝，而是同時看重兩者。神學思考中有宣教行動，宣教行動中有神學思考。

釋經短註

❶ 有關學者對 14 至 19 節包含的祈禱事項不同的意見，可參 Harold W. Hoehner, *Ephesians: An Exegetical Commentary* (Grand Rapids, MI: Baker Academic, 2002), 476；Clinton E. Arnold, *Ephesians: Power and Magic. The Concept of Power in Ephesians in Light of Its Historical Setting*, SNTSMS 63 (Cambridge: CUP, 1989) = *Power and Magic: The Concept of Power in Ephesians* (Grand Rapids, MI: Baker, 1997), 86；Peter T. O'Brien, *The Letter to the Ephesians* (Grand Rapids, MI: Eerdmans; Leicester: Apollos, 1999), 253；Andrew T. Lincoln, *Ephesians*, WBC 42 (Garden City, NY: Doubleday, 1990), 197；Ernest E. Best, *Ephesians: A Critical and Exegetical Commentary on Ephesians* (Edinburgh: T & T Clark, 1998), 335；Ben Witherington III, *The Letters to Philemon, the Colossians, and the Ephesians: A Socio-Rhetorical Commentary on the Captivity Epistles* (Grand Rapids, MI: Eerdmans, 2007), 273～276 等。

❷ 有關奧布賴恩（Peter T. O'Brien）對聖靈的內住與耶穌基督的內住，可參 O'Brien, *The Letter to the Ephesians*, 258。

❸ 周聯華認為 17 節的「生根立基」不是用來形容那「愛」。他把「生根立基」連接至 18 節。因此 17 節下可以解作「使基督因著你們的信，在愛中住在你們的心裏」。我們同意早期的聖經抄本是沒有標點符號的，因此「生根立基」這短語既可作 17 節之尾，也可作 18 節之首，但我們認為以 3 個 *hina* 來說明祈求的內容是比較理想。故此，這短語應放在 17 節尾。有關周聯華的論點，可參周聯華：《加拉太書、以弗所書》（香港：基督教文藝出版社，1989），頁 277。

❹ 有關學者對 18 節「長、闊、高、深」的看法，可參斯托得：《以弗所書》，陳恩明譯（台北：校園書房，1997），頁 138；Witherington, *The Letters to Philemon, the Colossians, and the Ephesians*, 275；Thomas K. Abbott, *A Critical and Exegetical Commentary on the Epistle to the Ephesians and to the Colossians* (Edinburgh: T & T Clark, 1909), 99～100；O'Brien, *The Letter to the Ephesians*, 263。

❺ 有關 19 節「一切的豐盛」的 4 種解釋，參 Steve Motyer, *Ephesians* (Leicester: Crossway, 1999), 116～117。

❻「頌讚詞」以逐漸擴張的描寫方式表達，是參照琳幸（Andrew T. Lincoln）作修改。Lincoln, *Ephesians*, 216。

溫習及思考問題

1. 保羅被困在監牢中依然為以弗所教會禱告。你認為他當時心中掛念著的是甚麼人?甚麼事?為何保羅在困難之時,能有如此掛念教會的心?若你在困難之中,你心中記掛的是甚麼?
2. 試簡述保羅禱告的內容(14～19節)。當保羅「屈膝禱告」之時,你認為他當時的心情是怎樣的(14節)?
3. 一個人禱告的姿態與他禱告的認真程度是否有關連?你禱告時慣常用甚麼姿勢?
4. 你如何理解保羅祈求基督信徒「內心的力量剛強起來」(16節)這句話?這對你有何意義?基督信徒在甚麼情況下會失去「內心的力量」?要怎樣才能夠時常保持「內心的力量」?
5. 基督的內住如何使基督信徒「在愛中生根立基」(17節)?你是否已有耶穌基督的愛在你的生命中?你如何得知你已有這樣的根基?請具體說明。他在你的心中佔據著怎樣的地位?
6. 為甚麼保羅要強調與「眾聖徒」一同明白基督的愛(18節)?你如何實踐這方面的教導?
7. 「充滿上帝一切的豐盛」(19節下)是指甚麼意思?你是否已擁有這豐盛?試分享之。
8. 你如何理解保羅的「榮耀頌」(20～21節)?你認為稱頌詞應具備甚麼內容?
9. 「阿們」(21節下)是甚麼意思?為何我們禱告結束之前必須加上這詞?
10. 試總結一至三章的內容,並說明這段經文的中心信息。對你個人而言,哪方面的內容於你信仰的生命特別有意義?

第二篇

生活的勸誡及信末語

（四1～六24）

保羅在一至三章論述有關上帝在耶穌基督裏的工作，而蒙恩得救的基督信徒因此在耶穌基督裏有新的身分和新的關係。這是以弗所書的上部分。接下來，保羅在四至六章，即以弗所書的下部分，繼而論述擁有新身分和新關係的基督信徒當如何在日常生活的不同層面上行事為人，實踐在基督裏的新生活。保羅在四章 1 節的首句話「〔**因此**〕我為主作囚徒的勸你們……」說明了以弗所書上部分和下部分的密切關係。

原文有「因此」（oun）這連接詞，「和修版」沒有譯出來（參「新譯本」）。

一、「因此」

四章 1 節的「因此」表示接著的部分是承接著一至三章的信息內容。其中一些的字彙和概念重複出現，例如：蒙召（一 18，四 1）、指望（一 16～18，四 4）、聖父聖子聖靈（一 3～14，四 4～6）、元首基督（一 22，四 15）；還有，四章論及的愛心、和平、合一都回應二至三章的內容。再者，基督信徒在地上的行事為人（四 1）和所「站」的身分（六 11）之基礎，都在於他們在天上的座位（二 6）。

二、「我勸你們」

在修辭技巧上，「我勸你們」是一種規勸教導的格式。作者因著之前所提及的理論或教義，現今要提出具體實踐的勸勉和教導。換言之，前部分是後部分所要談論的實踐性勸勉的神學基礎，兩者呈現出神學與生活實踐為不可分割的一體。在前三章，保羅討論深奧的神學，他的祈禱頌讚上達諸天。任何的神學思考都必須能夠落實在地上，否則只是空談，不切實際。事實上，後部分出現許多命令式的動詞，表明保羅何等看重基督信徒在基督裏的新生命樣式。在這裏，保羅一共用了5次的「行/走」(*peripatein*；四1、17，五2、8、15)，而保羅所論及的生活實踐包括：教會的生活(四1～16)；新人的生活(四17～五14)；敬拜的生活(五15～21)；家庭的生活(五22～六9)；對抗屬靈惡魔的生活(六10～20)。

三、「為主作囚徒的」

保羅提及自己是「為主作囚徒的」，一方面說明自己當時的處境，另一方面表明自己對主基督的忠心和委身。因此，保羅不是空談信仰，而是一個活生生具體實踐基督信仰的見證人。接著保羅提醒基督信徒「既然蒙召，行事為人就要與你們所蒙的呼召相稱」(四1)。保羅提醒基督信徒必須活出一個負責任的生命。基督信徒「蒙召」是過去既定的事實，是上帝在創世以前的揀選，為要使基督信徒成為聖潔，沒有瑕疵，滿有愛心(一4)。如今基督信徒必須在教會裏、社會裏、家庭裏活出如此的生命，完成上帝所託付的任務和使命。

接下來，本書會將四至六章分為6章作分析討論：教會合一的生活(四1～16)；活出新生命樣式的原則(四17～24)；基督信徒在教會內外的實際生活勸導(四25～五21)；基督信徒的家庭生活關係(五22～六9)；與屬靈惡魔爭戰(六10～20)；信末語(六21～24)。

第八章

竭力保守教會的合一（四1～16）

- 勸勉：行事為人當與蒙召的恩相稱
- 基督所賜教會的恩賜多樣化

經文

4 1 我為主作囚徒的勸你們，既然蒙召，行事為人就要與你們所蒙的
呼召相稱。2 凡事要謙虛、溫柔、忍耐，用愛心互相寬容，3 以和
平彼此聯繫，竭力保持聖靈所賜的合一。4 身體只有一個，聖靈只有一
位，正如你們蒙召，是為同有一個指望而蒙召，5 一主，一信，一洗，
6 一上帝——就是萬人之父，超越萬有之上，貫通萬有，在萬有之中。

7 我們每個人蒙恩都是照基督所量給每個人的恩賜。8 所以有話
說：「他升上高天的時候，擄掠了俘虜，將各樣的恩賜賞給人。」9 既
說「他升上」，豈不是指他曾降到地底下嗎？10 那降下的，就是高升
遠超越諸天之上的，為要充滿萬有。11 他所賜的有使徒，有先知，有
傳福音的，有牧者和教師，12 為要裝備聖徒，做事奉的工作，建立基
督的身體，13 直等到我們眾人在信仰上同歸於一，認識上帝的兒子，
得以長大成人，達到基督完全長成的身量。14 這樣，我們不再作小孩
子，中了人的詭計和欺騙的法術，被一切邪說之風搖動，飄來飄去。
15 我們反而要用愛心說誠實話，各方面向著基督長進，連於元首基督，16 靠
著他全身都連接得緊湊，百節各按各職，照著各體的功用彼此相助，使身體
漸漸增長，在愛中建立自己。

在討論基督信徒的信仰生活時，保羅先探討他們在教會羣體中的服事生活，因為這與「合一」有關(1～16節)。從原文的語法結構來看，大部分學者都認為這段經文可分為兩大段落：1至6節；7至16節。按照原文，1至6節是一完整句子，以「合一」為主題；而7至16節則著重在合一中的多元性。另外，7節出現一個連接詞 *de*（意思是「但是」；「和修版」沒有譯出來），表示在思路上與上文的內容不同，所以由7節開始是另一段落。再者，1至6節是以「你們」為對象，而7至16節則轉換成「我們」為對象。由此可見，前後兩段是有關連，但在重點上卻有分別。

雖然這兩段經文有不同的討論重點，但卻不能獨立作討論，若是這樣，便看不見這「合一」和「多元」之間的張力和意義。若上帝「奧祕」的啟示是要透過耶穌基督使萬物同歸於一（一10），多元種族的教會更要在耶穌基督裏學習和睦共處（二11～22）；那麼，地上的教會就是要將多元中之合一呈現出來。琳幸（Andrew T. Lincoln）認為1至16節也奠定了四至六章之勸勉段落的基礎：教會的合一、穩定、成長、成熟，是直接影響基督信徒的生命素質，無論是他們個人的生命、與家庭成員的關係，或是在社區的見證。❶

這段經文的一些主要思想也在下文出現，它們包括：「行/走」（*peripateō*；四1、17〔x2〕，五2、8、15；另參二1～3，二10）、「愛」（*agapē*；四2、15～16，五2；參五25、28、33）、「頭/身體」（*kephalē* / *sōma*；四12、15～16，五23、30）、「真理」（*alētheia*；四13、21、24～25，五9，六14）。

8.1 勸勉：行事為人當與蒙召的恩相稱（四1～6）

保羅是有次序地表達他的勸勉。他先有一個基本的勸告，然後才教導有關合一的真理。這段落的分段如下：

分段大綱（四 1～6）

一、基本勸告（四 1）

二、「合一」的勸諭（四 2～6）

1. 呼籲合一（四 2～3）
2. 合一的基礎：信仰宣認（四 4～6）

8.1.1 基本勸告（四 1）

按希臘文，1 至 6 節是「贅句」（參 1.1.1.2「寫作風格和遣詞用字」中談論的「贅句」，頁 2～3），共有 71 個字。在句首，保羅說「我〔因此〕……勸你們」（*parakalō oun humas*），顯示接著的內容是與先前的經文有關。「勸」（*parakalō*）這動詞說明這裏是實踐部分的開始（參羅十二 1；帖前四 1），它不但表達「勸勉」的意思，更顯出作者切切懇求的態度。❷ 這種表達方式與羅馬書十二章 1 節相同，都是以「所以」作為這節經文的開首語，成為全書論點轉移的一個標記。這也標誌著保羅的神學架構，是以前部分內容為基礎，後部分為應用。保羅先從神學理論出發，接著轉移到基督信徒處世為人之道。

保羅以第一人稱代名詞「我」（*egō*）來自稱「為主作囚徒的」（1 節上）。保羅並不是要利用被囚禁來博取讀者的同情，而是藉此來強化他的整個勸勉，讓基督信徒感受到他接下來要表述的信息是何等重要。再者，保羅將他被囚這事，看為有如君王戴上冠冕那刻的光榮（參三 13）。處理完個人的稱謂後，保羅提醒他們「既然蒙召，行事為人就要與你們所蒙的呼召相稱」（1 節下）。「相稱」（*axiōs*）這副詞好比一個天平的圖像（參羅十二 1）。

「既然蒙召」這短語表示這是基督信徒過去的經驗；「蒙召」（*eklēthēte*）這動詞是以被動語態表達，表示基督信徒是被上帝所召出來，進入耶穌基督的生命裏。故此，基督信徒的「行事為人就要與……所蒙的呼召相稱」（參林前一 26，七 20；帖前二 12；帖後一 11），這基本原則也可作為四章 2 節至六章 20 節之引言。世人不能憑自己而有好的行為，但已蒙召得救贖的人，理當就要有好行為，方能合乎被召的身分和標準（參二 10）。在基督耶穌裏的新人必須與「從前行事為人隨從今世的風俗」之光景構成强烈對比（二 2～3）。

基督信徒當如何理解自己的生命、生活和使命呢？保羅明言那是一個「呼召」，而這是對所有基督信徒的期望。他並非談論「特別呼召」，成為傳道人，而是每一位耶穌基督的跟從者都是蒙召的人。因此，我們當謹慎如何行事為人、如何在世界裏為主作鹽作光，做一個入世的聖徒。

8.1.2「合一」的勸諭（四 2～6）

2 至 6 節可以再細分為兩部分：第一，保羅勸勉基督信徒要竭力保持聖靈所賜的「合一」，他又勸勉基督信徒要活出與上帝的呼召相稱的生命（2～3 節）；第二，保羅以 7 個「一」來表達合一的基礎與原因，激發基督信徒實踐合一（4～6 節）。

當教會蓬勃起來，就變得多元化，因為多元化，教會很容易出現分裂；因此，基督信徒必須留意「合一」的問題。保羅在二章 11 至 22 節已提及人與上帝和好，猶太人與外邦人和睦共處的神學願景，三章

2至12節則提到上帝向人啟示的「奧祕」，是要外邦基督信徒和猶太基督信徒在基督裏「同為後嗣，同為一體，同為蒙應許的人」（三6）。保羅在此提醒和勸勉他們如何落實彼此復和的行動，將「合一」的事實具體呈現出來。

8.1.2.1 呼籲合一（四2～3）

保羅先提醒基督信徒要竭力保持聖靈所賜的「合一」（2～3節），堅守「合一」的神學根基（4～6節）。教會是由許多獨立個體所組成；因此，在教會中活出「合一」，其關鍵就在於個體與個體之間的相處是否和睦協調。若要和睦，基督信徒的生命素質是首當其衝要關注之事。在此保羅列出3項基督信徒當操練的美德（2節上）：

一、謙虛

「謙虛」是與驕傲相對。保羅曾提醒腓立比教會「心存謙卑，各人看別人比自己强」（腓二3）。在古代的希臘社會，並不重視「謙虛」，而且往往帶有貶意，因為它象徵著軟弱無能和卑劣的身分。這詞通常用來描述奴隸的特質，主要是指奴隸對待主人的態度，須以低微的身分對主人百般地恭敬從命。但在猶太人的信仰及聖經的傳統，它卻是一種美德。「謙虛」不是表面的客氣，也不是故意貶低自己。「謙虛」是因為承認自己在上帝面前毫無可誇，相信一切都是出於上帝的恩典。

保羅把這美德放在第一位，表示這是「合一」首要的條件。人沒有謙虛，便很容易導致驕傲，這往往成為紛爭結黨的首要原因。保羅重視「謙虛」，是與基督的救贖有莫大關係，因為本有上帝形象的耶穌基督，卻虛己而成為肉身來到人羣當中施行拯救。他謙卑自己，存心順服，且死在十字架上(參腓二6～8)。耶穌基督的「謙虛」是最佳榜樣。

因此，保羅提醒基督信徒若要活出與蒙召相稱的生命，就要在上帝面前承認自身的卑微與罪惡，因而仰賴上帝的恩典。

二、溫柔

「溫柔」是聖靈的果子，指待人溫和，對上帝順服，是一種帶著忍耐且淡定的氣質。當遭遇侮辱或受到不正確態度對待時，溫柔的人不會隨意動怒或報復。這詞與自我、粗魯、無禮相對是對立的。亞里士多德（Aristotle）認為這是指一種自我控制怒氣的能力，能夠在應發怒時發怒，不應發怒時沉默。所以，溫柔是一個人內在的力量。摩西為人雖是極其謙和（民十二3），但當以色列人背叛、拜金牛犢犯罪時，他也激烈地指責他們（出三十二章）。琳幸更進一步說明「溫柔」的意思是人願意為著羣體的好處而放下一己的權利。❸

三、忍耐

「忍耐」是暴躁的反義詞，是一種不怕失敗的精神，不為不幸或痛苦、失望或灰心所擊敗，反而能夠堅持到底。在舊約聖經裏，「忍耐」往往被用作形容上帝不輕易發怒、對罪人的容忍與憐憫（出三十四6；民十四18）；在新約裏，「忍耐」是聖靈果子，特別指到面對別人的缺點之時，能夠表達出堅忍、包容和不輕易報復的質素。「忍耐」的意思也包含忍受、耐久，長時期受苦但沒有怨言，經得起考驗，及不會對別人的過失採取報復（參林前十三4～5）。

說完了3項品德之後，保羅提到兩項具體行動（2下～3），這兩個行動所使用的動詞，都是以現在時態分詞表達，表示一個持續性的具體行動。

首先，保羅提到「用愛心互相寬容」，基督信徒要在上帝的愛裏，為整體教會的好處和見證來著想。在多元種族的教會生活中，因著背景、文化、生活習慣等的差別，難免會產生摩擦和誤會，因此基督信徒必須互相寬容，彼此接納。對保羅而言，「互相寬容」不是忍氣吞聲，而是靠著基督的愛來完成。這是「竟在我們因過犯而死了的時候，使我們與基督一同活過來」的大愛（二 4～5，三 18～19）。

其次，保羅提到「以和平彼此聯繫，竭力保持聖靈所賜的合一」（3 節）。「和平」（*eirēnē*）可以譯作「和睦」，在以弗所書是指耶穌基督以自己的身體廢掉冤仇，締造和平（二 14～18；參 5.2.2.2「解釋合一的意義〔二 14～18〕」，頁 105～108）。基督信徒只能透過耶穌基督所成就的和平，得以實踐合一。「和平」也是聖靈的果子（羅八 6，十四 17，十五 13；加五 22），基督信徒若在聖靈的充滿和引導之下，就必自然流露出和平和睦的生命。「聯繫」的原文不是指一個普通的聯繫，而是一個專用詞，形容一所房子或身體得以維繫而連結在一起的狀況。保羅提醒基督信徒要「竭力」（*spoudazontes*），這是一個十分積極的用詞，表明要用盡一切方式和努力去達成某個目的。除了「竭力」，也要「保持」，表示這「竭力」必須持之以恆。

人與人之間的相處，很難毫無問題。因此，保羅提醒基督信徒要培養謙虛、溫柔、忍耐的美德，在愛心與和平中一同生活，並且持續在耶穌基督裏，竭盡所能保持聖靈所賜的「合一」。

8.1.2.2 合一的基礎：信仰宣認（四 4～6）

保羅在 2 至 3 節說明如何「合一」，接下來是提醒他們為甚麼要堅守合一。保羅提出 7 項「一」作為教會合一的根據，就是一身體、一聖靈、一指望、一主、一信、一洗、一上帝。有學者認為這是構成教會合一的7項獨立基礎,但按照三位一體的框架,我們可以歸納出3個組合:❹

- 一聖靈、一身體、一指望(4節):聖靈;
- 一主、一信、一洗(5節):聖子;
- 一上帝(6節):聖父。

一、一聖靈、一身體、一指望(四4)

有關一聖靈,保羅在二章18節已提到我們「在同一位聖靈裏得以進到父面前」,表示一切的感動和感召都來自同一位聖靈(參一13、17,二22,三5、16)。

有關一身體,保羅指出透過聖靈的感召,我們歸入一個身體,就是基督的身體(一22~23),成為在基督裏的「新人」(二15)。縱然地上有不同地區性的教會,或使用不同語言的教會,但這些教會仍然是合一的,是同屬一個身體。

有關一指望,這是指猶太人和外邦人因信耶穌基督而享有的共同盼望。這「指望」就是上帝按照祂的心意和時間,藉著教會的合一和見證,使整個宇宙萬有在基督裏面朝向復和與同歸於一(一9~10)。這指望不是空想,而是上帝所應許確實的盼望(參二12,三6)。

二、一主、一信、一洗(四5)

有關一主,雖然「主」可以用來形容上帝(太五33;路一11、15、17;提前六15),但在此是指耶穌基督。一方面是基於四章4節所提及的「身體」是指向耶穌基督的身體;另一方面,接著提及的「信」和「洗」都與基督有關(另參林前八6,十五24~28;腓二9~11)。

這位「主」帶來救贖與赦免（一 7）及盼望（一 12）；他是教會的頭（一 22～23）；猶太人和外邦人透過祂成為一體，一同進到父上帝面前（二 13～18，三 6、12）。

有關一信，這是指猶太基督信徒和外邦基督信徒的共同信仰對象。究竟這個「信」（*pistis*）應理解為客觀的信仰，抑或是基督信徒個人主觀性的「信靠」？由於以弗所書所論述的，基本上是以猶太人和外邦人所組成的教會作場景，所以這「信」顯然是指客觀性的「信仰內容」。當然，這「信仰內容」肯定地也包含個人主觀性的「信靠」。要留意的是，這裏是指同一個信仰，而不是單一的信條。鄧雅各主張初代教會對於耶穌基督的信仰是「合一的」，而非「單一的」。❺ 基督信徒有「同一的信仰」，是指大家有共同的信仰核心和對象，就是上帝的兒子基督耶穌。

有關一洗，這裏是指「聖水禮」。當一個人受洗歸入耶穌的名下，他就屬於教會羣體的一分子。受洗的行動表示一個人歸屬基督，把自己的生命主權交給他，成為他的門徒。但是，有學者解釋這「一洗」為「聖靈的洗」（參羅六 1～11；加三 27；西二 12），只是這觀念在以弗所書沒有明確的提示，而且「一洗」是出現在「聖子」的組合，而不是「聖靈」的組合。至於「聖水禮」的形式是浸禮抑或滴水禮，我們認為這些外表的禮儀形式並不重要，基督信徒不應該因不同傳統的形式的差異而影響了教會的合一。教會的洗禮，無論是甚麼形式，都是象徵基督信徒成為耶穌基督身體的一部分。

三、一上帝（四 6）

「一上帝」是指「萬人之父，超越萬有之上，貫通萬有，在萬有之中」的那位（四 6）。保羅在此表明合一的基礎最終要回歸獨一的「上帝」

（*theos*）。保羅對於猶太傳統的「**沙瑪**」（*Shema*）的獨一神觀加上了一些突破性的理解，尤其是稱耶穌基督為「主」，為「上帝的兒子」。在此逐一探討保羅如何描述這位上帝。

「沙瑪」音譯自希伯來文動詞 šəmaᶜ，意思是「聽」，它取自希伯來文聖經申命記六章 4 節的第一個字。這節經文是猶太人在早上和晚上要背誦的經文。

保羅稱上帝為「萬人之父」（*patēr pantōn*；6 節上；參林前八 5～6）。這個「父上帝」的概念有兩個可能的意思：

- 「父上帝」指創造主與被造者的關係。創造主上帝給予人生命，養活他們、管理他們，這絕對沒有區分基督信徒或非基督信徒（參太五 45）。
- 「父上帝」指救贖主與祂子民的關係。因著耶穌基督的救贖，蒙恩者被稱為上帝的兒女（羅八 15；加四 6；西一 2；帖後二 16；門 3 節），就如主禱文所說「我們在天上的父」（太六 9 下）。「新譯本」將「萬人之父」譯為「萬有的父」，意思可能是指上帝不但是人類的父親，也是所有活物的父親。它如此譯法，大概是參照三章 14 至 15 節「天上地上的各家都是從祂得名的」，又基於四章 6 節「萬」（*pantōn*）的原文是以中性代名詞表達，所以作出如此的翻譯（參一 10～11、22～23，三 9，四 10；另參羅十一 36；林前八 6；西一 16）。基於 4 至 6 節是一個信仰宣認，這裏的「父上帝」應該是指救贖主與祂子民的關係。

保羅繼續描寫此父上帝為「超越萬有之上」（*epi pantōn*）、「貫通萬有」（*dia pantōn*）、「在萬有之內」（*en pasin*）（6 節下；「新譯本」譯作「祂超越萬有，貫徹萬有，並且在萬有之中」）。這裏的 3 個「萬」（*pas*）可以用作陽性代名詞（指「萬人」）或中性代名詞（指「萬有」）。若根據一章 10 節（參一 22～23，三 9，四 10），當保羅論及上帝與耶穌統管萬有的概念時，其對象不只是「人」，而是「天上、地上、一

切所有的」(一10),故將 *pas* 解釋為「萬有」是合理的。❻

另一方面,我們也要留意「超越」、「貫通」、「在……中」(*epi, dia, en*)這3個介詞。學者對「超越萬有之上、貫通萬有、在萬有之中」有不同解釋:

- 這是形容父上帝與基督信徒聯合為一的3種關係。「超越萬有之上」表示上帝是管理教會至高的君王(提前六15),「貫通萬有」表示祂雖至高,但卻又與我們十分接近,「在萬有之中」則說明祂與基督信徒同在之密切關係。這好比上帝的超越性、同在性和臨在性。
- 這是形容父上帝與「萬有」的3種角度。「超越萬有之上」表達上帝的超越性,「貫通萬有」顯示祂的無所不在,「在萬有之中」則說明祂的內在性,最終萬有都在基督裏歸回上帝,合而為一。
- 這是描述三一上帝的不同工作與角色。所謂「超越萬有之上」是指父上帝擁有管理之權,「貫通萬有」是指聖子的救贖,達到眾人中間,而「在萬有之中」則指聖靈內住在基督信徒的心中。

這3種不同的說法可以概括如下:

3種解釋	「超越萬有之上,貫通萬有,在萬有之中」所指的
第一	指父上帝:超越萬人之上,貫通萬人,在萬人之中
第二	指父上帝:超越萬有之上,貫通萬有,在萬有之中
第三	三一上帝框架:聖父超越萬有之上,聖子貫通萬有,聖靈在萬有之中

以上的3種解釋各有所長,也各有困難。

第一個解釋的長處是,4 個 *pas*(包括「萬人之父」的「萬人」)都理解為「萬人」。可是,如此解釋卻把父上帝局限於「萬人」的上帝;以弗所書一章 10、22 至 23 節、三章 9 節,以及四章 10 節都指向萬有的上帝。

第二個解釋的長處是,它兼顧到上帝與人的關係(祂是「萬人之父」)及上帝與萬有的關係(祂是「超越萬有之上,貫通萬有,在萬有之中」)。可是,困難是,同一句所出現的 *pas* 卻有兩個不同的意思,前半節的 *pas* 理解為希臘文陽性的「萬人」,後半節的 *pas* 理解為希臘文中性的「萬有」。

第三個解釋以三一上帝的框架來表達,但困難是四章 6 節的論述對象是三位一體框架中的聖父(參 8.1.2.2「合一的基礎:信仰宣認〔四 4～6〕」這部分第一個段落的內容,頁 164～167)。

有關四章 4 至 6 節的出處,不少學者認為那是保羅引用初代教會所使用的頌讚詞或受洗的認信內容,再按照本段經文所談論的主題,加以修訂和應用。這個頌讚詞或認信不一定是公開的信條,但極可能是教會內部所採用和熟悉的。舉例來說,6 節對父上帝的描繪,即「超越萬有之上,貫通萬有,在萬有之中」是初代教會的頌讚詞常常出現的三部曲之特徵。這特徵更早時已在猶太和希臘有關宇宙論的著作中被引用。❼

至於這段經文(四 4～6)對三一上帝的排列次序為何不是「聖父聖子聖靈」,而是「聖靈、主/耶穌基督、聖父上帝」,也許是因為上文剛提到「聖靈所賜的合一」(3 節下)。❽ 保羅把聖靈排列在前位,然後把重點轉移到聖子耶穌基督及聖父上帝,因為他在此首要關心的是教會,即聖靈引領著的羣體的合一(哥林多前書十二章 4 至 6 節也採用相同次序)。當然,另一個可能性是,那是保羅所引用的初代教會的認信內容所出現的順序。

在一個多元種族的教會裏，確認合一的基礎非常重要。基督信徒不應該因為語言不通，文化不同、生活方式不同而鬧分裂。初代教會同樣面對猶太化和希臘化的分歧問題(參徒五～六章；加二章；羅十四章)。若不是因為堅守這個合一的基礎，耶穌基督的教會可能已經分裂為猶太人的教會和外邦人的教會。當然，這7項的信仰宣認也讓教會與社會上的其他社團或組織區分出來，因為兩者的根本基礎是不同的。

8.2 基督所賜教會的恩賜多樣化(四7～16)

接下來，保羅指出教會羣體(即基督的身體)有各種不同的恩賜和功能，並解釋這些恩賜與上帝為教會所定的全盤計劃之間的關係。這部分可分為3大段落作討論。首先，保羅指出這段經文的主題：耶穌基督賜予恩賜(7節)。接著，保羅說明所有恩賜都是來自復活的耶穌基督(8～10節)。第三段落說明恩賜多樣化與教會成長的關係(11～16節)。

分段大綱(四7～16)

一、主題：耶穌基督賜予恩賜(四7)

二、印證：詩篇六十八篇18節(四8～10)

1. 詩篇六十八篇18節的引用(四8)
2. 詩篇六十八篇18節的詮釋(四9～10)

三、恩賜的多樣化與教會成長(四11～16)

1. 不同的恩賜(四11)
2. 恩賜的目的(四12)
3. 恩賜的目標(四13)
4. 教會成長的結果(四14～16)

8.2.1 主題：耶穌基督賜予恩賜(四 7)

保羅在此提到「我們每個人蒙恩都是照基督所量給每個人的恩賜」。按照原文，7 節是以「但是」(*de*；「和修版」沒有譯出來)開始，表示保羅要轉進一個新的課題。這個新的課題就是恩賜和多元的問題。「蒙恩」的「恩」(*charis*)在原文是指一些美好的東西。一般上，保羅用這詞來指在基督裏的救贖恩典(參一 6，二 7；加二 21)。不過，這裏的「恩」是指事奉的恩典和特殊事奉的「恩賜」(參三 2、7～8)。

保羅提到「我們每個人」，表示他談論的事情是與每個基督信徒有關，而他們皆有領受從耶穌基督而來的屬靈恩賜。換言之，每一位基督信徒都擁有至少一種的屬靈恩賜。不過，屬靈恩賜是多樣化的，每一位基督信徒所領受的恩賜也就各不相同(林前十二 29～30；羅十二 6～8)。當然，可以肯定的是，恩賜不論大小、明顯或隱藏，全都來自耶穌基督。換言之，恩賜是白白的恩典，基督信徒沒有任何可以誇耀的地方。更重要的是，恩賜的目的不是將之隱藏起來，而是應用出來(參太二十五 14～30)。

8.2.2 印證：詩篇六十八篇 18 節(四 8～10)

在這段落中，保羅首先引用舊約經文**詩篇六十八篇 18 節**來作例證(8 節)，接著再為它進行詮釋(9～10 節)。

「你已經升上高天，擄掠了俘虜；你在人間，就是在悖逆的人中，受了供獻，使耶和華上帝可以與他們同住。」(詩六十八 18)

8.2.2.1 詩篇六十八篇 18 節的引用(四 8)

8 節以「所以」(*dio*)開始，說明它與 7 節的關係。在此，保羅印證詩篇六十八篇 18 節的目的是要說明 7 節下那位賜下恩賜的基督，是那位「高升遠超越諸天之上的」（10 節）。詩篇六十八篇是以色列王大衛向上帝讚美的詩歌。這詩歌頌讚上帝如何得勝一切仇敵，並保守祂的百姓；它也敘述當大衛在凱旋歸來的時候，把所擄掠的仇敵，帶在隊伍中班師，也將許多戰利品賞賜給他的子民。保羅把這詩篇當作一首彌賽亞詩篇來應用在耶穌基督身上，其意思是指，耶穌基督在戰勝空中掌權者魔鬼、罪惡，以及死亡權勢之後，便升上高天，坐在全能父上帝的右邊（參林前十五 24～26；西二 15）。

保羅在此並不是將舊約經文完整地抄過來，而是作了一些修改，主要差異有：

- 將第二人稱「你」改為第三人稱「他」；
- 由原本耶和華征服仇敵後「接受」百姓的禮物，改為把禮物「賞給」人。

「米大示」原本的意思是指「解經」，後來這詞用來指涉猶太教的釋經作品。這類作品收錄了「他勒目」（Talmud）時期那些與律法無關，但卻又與猶太人宗教生活應用有關的教訓。

保羅的更改也許是受到詩篇亞蘭文翻譯本「他爾根」（Targum）的影響。猶太傳統之「**米大示**」（Midrash）的詮釋所關注的，不是分析經文來找出原作者的意思，而是發掘經文的深層意思來解決當時讀者的問題。此詮釋法的動機是牧養受眾，為聖經所沒有直接提及的生活處境，提供合理的聖經教導和應用。因此，保羅要凸顯得勝的彌賽亞耶穌，將各樣的恩賜賞給祂的子民（教會羣體）。他也要凸顯新時代之耶穌基督比舊時代之摩西更偉大。

這引句分成 3 小節：「他升上高天的時候」、「擄掠了俘虜」和「將各樣的恩賜賞給人」。在結構上，這 3 句為平行句子，發生於「他升上高天的時候」。保羅想要表達基督升上高天成為勝利者，擁有權柄去施予恩賜。耶穌基督戰勝撒但、罪惡和死亡，並將恩賜賞給一切屬他的人。

8.2.2.2 詩篇六十八篇 18 節的詮釋（四 9～10）

9 至 10 節解釋 8 節的內容，就是關於「升上」從而帶出「降下」的問題。9 節「既說『他升上』豈不是指他曾降到地底下嗎？」所出現的「地底下」（*katōteros*）這名詞，原文的意思可指比較低、最底，或地底下。但是，那是指甚麼地方？學者們大致上對於「地底下」有 4 種不同的說法：

- 「地底下」是指地上，就是耶穌基督道成肉身進入的世界。因此，「那降下的」意指耶穌基督的道成肉身。❾
- 「地底下」是指耶穌基督被釘死在十字架後所埋葬的墳墓。因此，「那降下的」意指耶穌基督死後被葬在墳墓裏。❿
- 「地底下」是指陰間。因此，「那降下的」意指耶穌基督在死亡及復活期間曾下到陰間，將福音傳給已經死去的靈魂。不過，無論本節經文或整卷以弗所書，都沒有提及基督向死人傳道的觀念。至於彼得前書的經文是否有此意思，仍舊非常具爭議性（參彼前三 19，四 6）。此外，若耶穌基督降下到陰間，接下來的推論就是他從陰間「升上」，可是聖經從來沒有說明基督從陰間「升上」。況且，8 節提到耶穌基督「升上高天的時候，擄掠了俘虜」，而不是「降下陰間」去「擄掠了俘虜」（參西二 15）。⓫
- 「地底下」是指地上，耶穌基督復活升天後，聖靈在五旬節降臨在地上。因此，「那降下的」意指聖靈在五旬節降臨的情景。這解釋相當符合哥林多前書（林前十二 4、7～8、11、13）有關聖靈給予教會基督信徒恩賜的教導。這解釋類似猶太傳統，將詩篇六十八篇聯繫到摩西上西奈山上領受律法，然後下山將律法頒給以色列民。不過，根據 9 節的上下文，這個「他」都是指耶穌基督自己，不是聖靈。聖靈只在四章 30 節才正式出現。再者，8 節提到「將各樣的恩賜賞給人」是聯繫於「升上」而非「降下」。⑫

「基督事件」就是指有關耶穌基督的降生、受死、埋葬、復活、升天的事件。

我們不容易確定保羅的意思，但根據一章19至23節和四章9至10節，可以肯定的是，保羅十分強調「**基督事件**」（Christ-event）：主耶穌基督的降生、受死、埋葬、復活、升天勝過一切天上和地上的掌權者，也擄掠了一切權勢，成為萬有的掌管者。這位得勝的主把恩賜賜予他的身體（即教會）。主耶穌基督的「降下」和「升上高天」的目的就是要充滿萬有（10節）。

接著，10節「那降下的，就是高升遠超越諸天之上的，為要充滿萬有」所出現的「遠超越諸天之上」的表達，是按照猶太人對天的觀念，例如「七重天」；保羅也到過「第三層天上」（林後十二2）。「諸天之上」是一個複數的概念，當中的意義不一定只局限於空間的層面，它更可理解為基督已經被提升到最尊貴和最榮耀的極點（腓二9～11），這是指基督遠遠超越一切，具有權威和榮耀。「為要充滿萬有」如一章20至23節所表達的概念，耶穌基督就是那位充滿萬有者。

8.2.3 恩賜的多樣化與教會成長（四11～16）

11至16節亦是一完整的「贅句」，共124個字。此「贅句」論到恩賜多樣化與教會的成長。11節是與8節下連接，它進一步解釋基督「將各樣的恩賜賞給人」的意思。11節在希臘文「賞」（*edōken*）這動詞之前有一個代名詞「他」（*autos*；「和修版」沒有譯出來）作主語，說明耶穌基督親自將恩賜賜予教會的基督信徒。祂所賜的恩賜有5樣：「有使徒，有先知，有傳福音的，有牧者和教師」（11節）。「使徒」和「先知」在二章20節及三章5節已提及過(參頁111、127),他們是教會的根基,是上帝啟示「奧祕」的對象。耶穌基督賜下這些特殊恩賜的目的是要裝備聖徒事奉,建立基督的身體(12節),而目標是要所有基督信徒都能夠「在信仰上同歸於一」、「長大成人」、「達到基督完全長成的身量」(13節)。

8.2.3.1 不同的恩賜(四11)

11節的「賜」這動詞指回四章7節所說的「我們每個人蒙恩都是照基督所量給每個人的恩賜」,因此11節的「使徒,先知,傳福音的,牧者和教師」都是基督所賜下的屬靈恩賜。接著,12節說明這些恩賜的目的是「要裝備聖徒,做事奉的工作,建立基督的身體」。換言之,「使徒,先知,傳福音的,牧者和教師」都是「有恩賜的職分」(gifted ministers)。⓭ 耶穌基督給予教會的是有恩賜的人或神職人員,好讓教會整體可以發揮作用。恩賜與職分不能分開而論,因為耶穌基督賜下恩賜的目的,就是要基督信徒同心服事教會。基督指定這些「有恩賜的職分」給予教會,就如父上帝指定耶穌基督為教會作萬有之首(參一20～23)。這些「有恩賜的職分」有以下4項:⓮

一、「使徒」

保羅首先列出的是「使徒」,表示他們在時間先後上和重要性上都是居首位。「使徒」有狹義和廣義的意思,詳細討論可參考2.1「寫信人:保羅(一1上)」(頁31～32)。「使徒」(*tous apostolous*)是複數,除了耶穌基督的12個使徒,也包括保羅在內(參三5)。今天的教會是否仍有使徒的職分?首先,我們要確認,使徒和先知是教會的根基(參二20,三5)。在第一世紀之後,教會根基已經立定,加上使徒著作的權威性已經得到認可，現今教會不再需要這樣的「使徒」和「先知」了。

二、「先知」

新約的「先知」(*tous prophētas*)是耶穌基督賜給教會的特殊恩賜之一，藉以造就人、勸勉人、安慰人(林前十四3)。與「使徒」一樣，當初代教會第一代基督信徒離世後，便不再有「使徒和先知」的職分了。⓯

三、「傳福音的」

「傳福音」在新約書卷這詞另外出現兩次(徒二十一8；提後四5)。

「**傳福音的**」(*tous euangelistas*)是指一個宣告好消息的人。根據保羅，這好消息就是耶穌基督的福音。這裏所說的「傳福音的」不是指一般性分享福音，而是受特別差派作宣教士或專向某一羣體傳福音。當時，這些「傳福音的」一般都是巡迴旅行佈道(例如腓利，他可能是晚年才定居凱撒利亞)。他們或許也會受使徒指派去從事一些工作。初代教會以「傳福音的」作為使徒的繼承人。當使徒不在之時，他們就是使徒的代表。

四、「牧者和教師」

「牧者」(*tous poimēnas*)的字根是牧羊人，意思是說牧者的工作就好比牧人牧養羊羣一般。舊約書卷多處以耶和華上帝為以色列人的牧者(創四十九24；詩八十1；賽四十11；耶三十一10)；新約也以耶穌基督為他子民的大牧者(約十11、14，二十一15～17；來十三20；彼前二5，五4)。這裏，「牧者」是指地方教會的屬靈領袖。他們的牧養工作包括：照顧羊羣(約二十一16；彼前五2)、餵養羊羣

（約二十15、17；徒二十28）、為著羊羣警醒，提防敵人（徒二十28～31）、做他們的榜樣（彼前五3）。

「教師」（*tous didaskalous*）的事奉範圍與「牧者」相同，是地方性，而非巡迴性的。「教師」的工作是教導、傳遞及解釋已啟示的真理，尤其是耶穌的言論及使徒的宣講。他們的職責並非宣講新的道理，而是講解和應用既有的真理。按保羅的觀念，教導是一種恩賜（林前十二28～29；羅十二6～8）。一個有教導恩賜的人，能清楚解釋上帝的話語，使基督信徒明白真理，並且實踐在生活裏。

究竟「牧者和教師」是指兩種不同的恩賜的人抑或是同一職分的人？從文法結構來看，它是由一個複數定冠詞「這」（*tous*）來概括兩個複數名詞，這樣的表達肯定了「牧者和教師」之間的密切關係。換言之，「牧者和教師」是同一職分，兼顧牧養和教導。教會的監督或長老是教會的牧者，但他們也必須負起教導的工作（提前三2；多一9）。以弗所教會的長老（徒二十17；參徒十四23；彼前五1）是由聖靈所立做教會全體的監督，牧養上帝的教會（徒二十28；參提前三1～7；多一5～9），他們的職責也包括教導上帝的道（徒二十32）。要留意，所有的「牧者」必定是「教師」，但不是所有的「教師」都是「牧者」。

在初代教會，「使徒」、「先知」、「傳福音的」都是巡迴性佈道的職事，而「牧者和教師」則比較是留在教會裏事奉。顯然，耶穌基督所賜下的這些有恩賜的職分，並不是為了一個地方性的教會，而是為了普世的教會。

最後，為甚麼11節只提及「有使徒，有先知，有傳福音的，有牧者和教師」，而沒有提及其他的職事，如監督、長老或執事等？我們有兩方面的觀察：

- 初代教會在行政管理上有不同的發展。例如：加拉太教會提及雅各、彼得、約翰這3個人為「教會柱石」(加二6～9);哥林多及羅馬教會較多注重基督信徒的恩賜運用(羅十二6～8;林前十二4～11);腓立比教會則出現監督和執事的治理(腓一1);教牧書信裏也有監督和執事(提前三1～7、8～13;多一5～9)。

- 11節的主旨是「多元中的合一」。主要的討論不是教會的體制,而是耶穌基督賜予教會有恩賜的職分來裝備基督信徒,做事奉的工作,建立基督的身體(12～16節)。因此,保羅只提及這些職分,可能是因為這幾種職分都與上帝話語的教導有關。他們皆是上帝話語的傳講者。當時的以弗所教會可能正面對異教的入侵(參四14),故此,保羅尤其提醒基督信徒要接受正確的教導。

8.2.3.2 恩賜的目的(四12)

「聖徒」(tōn hagiōn)在以弗所書的意思(參2.2「受信人:以弗所的眾聖徒(一1下)」,頁33～34)。

耶穌基督賜予教會這些有恩賜的職分,目的是「要裝備**聖徒**,做事奉的工作,建立基督的身體」(12節)。如何理解這句話很視乎如何處理這3個介詞短語之間的關係。(*pros, eis, eis*;「和修版」沒有直接譯出來)。這些可能性關係包括:

一、3個介詞短語是並排的

→(*pros*)為要裝備聖徒

→(*eis*)做事奉的工作

→(*eis*)建立基督的身體

解釋:基督賜下恩賜,有3個同等的目的:「裝備聖徒」、「做事奉的工作」、「建立基督的身體」。這是傳統的看法,即將12節的3樣事工，全部都連接到 11 節。如此看來，全職同工是所有事工的負責人，他們要同時裝備聖徒，做事奉的工作和建立基督的身體。平信徒則與教會事工無關。可是，既然第一句介詞短語的介詞（*pros*）與第二句和第三句介詞短語不同（*eis*），把這 3 個介詞短語作平行解釋會否不太合乎希臘文語法呢？

二、第二句介詞短語附屬於第一句

→（*pros*）為要裝備聖徒

　→（*eis*）做事奉的工作

→（*eis*）建立基督的身體

解釋：基督賜下恩賜有兩個目的：裝備聖徒和建立基督的身體，而聖徒接受裝備的目的是做事奉的工作。

三、第二和第三句介詞短語均附屬於第一句

→（*pros*）為要裝備聖徒

　→（*eis*）做事奉的工作

　→（*eis*）建立基督的身體

解釋：基督賜下恩賜只有一個目的：裝備聖徒，聖徒接受裝備之後有兩個目的，即做事奉的工作和建立基督的身體。

四、3 個介詞短語一個連接一個

→（*pros*）為要裝備聖徒

　→（*eis*）做事奉的工作

　　→（*eis*）建立基督的身體

解釋：基督賜下恩賜的目的是裝備聖徒，好叫他們一起去事奉，

以至耶穌基督的身體被建立起來。按照這個解釋，耶穌基督設立專職事奉的人的目的，是要他們去裝備個別的基督信徒，使基督信徒都運用他們的恩賜去事奉，叫耶穌基督的身體被建立起來。這是理想的教會事奉模式，全體基督信徒總動員，大家在自己的崗位和恩賜上一同承擔事奉的工作，一起建立基督的身體。

「為要裝備聖徒」中的「裝備」(*ton katartismos*)原文是一個名詞，在全本新約聖經只在此出現。它有4個意思：恢復、修建、修補、復原。它的動詞 *katartizō* 在新約裏出現了13次，有6種用法：補網(太四21；可一19)；挽回跌倒的弟兄(加六1)；預備(羅九22；來十5)；使……完成(林前一10〔「和修版」譯作「團結」〕；帖前三10〔「和修版」譯作「補足」〕；來十三21〔「和修版」譯作「裝備自己」〕)；使……完全(太二十一16)；指示(路六40〔「和修版」譯作「老師」〕)。顯然這動詞是有很多含義，但背後卻有一個共通的意思，就是「使未完整的成為完整」。耶穌基督賜下特別職事給教會，為要使眾聖徒得到裝備和訓練，使尚未整全的事奉得以成為整全。

「建立基督的身體」中的「建立」(*oikodomē*)也是一個名詞，與「裝備」亦有同樣的含意，就是使「基督的身體」得以完整。「基督的身體」是指教會(參一23，三6，四4)。「身體」好像一個有機體，可以不斷成長(參二20～22，四16)。保羅所關注的是教會可以被建立(參林前十四3～5、12、17、26；林後十8)，至終成為一個完整的身體。

8.2.3.3 恩賜的目標(四13)

13節「直等到」(*mechri*)是標誌時間的連接詞，也有達到目的的意思。保羅以3個介詞短語來表達3個目標：第一，在信仰和認識上帝的兒子上合一；第二，得以長大成人；第三，達到耶穌基督完全長成的身量。這3個介詞短語，都以「在」（*eis*；「和修版」沒有刻意譯出來）這介詞表達。這3個介詞短語各自獨立，沒有輕重之分，也沒有進展的意思。

第一個介詞短語包括兩個短語，就是「在信仰上同歸於一」與「認識上帝的兒子」。這兩個短語之間在原文有「和」（*kai*），表示後半句進一步說明前半句。教會是在「認識上帝的兒子」上同歸於一。這是以基督為中心的信仰，也是强調基督信徒所接受的信仰是經過「認識」（*epignōsis*；參一17）的信仰。這認識不但是在知識上，也是在生命的委身上。

第二個介詞短語「得以長大成人」帶著「發育完全」的意思，與14節的「小孩子」恰好遙遙相對。「成人」這名詞是單數，但這不是指一個人，而是指全體基督信徒如同一體，其重點是羣體性一起成長。「長大」的意思是指成熟，而不是年齡增長的意思。

第三個介詞短語「達到基督完全長成的身量」的意思是眾基督信徒都要成長到一個成熟地步，活出基督的樣式。

8.2.3.4 教會成長的結果（四14～16）

14至16節再進一步具體說明這個成長的樣式。14節以「這樣」（*hina*）連接到13節，從理論上看，14節的「這樣」可連接到11節的動詞「賜」，或12節下的「建立基督的身體」，或13節的一整句，但從內容看，連接至13節較為合宜。這段經文可以從正反兩方面來說明成長：第一，從消極方面來說，基督信徒不應該再像小孩子般無知，信仰容易被動搖及受影響（14節）；第二，從積極方面來說，基督信徒是連於耶穌基督，要凡事長進（15～16節）。

一、消極方面（四 14）

保羅在 14 節用了兩個十分生動的分詞來形容不成熟的基督信徒的樣式——「小孩子」:「被…… 風搖動」和「飄來飄去」。第一個分詞帶出的畫面，是一條船在大波浪中，被波浪擊打，時起時落（參賽五十七 20；路八 24；雅一 6；「便西拉智訓」5.9）；第二個分詞帶出的畫面是船被旋風打得在海中旋轉，以致強烈的擺動，令人暈眩。這兩個畫面都與風有關，且令乘船的人變得頭昏腦脹。信仰不穩定的人極度容易「中了人的詭計」和「欺騙的法術」。「詭計」（*kubeia*）原本有「擲骰子」的意思，是一種賭博、欺騙的行為。傳異教的人會混淆真理，把單純的基督信徒誘入他們騙人的法術裏。如果基督信徒缺乏「上帝兒子的真知識」，就很容易被空虛、不切實際、不正確的假教導誤導。這些假教導或異端邪說是當代教會所面對的危機（參提前四 1；來十三 9）。

二、積極方面（四 15～16）

15 節以「反而」（*de*）這連接詞開始，帶出與前一句子相反意思的內容。保羅表示，穩定成熟的信仰使教會全身與耶穌基督連接得緊湊，全身得以全面發展（15～16 節）。保羅在此再次用身體的圖像來描繪教會。基督信徒既然已經完全發育，長大成人，就不再是小孩子。小孩子天真無知，不會分辨是非，容易受欺騙（林前十四 20；來五 13～14），但一個信仰成熟的人則與他們完全相反。

保羅指出，信仰成熟的人，要「用愛心說誠實話」（*alētheuontes en agapē*）。「用愛心說誠實話」不僅包括言語的層面，也包括行為的層面，即在言語和行為上要流露出愛心和真理。「新譯本」譯作「要在愛中過誠實的生活」說明基督信徒要在生活的每一個層面同時兼顧愛心和真理。在加拉太書四章 12 至 20 節，保羅以愛心勸告（嚴厲警告）加拉太地區各教會的基督信徒回轉，就是同時兼顧愛心和真理。不過，愛心不能只是掛在嘴邊，而是必須付諸行動。愛心也不能夠只局限於基督信徒羣體，也要擴展到社會羣體（參加六 10）。

接著，保羅繼續描寫耶穌基督作為整體教會成長的源頭（即「元首」；*kephalē*），他也是整個身體成長的目的及目標（參二 20；西二 19）。教會的成長是全體性的，如同一個身體（*sōma*）不分彼此。故此，基督信徒不可以如同孤島般生活。每一個肢體都要彼此聯繫、彼此相助。

16 節是總結。原文所用的詞彙及語法頗難理解，其中用了建築學（「緊湊」）、生物學（「百節」）及社會學（「功用」）的詞彙作類比。雖然經文的細節有不少含糊的地方，但整體上的意思頗為清晰，就是指出教會本著基督增長，並在愛中建立自己。

信仰反省

「合一」是四章 1 至 16 節的主題。維持教會合一是每一個基督信徒的責任。保羅很清楚地說明，基督信徒在「合一」的結構裏，可以包含各種不同的職分。恩賜是多元的，參與事奉的人來自不同的家庭背景、成長背景、教育背景等。因此，維護和睦合一是重要和必須的。再者，我們也領受了共同的基本信仰為基礎，這共同的基礎反映了一個身體的意義。即使身體各部分有不同功能，但「頭」仍是只有一個，就是耶穌基督。我們要緊記，保羅強調的是一個「身體」的增長，而不是個別肢體的成長。我們都從耶穌基督領受不同的屬靈恩賜，若每一位基督信徒都發揮各自的恩賜，參與事奉的工作，彼此配搭，基督的身體一定能夠茁壯成長；相反地，爭拗便會使教會分裂。

保羅如此重視教會的合一，因為這是一個非常重要的見證。若未信的人看見基督信徒彼此同心，也會從他們身上看見耶穌基督。這合一的見證反映最終「天上、地上、一切所有的，都在基督裏面同歸於一」（一10）的願景。其次，教會的生活是基督信徒屬靈生命的基地，透過教會我們能彼此相連，在它裏面我們一起成長，我們也藉著它向外作見證。在基督裏面，我們只要在信仰上扎根，便能經歷並明白上帝的愛，以及彼此相愛的重要性。若對照耶穌基督在約翰福音十五章的提醒，我們便明白基督信徒與耶穌的關係（十五1～10）、基督信徒之間彼此相愛的關係（十五11～17），基督信徒與世界的關係（十五18～25）。這就是保羅所指的合一的重要性。

釋經短註

❶ 有關1至16節與四至六章之間的關係，可參 Andrew T. Lincoln, *Ephesians*, WBC 42 (Garden City, NY: Doubleday, 1990), 232；韋特寧頓（Ben Witherington III）把四章1節跟四章17節連接，幾乎把四章2至16節抽離出來，參 Ben Witherington III, *The Letters to Philemon, the Colossians, and the Ephesians: A Socio-Rhetorical Commentary on the Captivity Epistles* (Grand Rapids, MI: Eerdmans, 2007), 281～282。

❷ 琳幸（Andrew T. Lincoln）指出在以弗所書中所使用的「勸」（*parakalō*）這動詞用法與保羅書信慣常的形式有點不同。這裏並沒有出現慣用的「弟兄」呼叫格（*adelphoi*）；其次，它缺少了緊接著的介詞短語。另外，在用詞風格上及神學思路上，都令不少學者認為此書不是保羅的著作。參 Lincoln, *Ephesians*, 226 ～ 227。不過，筆者卻同意奧布賴恩（Peter T. O'Brien）的觀點，認為這裏之所以缺少上述特徵，或許與此書作為一封公開傳閱的書信性質有關連。Peter T. O'Brien, *The Letter to the Ephesians* (Grand Rapids, MI: Eerdmans; Leicester: Apollos, 1999), 274。

❸ 有關琳幸進一步說明「溫柔」的意思，可參 Lincoln, *Ephesians*, 236。

❹ 有關4至6節將「一」分為3個組合的學者的討論，可參 Harold W. Hoehner, *Ephesians: An Exegetical Commentary* (Grand Rapids, MI: Baker Academic, 2002), 513；Gordon D. Fee, *God's Empowering Presence: The Holy Spirit in the Letters of Paul* (Peabody, MA: Hendrickson, 1994), 702。

❺ 鄧雅各（James D.G. Dunn）認為會因著當時不同的背景與情況，而對基督有不同的宣稱或稱謂，其中有彌賽亞、上帝的兒

子、人子或主。這都是為了表述拿撒勒人耶穌就是那位已經升為至高至上，今在永在的基督，同時也是他們獨一的信仰對象。這位歷史性猶太人耶穌，就是從死人中復活的基督。參 James D.G. Dunn, *Unity and Diversity in the New Testament: An Inquiry into the Character of Earliest Christianity*, 3rd ed. (London: SCM, 2006), 34～63。

❻ 對於6節「萬有」的解釋，赫爾拿（Harold Hoehner）有不同看法。他認為這節的背景是有關教會合一，而合一的對象是基督信徒，因此以弗所書出現的 *pas* 這代名詞全部理解為「萬人」比較合理，他亦引用羅馬書支持他的論點（羅八9）。參 Hoehner, *Ephesians*, 518～520。

❼ 關於琳幸對 6 節經文特色的看法，可參 Lincoln, *Ephesians*, 228 ～ 229；另參 Ernest Best, *Ephesians: A Critical and Exegetical Commentary on Ephesians* (Edinburgh: T & T Clark, 1998), 368~369；O'Brien, *The Letter to the Ephesians*, 282~283；Witherington, *The Letters to Philemon, the Colossians, and the Ephesians*, 286；Rudolph Schnackenburg, *The Epistle to the Ephesians: A Commentary* (Edinburgh: T & T Clark, 1991), 166~167。

❽ 學者對4至6節帶有三一上帝的神學觀，有不同的觀點。參 Hoehner, *Ephesians*, 513 ～ 521；Lincoln, *Ephesians*, 237 ～ 238；O'Brien, *The Letter to the Ephesians*, 280 ～ 281；Best, *Ephesians*, 372；Witherington, *The Letters to Philemon, the Colossians, and the Ephesians*, 286。

❾ 將「降下」解作耶穌基督成為肉身這觀點的學者，有 O'Brien, *The Letter to the Ephesians*, 294 ～ 296；Margaret Y. MacDonald, *Colossians and Ephesians*, Sacra Pagina Series (Collegeville, MN: Liturgical, 2000), 290；Witherington, *The Letters to Philemon, the Colossians, and the Ephesians*, 289；周聯華：《加拉太書、以弗所書》（香港：基督教文藝出版社，1989），頁290。

❿ 將「那降下的」解作「墳墓」的學者，可參 Hoehner, *Ephesians*, 535～536；John P. Heil, *Ephesians: Empowerment to Walk in Love for the Unity of All in Christ* (Leiden / Boston, MA: Brill, 2007), 173。另參 New Revised Standard Version（NRSV）的翻譯："the lower parts of the earth"。

⓫ 將「那降下的」解作耶穌基督死後在陰間，是相當多早期教父秉持的觀點，如愛任紐（Irenaeus）、俄利根（Origen）、特土良（Tertullian）、屈梭多模（Chrysostom）、耶柔米（Jerome）。近代學者不多，只有亞諾德（Clinton E. Arnold）而已，參 Clinton E. Arnold, *Ephesians: Power and Magic. The Concept of Power in Ephesians in Light of Its Historical Setting.* SNTSMS 63 (Cambridge: CUP, 1989) = *Power and Magic: The Concept of Power in Ephesians* (Grand Rapids, MI: Baker, 1997), 57～58。

⓬ 提倡「那降下的」是指耶穌基督在五旬節降臨的情境的學者，有 G.B. Caird, *Paul's Letters from Prison: Ephesians, Colossians, Philemon* (Oxford: OUP, 1976), 73 ～ 76；Lincoln, *Ephesians*, 246～247。學者對此的一些評論，可參 Best, *Ephesians*, 385 ～ 386；Hoehner, *Ephesians*, 531～533；Witherington, *The Letters to Philemon, the Colossians, and the Ephesians*, 289。

⓭ 有關「有恩賜的職分」，可參 O'Brien, *The Letter to the Ephesians*, 297；Hoehner, *Ephesians*, 541；Heil, *Ephesians*, 175。

⓮ 不同宗派傳統的教會對 11 至 12 節有不同解釋，也構成了不同的教會觀和行政管理。有些只接受「恩賜」這角度，強調每一個基督信徒都應參與教會的服事，甚至到一個地步拒絕牧師、傳道的職分；另一個極端則只強調「職分」，完全不理會一個人是否適合擔任那職分或察看他有沒有恩賜，而因著他有這職分就安排他事奉。「恩賜」和「職分」須同時兼顧。無論怎樣的解釋，都要避免這兩個極端。

⓯ 巴克萊提到新約時代先知之所以消失的另外 3 個原因：第一，當教會遭受逼害，教會領袖如先知總是首當其衝受害的；第二，當教會漸趨擴大，形成了地方性的組織，這與先知巡行宣講有張力。當地方教會有了自己的行政組織，教牧人員也逐漸成為主導帶領者，巡行各地的先知的功能漸漸消失；第三，「十二使徒遺訓」(*Didache* 11.3～13.7)曾提及有假先知四處巡遊，利用職權欺騙基督信徒，在當地教會裏牟暴利。巴克萊：《加拉太書、以弗所書注釋》，周郁晞譯(香港：基督教文藝出版社，1993)，頁 169～170。

溫習及思考問題

1. 一至三章與四至六章的內容重點有何明顯的分別？這兩者的關係如何應用在基督信徒的生活中？你認為這是今日基督信徒的生活寫照嗎？
2. 為甚麼保羅要強調自己是「為主作囚徒的」（1節）？你如何理解「行事為人就要與你們所蒙的呼召相稱」（1節）？這對基督信徒有甚麼重要的提醒？
3. 保羅所指「凡事要謙虛、溫柔、忍耐」（2節）是甚麼意思？這對於基督信徒而言，是否一件難行的事，基督信徒要如何突破這些困難？
4. 保羅指出基督信徒要「用愛心互相寬容」和「以和平彼此聯繫，竭力保持聖靈所賜的合一」，他所指的是甚麼意思？保羅在4至6節提及的「合一」，是建基於甚麼事情上？
5. 試簡述保羅所描述的7個「一」。不同學者如何將這7個「一」分類？你贊成哪一個看法？
6. 保羅如何引用詩篇六十八篇18節來闡述有關耶穌基督的真理？這與基督信徒有何關係？
7. 保羅所列出健康的教會必須具備哪些恩賜？這些恩賜與職分有何關連？你有哪些屬靈恩賜？這些恩賜如何幫助你的事奉？若教會有基督信徒或牧者不稱職，你會如何處理？怎樣的事奉才是上帝喜悅的事奉？
8. 教會應如何「裝備聖徒，做事奉的工作，建立基督的身體」（12節）？試舉出實際的例子和說明之。
9. 「要用愛心說誠實話」（15節）是甚麼意思？你認為實踐此真理會面對哪些困難？試列舉實際例子來說明。
10. 成熟的教會應具備哪些特徵（12～16節）？你如何評估你的教會是否成熟？你如何幫助你的教會達致這些目標？

第九章

活出新生命的樣式（四17～24）

- 當脱去舊人的樣式
- 當活出新人的樣式

經文

4 17 所以我這樣說，且在主裏鄭重地說，你們行事為人，不要再像外
邦人存虛妄的心而活。18 他們心地昏昧，因自己無知，心裏剛硬而
與上帝所賜的生命隔絕了。19 既然他們已經麻木，就放縱情慾，貪婪地
行種種污穢的事。

20 但你們從基督學的不是這樣。21 如果你們聽過他的道，領了他的
教，因為真理就在耶穌裏，22 你們要脫去從前的行為，脫去舊我；這舊我是
因私慾的迷惑而漸漸敗壞的。23 你們要把自己的心志更新，24 並且穿上新
我；這新我是照著上帝的形像造的，有從真理來的公義和聖潔。

四章17至24節是保羅勸勉基督信徒的個人生活如何與所蒙的呼召相稱的基本原則。它分為兩部分，第一部分是保羅勸勉基督信徒當脫去舊人的樣式(17～19節)；第二部分是勸勉基督信徒當活出新人的樣式(20～24節)。17至19節與20至24節使用了不同的代名詞，前部分使用「他們」，後部分使用「你們」。保羅以這兩個代名詞來對照「非信徒」和「基督信徒」兩種不同的生活形態。

9.1 當脫去舊人的樣式(四17～19)

在這部分，保羅勸勉基督信徒行事為人不可再像外邦人。它可以分為以下段落：

分段大綱(一17～19)

一、命令：行事不可再像外邦人(四17)
二、描寫：外邦人的本性和行為(四18～19)
　1. 外邦人的本性(四18)
　2. 外邦人的行為(四19)

9.1.1 命令：行事不可再像外邦人(四17)

這段落的開首語是「所以我這樣說」，它連於1節，說明基督信徒的個人生活應如何與所蒙的呼召相稱。四1的「行事為人」(參5.1.1.1「對外邦人的描寫〔二1～2上〕」中「隨從」的解釋，頁91)再次出現這「在主裏」是指耶穌基督，而非上帝（二 21，四 1，五 8，六 1、10、21）。

在四 17，共兩次之多。保羅強調，他的勸勉是「**在主裏**」（*en kuriō*）發出的，除了表明他與受信人之間的關係，更要說明他的勸告帶有耶穌基督的權柄。「鄭重地說」（*marturomai*）原文意思是作見證，在此表示嚴肅的宣告。保羅表明他要講的內容是重要的、嚴肅的和帶有能力的。

這個宣告就是「你們行事為人，不要再像外邦人存虛妄的心而活」（17 節下）。保羅把「你們」（指外邦基督信徒）從「外邦非信徒」區別出來。保羅勸勉基督信徒不要回到從前外邦人的光景，就是「與上帝所賜的生命隔絕」（18 節；參西一 21）。這個提醒對應二章 1 至 3 節和 11 至 12 節原本外邦人的情況，同時又連接至二章 10 節和四章 1 節正面的勸告。

保羅描述外邦人內在生命的本質、敗壞的思想形態為「虛妄」，意思是「沒有意義」。這個名詞在新約書卷另出現兩次（羅八 20；彼後二 18）。「心」可指「思想、思想的成果、道德行為取向」。「虛妄的心」是指充滿著虛妄、空洞，及沒有意義的心思意念。由於讀者大多是外邦基督信徒，而他們如今仍活在外邦世界的圈子裏，所以保羅勸勉他們不要再像其他未歸信的外邦人般生活。

9.1.2 描寫：外邦人的本性和行為（四 18～19）

接下來保羅描繪未歸信的外邦人的本性（18 節）和行為（19 節）。

9.1.2.1 外邦人的本性（四 18）

保羅描繪未信的外邦人心地昏昧、無知、心裏剛硬，與上帝所賜的生命隔絕（四 18）。「心地昏昧」指思想或思考的過程中與真理的光對立，他們的心遠離真道，沒有認識上帝的能力（參羅一 21）。「因自己無知」（*agnoia*）不是指「不知道或沒有知識」，而是在思考的過程中選擇故意不知道，這是蓄意的無知，是一個態度的問題。他們的「昏昧」和「無知」是故意不知道的思考結果。這景況與三章16至19節的禱告期望完全相反。赫爾拿（Harold W. Hoehner）認為17至18節要以倒序法來理解它的邏輯思路。❶外邦人「心裏剛硬」，導致「無知」，「無知」導致他們與上帝所賜的生命隔絕，這個「隔絕」導致他們「心地昏昧」，而「心地昏昧」的結果是存虛妄的心而活。

9.1.2.2 外邦人的行為（四19）

「麻木」這詞的字面意思是指皮膚結繭，不再對痛有知覺。

這節經文描繪未信的外邦人如何在行為上犯罪（19節）。保羅特別批判他們的心是「**麻木**」的，所指的是心態上麻木不仁，對真理、榮譽和羞恥不再有感覺。「麻木」外在的表現是「放縱情慾，貪婪地行種種污穢的事」（19節下）。「情慾」這名詞包含的意思是「淫蕩、下流、邪惡」（羅十三13；譯作「好色淫蕩」）。「種種污穢的事」是指放縱情慾的生活、追求自我滿足、不惜犯罪及各式各樣不道德的事。值得注意的是，這段經文的語句和思路與羅馬書一章21、24節十分相似：

以弗所書		羅馬書	
四17	外邦人存虛妄的心而活	一21	他們的思想變為虛妄
四18	他們心地昏昧	一21	無知的心昏暗了
四19	放縱情慾，貪婪地行種種污穢的事	一24	上帝任憑他們隨著心裏的情慾行污穢的事

根據保羅對外邦人和外邦世界的描繪（羅一19～21，二14～

15)，外邦宗教和道德傳統並非全然無用及黑暗的，它也有某些層面的真理。這對於處在多元宗教的社會，進行宗教對話的人來說是有意義的。

9.2 當活出新人的樣式(四20～24)

在這段落，保羅提出基督信徒當活出新人的樣式的基本原則。他將舊人和新人作一強烈鮮明的對比，並用「脫去」(22節)及「穿上」(24節)衣服的圖像來比喻基督信徒當脫去舊人及穿上新人這身分上的改變。根據原文，20至24節屬一個條件句子，21節是「條件主句」(apodosis)，22至24節是條件子句(protasis)。

分段大綱(四20～24)

一、要領受基督的教導(四20～21)
二、三個命令(四22～24)

9.2.1 要領受基督的教導(四20～21)

20節開首的兩個字「但你們」說明接下來的討論與17至19節的「他們」形成強烈對比。保羅強調，外邦人的生活和行為不是耶穌基督的教導。保羅在此勸勉外邦基督信徒當有「從基督學」(*emathete ton Christon*；原文意思是「學習有關基督的事，或學習基督本身」)的行事為人。教會的整體目標是「認識上帝的兒子，得以長大成人，達到基督完全長成的身量」(13節)。保羅接著用「聽過他的道」和「領了他的教」（21 節上）來說明從基督學回來的情景。

21 節上開首的第一個詞是「如果」（*ei*）。雖然在文法上是條件性句子，但保羅附加上 *ge* 這連接詞（*eige*），表示他知道讀者已經「聽過他的道」和「領了他的教」。「聽過他的道」指一個人在歸信時聽見耶穌基督的道理，而「領了他的教」指他們歸信後繼續學習耶穌基督的教導。

我們留意到這兩句話與「真理就在耶穌裏」（21 節下）之間的關係，不同譯本對它們之間的連接詞 *kathōs* 有不同理解。「和修版」和「新譯本」譯為「因為」；「思高譯本」和 NIV 譯為 “in accordance with”（即「按照」）；NRSV 譯為 “as”（即「正如」）；「和合本」沒有翻譯出來。此外，我們應當如何理解「真理」呢？「真理」可以簡單地指「福音的內容」。不過，這個看法可能過於籠統。保羅在這裏強調的是「蒙召」與「行事為人」的關係。「聽過他的道」與「蒙召」有關，而「領了他的教」與「行事為人」有關。換言之，「真理」不只包括耶穌基督的救贖，也包括耶穌在世上為我們所留下的生活榜樣和教導。

9.2.2 三個命令（四 22～24）

22 至 24 節用了 3 個不定詞來說明基督信徒當如何活出新人的樣式。這 3 個不定詞是：

- 「脫去舊我」：「**脫去**」（*apothesthai*；22 節）的原义是「過去不定時時態關身語態不定詞」（aorist middle infinitive）；
- 「心志更新」：「**更新**」（*ananeousthai*；23 節）的原文是「現在時態關身語態不定詞」（present middle infinitive）；

「脫去」和「穿上」都是關身語態，指基督信徒做在自己身上的行動。

雖然「更新」在文法上可以是關身語態或被動語態，但從神學角度來看，這更新的行動顯然是上帝的作為，因此應該解釋為被動語態。

- 「穿上新我」:「穿上」(*endusasthai*;24節)的原文是「過去不定時時態關身語態不定詞」。

這些不定詞可以解作命令式語氣的不定詞,也可解作直說式語氣的不定詞。若是解作命令式語氣,22至24節就是吩咐外邦基督信徒「要」脫下舊我、「要」心志更新、「要」穿上新我。這也就是說,22至24節是25節至五章14節的「實踐原則」。若是解作直說式語氣,22至24節就是說明外邦基督信徒「已經」脫下舊我、「已經」心志更新、「已經」穿上新我。這也就是說,22至24節是25節至五章14節的「實踐基礎」。相比之下,我們還是比較傾向於命令式語氣的解釋(參「和修版」、「新譯本」的翻譯)。既然基督信徒已經歸信耶穌基督,也領受了他的教導;因此,保羅命令他們要「脫去舊我、心志更新、穿上新我」。

「脫去」(*apothesthai*)的原文是過去不定時時態,「更新」(*ananeousthai*)是現在時態;而「穿上」(*endusasthai*)也是過去不定時時態。再者,按22至24節的次序,它可以有兩種不同的解釋。第一個解釋是,「脫去舊我」是歸信耶穌基督時一蹴而就的事,接著在歸信後的旅程上繼續「心志更新」,一直到主耶穌基督再來時,基督信徒的生命才完全被更新,以致可以「穿上新我」。第二個解釋是,「脫去舊我」和「穿上新我」是對「心志更新」的詳加解釋,意思是,「心志更新」是在不斷「脫去舊我」和「穿上新我」的進程中完成的。無論如何,保羅在這裏所呈現的是一幅有張力的畫面。一方面,基督信徒已經在歸信時「脫去舊我」和「穿上新我」(這種行動是一次過且無法重複的);另一方面,基督信徒也需要在生活中繼續落實「脫去舊我」和「穿上新我」,以達致「心志更新」的目標。

「舊我」(*ton palaion anthrōpon*)是「因私慾的迷惑而漸漸敗壞的」。

「和修版」將22節上譯為「你們要脫去從前的行為，脫去舊我」似乎說明「從前的行為」和「舊我」是平行同義的，意思是基督信徒已經一次過地脫去「從前的行為」。這是身分地位的改變，而不是生命本質的改變。在歸信耶穌基督之時，基督信徒已經一次過脫去舊我，成為耶穌基督裏的新人，但其生命本質卻需要在歸信後持續不斷地活出與蒙召身分相稱的「行事為人」樣式。當然，這也是保羅使用現在時態動詞來表達「心志更新」的原因。從今以後，他不再屬於舊人亞當的那方，而是歸屬於基督的這方了（參羅五12～21）。

24節繼續說明這「新我」（*ton kainon anthrōpon*）是「照著上帝的形像造的，有從真理來的公義和聖潔」。在世界被創造之時，上帝按著祂的形像創造了人類（創一26～27；參「所羅門智訓」〔*Wisdom of Solomon*〕9.3）；同樣地，上帝在基督裏也按照祂的形像重新創造新人類（參羅六6；加三27）。在基督裏的人到最後都會成為上帝原本期望的人（二10；林後五17）。再者，世人一直都犯罪，活在上帝的憤怒之下；但是，在基督裏的人得以與上帝和好，並站在恩典中。因此，「新我」要強調的不是本質上的改變，而是關係上的轉變。這「新我」擁有在上帝面前的新身分和新關係。❷

「公義和聖潔」是這個「新我」的生命品質，它與「舊我」中「私慾的迷惑」成對比。當成為「新我」之後，基督信徒理當摒棄「私慾的迷惑」，活出「公義和聖潔」，反照耶穌基督的樣式。這「公義和聖潔」的樣式是從「真理」而來的。

若要達到上帝對於「新我」的要求，基督信徒必須「心志更新」（23節）。「心志」（*tō pneumatic tou noos*）是由兩個名詞（***pneuma*** 和 *nous*）組成，它們是同義詞（「新漢語譯本」將這兩個名詞譯作「心思意念」）。*pneuma* 的原文是指「靈、心靈、心

以弗所書二章2節出現的 pneuma 是指邪靈。

思」；*nous*是指「思想、思想的成果、道德行為取向」。這裏的*pneuma*是指誰的靈呢？以弗所書多處所出現的 *pneuma* 是指「上帝的靈或聖靈」（一 17，三 16，四 3，五 18，六 18），而且 3、24 節所描述的處境也指向聖靈（另參羅十二 2；多三 5）。但是，23 節卻清楚指出是「你們要把自己的心志」，因此這裏的 *pneuma* 應該是指「人的心靈」。值得留意的是，「更新」（*ananeousthai*）是一個被動語態動詞，強調「心志」得到「更新」，是出自上帝，而不是自己。

23 和 24 節都出現「新」這字眼，23 節的是「更新」（*neos*），24 節的是「新我」（*kainos*）。在希臘文中，這是兩個不同的字眼。*neos*是指「年歲上的新，有著年輕的意思」，而 *kainos* 則指「新鮮而獨特」。這進一步肯定 23 節所説的「新」是指不斷，而且持續地更新，而 24 節的「新」是指向一個全新的創造。

這段經文與歌羅西書三章 5 至 10 節有許多相似的地方：❸

歌羅西書三章		以弗所書四章	
5 節下	淫亂、污穢、邪情、惡慾，和貪婪	19 節 22 節	貪婪地行種種污穢的事 因私慾的迷惑而漸漸敗壞的
7 節	你們的行為也曾是這樣的	17 節	你們行事為人，不要再像外邦人
8 節 9 節	現在你們要棄絕這一切的事 你們已經脫去舊人和舊人的行為	22 節	你們要脫去從前的行為，脫去舊我
10 節上	穿上了新人	24 節	並且穿上新我
10 節上	在知識上不斷地更新	23 節	你們要把自己的心志更新
10 節	這新人照著造他的主的形像	24 節	這新我是照著上帝的形像造的

保羅在 20 至 24 節採用了「倫理二元論」的方式來表達「舊我」及「新我」的信息。這二元對比的方式反映了保羅在此極可能以「美德目

錄」（Catalogue of Virtues）與「惡習目錄」（Catalogue of Vices）來提醒基督信徒的生命樣式。❹ 此種表達方式，曾出現在古埃及、希臘羅馬的文學作品中，亦有出現於聖經書卷（詩一1；箴二12～15；耶二十一8；太七13～27；路六43～49），以及兩約之間的典外文獻（「便西拉智訓」21.10；「亞設遺訓」〔*Testament of Asher*〕1～6），並出現於昆蘭死海古卷中的「社羣守則」1QS 3.13～4.26）。這兩個目錄與同時期非基督教的倫理教訓也十分相似，只是保羅要凸顯基督信徒行美好德行的動力是在於上帝。若仔細查考每一處保羅所使用的美德或惡行目錄的經文，便會發現他不只借用希羅哲學的用詞，更針對不同教會處境的需要，羅列出對他們有勸勉果效的美德或惡習項目。在美德方面，他著重愛、聖潔、真理這3個項目；而惡習方面，他則偏重姦淫、貪婪、醉酒這3個項目。其主要目的是區別基督信徒與非基督信徒的不同行為、鼓勵基督信徒遠避惡行、努力行善、警告錯誤和提醒做領導者的品行。

信仰反省

四章17至24節的內容指出當一個人歸信耶穌基督之後，他會從「舊我」的身分轉變為「新我」，從此亦由「與上帝為敵」轉變為「與上帝和好」。這種改變不只在身分上，也在內在的生命層面上，更展現在日常生活的言行舉止裏。因此，凡真正歸信耶穌的人，他會活出全新的生命品德。這種身分和關係的轉變，與那人的生命本質或道德行為取向無關，全然是因為耶穌基督的內住。然而，「新我」不是已經完美無缺，「新我」的心靈和心志必須時刻依靠聖靈的力量及帶領，持續不斷地活出與蒙召的恩相稱的「行事為人」的生命樣式。這是每一個蒙恩得救的「新我」所當努力朝向的目標。如此，我們才能夠在這社會成為耶穌基督的見證人。

釋經短註

❶ 有關 17 至 18 節要以倒序法來理解，可參 Harold W. Hoehner, *Ephesians: An Exegetical Commentary* (Grand Rapids, MI: Baker Academic, 2002), 588～589。

❷ 對於 22 至 24 節的「舊我」及「新我」，有些學者以實存的角度來解釋這兩個詞的意思。他們認為「舊我」是指個人歸信耶穌之前的光景，「新我」是歸信耶穌之後的光景。但亦有學者認為「舊我」是指所有在罪中墮落的人，而「新我」是指因耶穌基督得到拯救的人。這種看法也有一點道理。參 D.S. Dockery：「新人及舊人」，載《21 世紀保羅書信辭典》霍桑、馬挺編（台北：校園書房，2009），頁 909～911。

❸ 有關 21 至 24 節經文與歌羅西書三章 5 至 10 節許多相似的地方的列表，參自 Andrew T. Lincoln, *Ephesians*, WBC 42 (Garden City, NY: Doubleday, 1990), 273。

❹ 保羅著作的「美德目錄」：林後六 6～7；加五 22～23；弗四 2～3、25～32；腓四 8～9；西三 12～14；提前六 11；提後三 10（參提前三 2～7、8～12；提後二 22～25；多一 6～8，二 2～10，三 1～2）。與之相反的「惡習目錄」：羅一 29～31，十三 13；林前五 9～11，六 9～10；林後十二 20～21；加五 19～21；弗四 25～32，五 3～5；西 5～9；提前一 9～10，六 4～5；提後二 22～24，三 2～5；多三 3。參 Colin G. Kruse：「美德和惡行」，載《21 世紀保羅書信辭典》霍桑、馬挺編（台北：校園書房，2009），頁 1376～1378。

溫習及思考問題

1. 保羅指出「舊我」的特徵有「存虛妄的心」、「心地昏昧」、「心裏剛硬」、「麻木」、「放縱情慾」、「行種種污穢的事」（17～19節）。你認同保羅對未信耶穌的人這種描繪嗎？對你來說，這些描述真實嗎？
2. 人要如何脫去「舊我」，才能穿上「新我」？怎樣才能完全脫去「舊我」？你的生命中仍留存著哪些「舊我」？它如何影響你的信仰生活？
3. 保羅提及「新我」是有「從真理來的公義和聖潔」（24節）。從哪方面的事情可看出基督信徒內心有這些東西？
4. 一個基督信徒若脫去「舊我」，穿上「新我」，這是否已得到更新？若是如此，為何仍需要「聽過他的道，領了他的教」（21節）？所指的「真理」是甚麼意思？這對你有何提醒？
5. 創世記早已提過人類是按著上帝的形像造的，但當保羅說「這新我是照著上帝的形像造」之時，是否暗示「舊我」不是上帝所造的？這會否與創世記的記述有衝突？你如何理解保羅的意思？你如何領會上帝對你有再造之恩？
6. 你有進行甚麼屬靈操練來追求「脫去舊我，心志更新，穿上新我」？

第十章

基督信徒在教會內外的生活態度（四25～五21）

- 基督信徒在教會內的生活
- 基督信徒在教會外的生活
- 總結：作屬靈的智慧人

經文

4 25所以，你們要棄絕謊言，每個人要與鄰舍説誠實話，因為我們是互為肢體。26即使生氣也不要犯罪；不可含怒到日落，27不可給魔鬼留地步。28偷竊的，不要再偷；總要勤勞，親手做正當的事，這樣才可以把自己有的，分給有缺乏的人。29一句壞話也不可出口，只要隨著需要説造就人的好話，讓聽見的人得益處。30不要使上帝的聖靈擔憂，你們原是受了他的印記，等候得救贖的日子來到。31一切苦毒、憤怒、惱恨、嚷鬧、毀謗，和一切的惡毒都要從你們中間除掉。32要仁慈相待，存憐憫的心，彼此饒恕，正如上帝在基督裏饒恕了你們一樣。

5 1所以，作為蒙慈愛的兒女，你們該效法上帝。2要憑愛心行事，正如基督愛我們，為我們捨了自己，當作馨香的供物和祭物獻給上帝。3至於淫亂和一切污穢，或是貪婪，在你們中間連提都不可，這才合乎聖徒的體統。4淫詞、妄語和粗俗的俏皮話都不合宜；總要説感謝的話。5要確實知道，無論是淫亂的，是污穢的，是貪心的（貪心的就是拜偶像的），在基督和上帝的國裏都得不到基業。6不要被人虛浮的話欺騙了，因這些事，上帝的憤怒必臨到那些悖逆的人。7所以，不要與他們同夥。8從前你們是暗昧的，但如今在主裏面是光明的，行事為人要像光明的子女——9光明所結的果子就是一切的良善、公義、誠實。10總要察驗甚麼是主所喜悦的事。11那暗昧無益的事，不可參與，倒要把這種事揭發出來。12因為，他們暗中所做的，就是連提起來都是可恥的。13凡被光所照明的都顯露出來，14因為使一切顯露出來的就是光。所以有話説：「你這睡著的人醒過來吧！要從死人中復活，基督要光照你了。」

15你們要謹慎行事，不要像無知的人，要像智慧的人。16要把握時機，因為現今的世代邪惡。17不要作糊塗人，要明白主的旨意如何。18不要醉酒，酒能使人放蕩；要被聖靈充滿。19要用詩篇、讚美詩、靈歌彼此對說，口唱心和地讚美主。[20] 凡事要奉我們主耶穌基督的名常常感謝父上帝。
[21] 要存敬畏基督的心彼此順服。

10.1 基督信徒在教會內的生活（四 25～32）

17 至 24 節提及基督信徒要「脫去舊我」、「心志更新」、「穿上新我」。保羅在這部分進一步說明基督信徒當如何在教會羣體中將他曾勸勉的內容具體地實踐出來。25 節以推論性連接詞「所以」（*dio*）作開始，表示因著上文的內容而推論至接著內容的教導——「新我」應該要有新生活的模式。在這裏，保羅提出了基督信徒應該「脫去」和「穿上」的 6 項「行事為人」的樣式。

保羅在這段經文使用格言的形式及固定的格式來作勸告，它包括 3 個部分：第一，負面的禁令——舊人樣式；第二，正面的訓勉——新人樣式；第三，動機——原因和方向。現以下表列出：

負面的禁令 ——舊人樣式	正面的訓勉 ——新人樣式	動機 ——原因和方向
1. 棄絕謊言（25 節上）	說誠實話（25 節中）	互為肢體（25 節下）
2. 不要犯罪（26 節上）	不可含怒到日落（26 節下）	不可給魔鬼留地步（27 節）
3. 不要再偷（28 節上）	總要勤勞（28 節中）	分給有缺乏的人（28 節下）
4. 壞話也不可出口（29 節上）	說造就人的好話（29 節中）	讓聽見的人得益處（29 節下）
5. 不要使上帝的聖靈擔憂（30 節上）		受了他的印記，等候得救贖的日子來到（30 節下）
6. 一切苦毒……惡毒……除掉（31 節）	彼此饒恕（32 節上）	在基督裏饒恕（32 節下）

分段大綱（四 25～32）

一、棄絕謊言，口講真理（四 25）

1. 負面的禁令：棄絕謊言（四 25 上）
2. 正面的勸誡：口講真理（四 25 中）
3. 原因：我們是互為肢體（四 25 下）

二、生氣也不要犯罪（四 26～27）

1. 生氣不犯罪（四 26 上）
2. 不可含怒到日落（四 26 下）
3. 不可給魔鬼留地步（四 27）

三、不再偷竊，殷勤工作（四 28）

1. 偷竊的不要再偷（四 28 上）
2. 要親手做正當的事（四 28 中）
3. 有餘的要分給缺乏的人（四 28 下）

四、不說污言，只說造就人的話（四 29）

1. 不說污言（四 29 上）
2. 口說恩言（四 29 中）
3. 叫聽見的人得益處（四 29 下）

五、不要使聖靈擔憂，等候得贖的日子（四 30）

1. 不要使聖靈擔憂（四 30 上）
2. 受聖靈印記，等候得救贖的日子（四 30 下）

六、除掉苦毒，彼此饒恕（四 31～32）

1. 除掉苦毒（四 31）
2. 彼此饒恕（四 32 上）
3. 上帝的饒恕（四 32 下）

10.1.1 棄絕謊言，口講真理（四 25）

10.1.1.1 負面的禁令：棄絕謊言（四 25 上）

保羅說要「棄絕謊言」是與「十誡」中的第九誡相仿（參出二十16）。「棄絕」（*apothemenoi*）與「脫去舊我」的原文都是以「過去不定時時態」表達，說明基督信徒穿上「新我」之後，必須毅然與「舊我」的行為一刀兩斷。「謊言」與24節的「真理」互相對照。既然「新我」有從「真理」來的「公義和聖潔」，「新我」首先要摒棄的是與「真理」對立的「謊言」。

10.1.1.2 正面的勸誡：口講真理（四 25 中）

若「舊我」的行為是說謊言，那麼「新我」就要說「誠實話」，並且是「每個人要與鄰舍說誠實話」。「說」（*laleite*）的原文是以「現在時態命令式語氣」表達，說明「說誠實話」不只是一個命令，而且要成為生活上的一種習慣。保羅提到「每個人」，就是說「說誠實話」不是一個籠統的命令，而是針對每一個獨立的個體而言的。換言之，沒有人可以不「說誠實話」。

保羅提及說誠實話的對象是「鄰舍」（*plēsion*）。新約書卷採用這詞並不是指住在隔壁的人，而是指「身邊的人」，其中包括基督信徒和非信徒（參路加福音十章29至37節「好撒瑪利亞人的比喻」）。然而，因為接著的句子是「因為我們是互為肢體」，故此保羅使用這詞是指基督信徒而言。換言之，這句話是以教會生活作為論述處境。「每個人要與鄰舍說誠實話」與「七十士譯本」的**撒迦利亞書八章17節**所用的詞彙十分相似，不同的只是一個介詞。前者是用「與」（*meta*），後者是用「對」（*pros*；「和

「誰都不可心裏謀害鄰舍，也不可喜愛起假誓，因為這些事都為我所恨惡。這是耶和華說的。」（亞八 17）

修版」沒有將這介詞譯出來），保羅極可能在此作了修改。在撒迦利亞書，這句話是耶和華上帝給被擄回歸的以色列餘民的第一個命令；在這裏，這是保羅給基督信徒的第一個命令。

10.1.1.3 原因：我們是互為肢體（四25下）

保羅提出「棄絕謊言」、「說誠實話」的理由是我們是「互為肢體」（*allēlōn melē*；可直譯為「屬同一個團體的一分子」）。「互為肢體」反映這句子是指著個別基督信徒作為教會的一分子而說的。保羅指出教會是基督的身體（一23）；當討論教會的合一之時，他也是以身體來比喻教會（四2～16）。保羅使用「肢體」一詞是要強調基督信徒之間關係密切、不能分割。因此，基督信徒有責任維繫這「合一」的關係，而基督信徒之間說「真理」就是落實「合一」的重要途徑。

10.1.2 生氣也不要犯罪（四26～27）

10.1.2.1 生氣不犯罪（四26上）

「生氣也不要犯罪」與「十誡」中第六誡相仿（參出二十13）。「生氣」（*orgizesthe*）和「犯罪」（*hamartanete*）都是以命令語氣表達。保羅當然不是命令基督信徒生氣，只是准許而已。「生氣」本身不是罪，關鍵在於引致「生氣」的背後原因，以及如何處理它。在舊約時代，上帝因以色列民的罪行而生氣，引致發怒（民二十五3）；在新約時代，耶穌曾因聖殿的外邦人庭院被用作買賣市場而生氣，大發烈怒（太二十一12～13；約二13～22）。這些怒氣與發怒者本身的罪性或罪行無關，它們都是出於恨惡某些罪行而流露出的真實情懷。因此，這些怒氣稱為義怒。反之，若因一時的情感衝動或私慾，如仇恨、嫉妒、自我、偏見等而生氣，這就是罪。雖然「生氣」本身不是罪，但有罪性的我們卻常常會在沒有警醒之下被罪利用而犯罪。因此，保羅在說明他准許「生氣」之後，立刻命令基督信徒「不要犯罪」的原因。

10.1.2.2 不可含怒到日落（四 26 下）

「含怒」是指一種「被激怒的狀態」，包括「生氣」（被激怒的情感表現）和埋在內心中的負面情緒。保羅在此進一步說明基督信徒應該如何看待「生氣」。無論生氣是出於「義」或「罪」，「生氣」都必須在「日落」之前處理。在舊約時代，「日落」是一天工作結束的時刻；一天的債務也必須在日落之前償清（參申二十四 12～13）。

「應當畏懼，不可犯罪；在牀上的時候，要心裏思想，並要安靜。」（詩四 4）

「即使生氣也不要犯罪；不可含怒到日落」（26 節）這短句與「七十士譯本」的詩篇四篇 5 節完全相同（「和修版」是**詩篇四篇 4 節**）。保羅可能是借用舊約的思想來教導基督信徒。

10.1.2.3 不可給魔鬼留地步（四 27）

有關魔鬼的討論，可參「魔鬼與撒但」（頁 92）。

「不可給**魔鬼**留地步」的意思是不可給魔鬼有機可乘，讓牠趁著人「生氣」時，叫人犯罪。這不只破壞一個人，同時也破壞一個羣體，因為如果怒氣不被止住，就會引起紛爭。在二元世界觀裏，魔鬼與上帝是敵對的，牠會用盡各樣辦法來破壞上帝的國。一個怒氣填胸的人，往往會失去理性去思考及判斷的能力，以致犯罪。魔鬼不會製造憤怒，但會在人發怒的時候，煽動人落在罪惡中。

10.1.3 不再偷竊，殷勤工作(四28)

10.1.3.1 偷竊的不要再偷(四28上)

「偷竊」是一項嚴重罪惡，與「十誡」中第八誡相同(出二十15；申五19；參可十19；羅十三9)。「不要再偷」(*mēketi kleptetō*)是以禁令的現在時態命令式語氣來表達。換言之，保羅禁止正在發生的行為。這行為與所蒙的召絕不相稱。「偷竊的」(*ho kleptōn*)的原文是一個名詞，可直譯為「那偷竊者」。對一個信仰羣體而言，偷竊的行為肯定破壞了人與人之間的信任，這也就是聖經視它為嚴重罪惡的原因(參利十九11；賽一23；耶七9；林前六9～10；彼前四15)。

保羅沒有交代「那偷竊者」的身分和動機。❶ 他究竟是因生活艱難，抑或是因歸信耶穌後被家人趕離家門以致經濟陷入困境，又或他們是專業的盜賊，還是沒有穩定收入的季節性勞工，我們無法肯定。不過，無論是哪一種情況，保羅的勸告都是「不要再偷；總要勤勞，親手做正當的事」。

10.1.3.2 要親手做正當的事(四28中)

「勤勞」(*kopiatō*)是一個動詞，意指費力、疲乏地工作；原文是以現在時態命令式語氣表達，表明必須開始和繼續工作。「勤勞」與「偷竊」成對比。保羅勸勉基督信徒要立刻停止「偷竊」的同時，也必須立刻開始「勤勞」，這樣才是真正解決貧窮和困境的方法。「勤勞」在聖經傳統裏是一個崇高的行為，現列出以下5項：

- 六日要勞碌地做一切的工作(出二十9)；
- 要勞碌工作直到晚上(詩一〇四23)；
- 懶惰的人可以從螞蟻的動作中得智慧(箴六6)；

- 耕種自己田地才可以得飽食；追隨虛浮會受窮乏（箴二十八19）；
- 要立志管自己的事及親手做工，同時也不依賴任何人，這樣才得人的尊敬（帖前四11～12）。

保羅甚至自己也以身作則，親手做工謀生，不靠任何基督信徒供養，以免福音事工受影響（參林前四10～13，十五10；林後六3～10，十一23～29；加四11；腓二16；帖前二9；徒十八3，二十17～35）。❷保羅也勸告事奉主的人要忠心、為主勞苦（林前三8，十五58，十六16；帖前五12）。相反地，保羅嚴厲警戒懶散的人（帖後三6～12）。

保羅進一步說「親手做正當的事」。「親手」與「偷竊」成為對比。「親手」強調用自己的「手」來工作；「偷竊」也是靠「手」，不過卻是佔享別人的勞碌成果的不當行為。「正當的事」（*to agathon*）可直譯為「美好良善的事」，即「正當的、正直的、有益的、公正的、良善的」事（參林後九8；西一10；帖前五15；帖後二17；提前六18）。這也是保羅在二章10節的勸勉。上帝創造人類和賦予我們看管大地的神聖使命（創一26～28），即使始祖犯罪、大地被咒詛，也不至於否定此使命（創三17～19）。如今，在基督裏我們若重拾神聖使命，就更應如此（參詩八篇；來二5～9）。

10.1.3.3 有餘的要分給缺乏的人（四28下）

保羅進一步說「這樣才可以把自己有的，分給有缺乏的人」。這句子以連接詞「這樣」（*hina*）來指出基督信徒親手做正當的事，其目的是為供養自己之餘，也可以與有需要的人分享。「分給」（*metadidonai*）

的意思是將擁有的一部分挪出去，而**不是將擁有的全部都分出去**。由此可見，「親手做正當的事」不只為自己，也為「有缺乏的人」。這些「有缺乏的人」應該是指教會羣體中的人。當然，保羅並不是說不需要幫助信仰羣體外有缺乏的人（參羅十五26～27；林前十六1～4；林後八～九章；加二10，六10）。初代教會也曾嘗試實踐團契生活，凡物公用（參徒二41～47，四32～五11，六1～7）。

若將全部分出去，保羅會用 didōmi 這動詞。

10.1.4 不說污言，只說造就人的話（四29）

10.1.4.1 不說污言（四29上）

保羅嚴厲吩咐基督信徒「一句壞話也不可出口」。「壞話」（*sapros*）這名詞原本的意思是指「腐壞」，尤其指水果的腐爛或魚類的臭腥（參太七17～18，十二33～34）。這是一種比喻性表達，為要指出毫無價值意義的話、破壞性的言語。「不可出」（*mē ek poreuesthō*）是以現在時態禁令式命令語氣表達。換言之，正如保羅在28節禁止偷竊一樣，保羅在這裏也是在禁止一個正在進行中的行為。

10.1.4.2 口說恩言（四29中）

相反地，我們「只要隨著需要說造就人的好話」（*alla ei tis agathos pros oikodomēn tēs chreias*），這句子可直譯為「但要說任何能建立人的需要的好話」。若將這句話與28節下對照，就可以看到保羅同時顧及信仰羣體在物質上和心靈上的需要。保羅先勸勉基督信徒要在物質的需要上彼此幫補（28節下），然後提醒他們要在心靈的需要上彼此建立（29節中）。如此，耶穌基督的身體才可以被建立起來，在信仰上同歸於一（一 10，四 13）。值得注意的是，這節的「好」（*agathos*）是單數的，與 29 節上的「壞」（*sapros*）形成對比。保羅勸勉基督信徒只說好話，但壞話卻一句也不可出口（另參西四 6；雅三 1～12）。

10.1.4.3 叫聽見的人得益處（四 29 下）

在信仰羣體中，說「好話」是為了「讓聽見的人得益處」。在這裏出現一個連接詞「讓」（*hina*），表示說「好話」是有目的的。「益處」的原文是「恩典」（*charis*），表示這是不配得的恩惠。基督信徒得以在基督裏彼此成為肢體是上帝的恩典。因此，在領受上帝的恩典之後，基督信徒也需要使人得恩典，讓各肢體一同成長，達到基督完全長大的身量（15～16 節）。

10.1.5 不要使聖靈擔憂，等候得贖的日子（四 30）

10.1.5.1 不要使聖靈擔憂（四 30 上）

保羅在這裏很嚴肅地提到「不要使上帝的聖靈擔憂」。這「不要」與「十誡」的表達相似。在形式上，這節的命令比較獨特。其他的命令式語句有負面的禁令和正面的勸勉，惟獨這一句只有負面的禁令；其他的多以道德基礎為理由，這個則是一個神學認信或宣告。「上帝的聖靈」（*to pneuma to hagian tou theou*）是一個很特別的稱呼，表明聖靈的聖潔和祂與上帝的關係。「舊我」無論是哪一方面的言行舉止或心思意念，都會使聖靈擔憂。在舊約時代，以色列民的悖逆使上帝的聖靈擔憂（賽六十三 10）。在新約時代，那些不接受耶穌為彌賽亞的，都被喻為「抗拒聖靈」（徒七 51）；那些貪婪的也被喻為「欺騙聖靈」（徒五 3）；保羅提醒基督信徒千萬不要消滅聖靈的火（帖前五 18）。「聖靈擔憂」的描繪暗示了聖靈是有位格的。在信仰羣體生活中,耶穌基督達成了和睦,聖靈賜下了合一,基督信徒得以在耶穌基督裏一同建立基督的身體(參二18、22,四3~4、15~16)。因此,任何分裂教會肢體合一的因素都會導致聖靈擔憂。

10.1.5.2 受聖靈印記,等候得救贖的日子(四30下)

保羅指出「不要使上帝的聖靈擔憂」的原因是「你們【指基督信徒】原是受了祂的印記,等候得救贖的日子來到」。保羅在此再次提醒基督信徒,他們有聖靈作為印記,作為他們得救的把握(參一13~14;林後一21~22)。「新我」的生命將在耶穌基督再來的日子得著完全的救贖,而聖靈也是基督信徒得以在那時得基業的憑據(一14)。因此,一個穿上「新我」的人必須繼續活在聖靈裏,直到救贖的日子來到。「救贖的日子」是以弗所書的獨特用詞,其意思是指最終得著救恩的日子,也是歷史的終局。❸ 此外,以弗所書也多處提到有關未來的事(參一10、14,二7,五5、27,六8、13)。以弗所書不是只有「已然」(already)的層面,也有「未然」(not yet)的層面。

10.1.6 除掉苦毒,彼此饒恕(四31~32)

這兩節經文是保羅提出的第六項禁令、勸勉和動機,內容與歌羅西書三章8、12至13節相近。同樣地,保羅提出負面的禁令和正面的勸勉。

10.1.6.1 除掉苦毒(四31)

這節經文與26節相近,同是與怒氣有關。這裏提及6項的惡行，都是心態問題，透過言語或行為表露出來。它們的意思有重疊，不容易完全清楚劃分。

- 「苦毒」(*pikria*)：指拒絕和解的怨恨心、惡毒的感受(參徒八23；羅三14；來十二15)；

「憤怒」這詞本身可以指中性的激情激動，但可以失控到殺人的地步。

- 「**憤怒**」(*thumos*)：指怒氣(參路四28；徒十九28；林後十二20；加五20；西三8；來十一27)；
- 「惱恨」(*orgē*)：指一時失控或突如其來的怒火(參西三8；提前二8；雅一19～20)；
- 「嚷鬧」(*kraugē*)：基本意思為高聲喊叫(太二十五6；路一42；徒二十三9；來五7；啟二十一4)，但這段經文因與其他負面的詞彙連在一起，因此可以指因著憤怒之火而大聲疾呼的喊叫；
- 「毀謗」(*blasphēmia*)指使用誹謗(人/上帝)或侮辱性的語言(參可七22；西三8；提前六4)；
- 「一切的惡毒」(*pasē kakia*)指其他類似但沒有提及的一切傷害他人的言語或行為(參羅一29；林前五8，十四20；西三8；多三3；雅一21；彼前二1、16)。

這動詞是被動語態，這並非指「被除掉」，因這會把「除掉」的責任推卸給上帝。這只是一種修辭手法。

這些惡毒心境和行為都與「生氣」有關，包括導致「生氣」的原因和因「生氣」而產生的不滿情緒。保羅命令基督信徒必須將它們完全「**除掉**」(*arthetō*)。這動詞是以過去不定時時態命令式語氣表達，暗示了態度堅決和緊迫。我們當然沒有能力靠自己去「除掉」這些惡行，必須依靠上帝的聖靈才可以。這6種情緒似乎是有進程的：怒氣由內在的苦毒進展至外在的表現，憤怒爆發不斷惡化成為惱恨，然後釀成喧鬧及毀謗他人，甚至「毀謗」上帝。

10.1.6.2 彼此饒恕（四32上）

基督信徒若有上文提及的惡行，問題在於他們是活在一個不完全的羣體當中。在一個羣體裏，人會因著個人性格、文化背景、處事態度等的差異，使人與人之間的相處產生衝突，因著人的罪性，這些衝突或多或少會引來爭執和忌恨。因此，保羅勸勉基督信徒「要仁慈相待，存憐憫的心，彼此饒恕」。「仁慈」指「實踐出來、互相友好的愛」；「憐憫」則是進一步說明「仁慈」是發自內心的慈憐、溫柔的心。「饒恕」的原文字根與「恩典」相同，可直譯為「白白地給予恩典」。因此，凡「饒恕」的就像施予「恩典」給得罪你的人，而「彼此饒恕」也就是以恩典彼此相待（參太十八21～34）。

10.1.6.3 上帝的饒恕（四32下）

基督信徒要「饒恕」他人，好比「上帝在基督裏饒恕了你們一樣」。「饒恕」是以過去不定時時態表達，說明上帝在基督裏賜給我們的恩典，是耶穌基督一次過在十字架上成就的（參二4～10）。我們也因此得到上帝的赦免。保羅要求基督信徒以上帝的這個恩典行動，作為他們在教會生活的基礎和原則。

總括來說，保羅勸勉基督信徒在信仰羣體中的生活，不只要「脫去舊我」，同時也必須在羣體生活中更新自己與別人的關係。這樣，魔鬼就無機可乘，聖靈也不會為基督信徒擔憂。基督信徒得以在基督裏效法上帝，以恩典彼此相待、彼此饒恕，一同建立基督的身體。

10.2 基督信徒在教會外的生活（五1～14）

在上一段經文，保羅勸勉基督信徒如何在教會羣體內一同生活，同心建立基督的身體（四 25～32）。保羅在這一段落進一步勸勉基督信徒如何回應各種社會處境問題（五 1～14）。上一段強調的是基督信徒之間的關係；這一段強調基督信徒與外邦世界的關係。前者指向基督信徒在教會內的生活；後者指向基督信徒在教會外的生活。這兩段經文的勸勉（對內和對外）同是根據四章 17 至 24 節的原則及概念延伸出來的。五章 3 至 14 節把「舊我」及「新我」、「從前」及「如今」作對比。它的中心思想如下：

「舊我」從前的樣式	「新我」如今的樣式
3 節上	3 節下
4 節上	4 節下
5 節上、中	5 節下
6 節	7 節
8 節上	8 下～10 節
11 節上	11 節下
12 節	13～14 節

對於 1 至 14 節的分段，學者們的意見相當分歧。❹ 這些不同看法主要在於以下兩個情況。第一，五章 1 至 2 節究竟是連於四章 32 節（作為四章 25 至 32 節的總結），抑或五章 3 節（作為 1 至 14 節的引言）。第二，五章 7 節是連接於五章 3 至 6 節，抑或 8 至 14 節。我們比較接受五章 1 至 2 節是連接至 3 節，而 7 節是連接至 3 至 6 節。不過，在內容上看，1 至 2 節有承上啟下的作用，以上帝的愛總結四章 32 節，接著開始新的議題，叫基督信徒效法上帝。

五章 1 至 14 節可分為兩大部分：引言（1～2 節）及具體提醒

(3～14節)。提醒部分又可分為兩個段落:禁止性方面的罪惡(3～7節)和在光明中行事(8～14節)。另外,我們觀察到這段落出現「3」為單元的格式。例如:「淫亂」、「一切污穢」、「貪婪」(3、5節);「淫詞」、「妄語」、「粗俗的俏皮話」(4節);「良善」、「公義」、「誠實」(9節)。

分段大綱(五1～14)

一、引言:當效法上帝(五1～2)

二、具體提醒(五3～14)

1. 禁止性方面的罪惡(五3～7)
2. 在光明中行事(五8～14)

10.2.1 引言:當效法上帝(五1～2)

1至2節提醒基督信徒必須「效法上帝」(參林前十一1;帖前一6;另參林前四16;帖後三7、9),而這效法的具體內容就是「**要**憑愛心行事,正如基督愛我們,為我們捨了自己」(2節上)。

2節是以一個連接詞kai(可解作「和」或「即」)作開始,「和修版」譯作「要」。

1節是以一個連接詞「所以」(*oun*)作開始,將接下來的部分連於四章1節和17節的內容,而四章1節的「行事為人」(*peripatein*)再次出現在五章2節(參5.1.1.1「對外邦人的描寫〔二1～2〕」中「隨從」的解釋,頁91),「和修版」譯作「行事」。從內容而言,五章1至2節也與四章25至32節緊密相連,兩者都講述基督信徒必須效法父上帝在耶穌基督裏的作為;四章32節說明基督信徒必須彼此饒恕,正如上帝在耶穌基督裏饒恕了我們一樣。

保羅稱呼基督信徒為「蒙慈愛的兒女」(五 1),它與「生來就是該受懲罰的人」(二 3)作對比。傳統上,「蒙慈愛」這詞是指家庭中惟一至愛的孩子。當然,保羅不是說在眾多基督信徒中,只有一位基督信徒是上帝的至愛,而是說上帝看每一個基督信徒好像是祂惟一至愛的孩子(參一 5,四 32;羅八 15～16)。在上帝與基督信徒之間的這個關係的大前提下,保羅勸勉基督信徒要效法上帝。

值得留意的是,惟有以弗所書提及「效法上帝」,其他書卷都只提及「效法基督」(帖前一 6;彼前二 21;參太五 45～48;路六 36)或「效法其他基督信徒」(帖前二 13;來六 12)及先賢(來六 12)。保羅也勸勉基督信徒要效法他,如同他效法基督一樣(林前四 16,十一 1;腓三 17;帖前一 6;帖後三 7、9)。「效法上帝」的觀念後來也出現於公元 2 世紀初期的基督教文獻。❺ 斐羅(Philo)認為我們要正面地提升自己,盡一切努力去追求像上帝、效法上帝,其中包括追求祂的聖潔、公義和智慧(參「論逃走與尋獲」〔*De Fuga et inventione*〕12.63)。這些主題也都出現在 1 節的上下文:聖潔(四 24);公義——遠離罪惡(五 3～6);智慧(五 15)。

2 節進一步指出要「憑愛心行事」(*peripateite en agapē*)。「行事」(*peripateite*)這動詞是以現在時態命令語氣表達,意指這行動必須成為生活中的習慣。「憑愛心」(*en agapē*)這短語也可以譯為「在愛中」,它在以弗所書共出現 5 次(參一 4 下,三 17,四 15,四 16),而最後一次出現於五章 2 節。怎樣才可以「憑愛心行事」? 就是要效法耶穌基督(2 節;參羅五 6～8;加二 20)。他捨了自己,毅然將身體釘死在十架上,他作出愛的最高榜樣,就是將自己「當作馨香的供物和祭物獻給上帝」,一次過獻上身體如贖罪的祭物(參羅三 25;來七 26～27,

十10～12)。在舊約時代,「供物」(*prosphora*)是指初熟的土產,「祭物」(*thusia*)是祭牲。以弗所書的意義相仿,都是指獻祭體系中所獻上之物。「馨香」(*osmē euōdias*)意指所獻上之禮物是蒙上帝悅納(參出二十九18;利一9、13、17,二9、12;結二十41;腓四18)。保羅曾描述自己所蒙的呼召是基督的馨香之氣(林後二14～16)。他在心志上以身作則,效法了耶穌基督,因此他可以勸勉基督信徒效法基督,活出一個蒙父上帝悅納的生命。

10.2.2 具體提醒(五3～14)

10.2.2.1 禁止性方面的罪惡(五3～7)

保羅在此段落具體說明基督信徒當如何在教會以外活出一個蒙上帝悅納的生命。3節以連接詞「至於」(*de*)開始,表示一個轉向,從1至2節正面的命令轉為負面的命令。保羅在這段落有3方面的提醒:

一、淫亂的問題(五3～5)

保羅認為任何有關「淫亂」、「一切污穢」、「貪婪」的事,基督信徒都不可提及(3節)。有學者認為「一切污穢」和「貪婪」是指任何與性有關的罪,而「淫亂」是指對性的衝動沒有制約,任意放縱,損害他人;另有學者認為「一切污穢」和「貪婪」與「淫亂」無關。「一切污穢」和「貪婪」是指人的一種慾望,就是要將他人的擁有物歸為己有,「淫亂」(*porneia*)是指一切在婚姻以外不道德的淫行(參林前七2;太十九9)。❻ 保羅時代的希羅文化容許男人嫖妓,但要求女人忠於一個丈夫。當時的基督信徒可能在教會內或教會外有提說這些行為的相關字眼,所以保羅提醒他們「連提都不可」,因為這樣「才合乎聖徒的體統」。「聖徒」(*hagiois*)這名詞沒有定冠詞，強調的是基督信徒生命的品質。上帝是聖潔的，我們也當聖潔，沒有瑕疵(一4下)。保羅的這個勸誡十分重要，因為當時的以弗所基督信徒正活在一個淫蕩不堪的社會裏。故此，一方面勸誡基督信徒不可與外邦世界同流合污，另一方面，他也為外邦世界提出一種新的道德標準。

接著，保羅警告基督信徒不可以講「淫詞、妄語和粗俗的俏皮話」(4節)。「淫詞」(*aischrotēs*)是指與「淫亂」有關的污穢言語(參西三8)；「妄語」(*mōrologia*)是指出自醉漢之口的話；「粗俗的俏皮話」(*eutrapelia*)是指無聊的話、下流的笑話。保羅用「總要」(*alla*；可直譯為「反之」)作轉接，指出要說正確的話，就是「感謝的話」(4節下)。保羅沒有講出感謝的對象，這可以指上帝或任何人。保羅不是要求基督信徒將「感謝的話」當作口頭禪，而是期望他們以感恩的心境來交談。若是「感謝上帝」，內容應包括讚美祂的恩典及信徒之間的美好作為(參羅一8～15)。

接下來，保羅要求基督信徒要「確實知道……」(5節)。這節經文以「因為」(*gar*)這連接詞作開始(「和修版」沒有譯出來)，為3至4的勸勉提出原因。為了加強「知道」的重要性，「確實知道」(*iste ginōskontes*)在原文是由兩個「知道」(*oida* 與 *ginōskō*)組成。所要「知道」的事，就是一切污穢的罪行「在基督和上帝的國裏都得不到基業」(5節)。這一切污穢的事，除了之前提及的3樣，另加上對貪心的解釋：「貪心的就是拜偶像的」(5節下)。無論貪念是指向性慾或其他事物，所貪的事或物在貪者的心都有相當重要的地位，甚至超越上帝。因此，其本質與拜偶像相同(參太六24；羅七7～8；另參「所羅門智訓」14.12)。「貪心」的禁令與「十誡」的第十條相同(出二十17；申五21)。貪念和情慾相似，都可以操控人，捆綁人。保羅指出涉及這些不良行為的人，在耶穌基督和上帝的國裏都得不到基業(5節下)，這是基督信徒要「確實知道」的；因此，基督信徒必須與它們劃清界線，連提及它們都是禁忌。保羅禁止基督信徒「說」，而不是「想」，因為他是以教會羣體作為論述場景，禁止基督信徒在彼此溝通上「說」這些課題，因為這樣會影響其他基督信徒去「想」，然後去「行」。

保羅說，凡是淫亂的，污穢的，貪婪的，在「基督和上帝的國」都得不到基業。「國」的概念在新約書卷經常出現(可一15；林前六9～10，十五24～28；加五21；西一13；提後四18；彼後一11)。保羅在這裏的警告與上文得「基業」的應許(弗一14、18，三6)形成強烈的對比。所以，若基督信徒得救後仍活在「淫亂」、「污穢」、「貪心」中，他們會否失去耶穌基督再來時給他們的基業？一般來說，保羅都是以未來時態動詞來談論得到基業(林前六9～10；加五21)，但在這裏卻是以現在時態來表達「得不到基業」(*ouk echei klēronomian*)。如此看來，這些繼續活在淫亂，污穢，貪婪之中的人，無論是現在抑或將來(參林前六9～10，九24～27，十1～12；加五19～21，六8)都得不到基業。從字面觀察，這正是保羅在這裏的論述，這也是他如此嚴厲警告基督信徒要與這些行為保持最遠距離的原因。

二、虛浮的言語(五6)

在6節，保羅繼續強調基督信徒要與不信的世界保持距離，「不要被人虛浮的話欺騙了，因這些事，上帝的憤怒必臨到那些悖逆的人」。「虛浮的話」是指沒有根據、沒有內容、沒有意義的話(「新譯本」譯作「空言」)。這樣的話與四章17至19節相似，與「真理的道」相反(一13)。保羅鄭重地說「虛浮的話」會遭致「上帝的憤怒」，行「這些事」

的人就是「悖逆的人」。「上帝的憤怒」(*hē orgē tou theou*)肯定包括上帝在末日對罪惡的嚴厲審判(參羅一18;西三6;啟十九15);不過,「臨到」(*erchetai*)這動詞是現在時態,説明上帝的憤怒現在已經開始臨到。這種現在時態的概念就像羅馬書一章18至32節記述的情況。「悖逆的人」在這裏尤指非信徒;若基督信徒與他們同流合污,他們也就是「悖逆的人」。

三、不與悖逆的人同夥(五7)

7節以「所以」(*oun*)這連接詞作開始,再次提醒基督信徒「不要與他們同夥」。「所以」一方面連於6節,説明基督信徒不應該與「悖逆的人」在一起,另一方面也成為3至6節的小結。「同夥」(*summetochoi*)這詞再次出現「同」(*sun-*)這前綴(參5.1.2「『轉捩點』:生命改變與轉機〔二4～7〕」中分析5至6節「同」這詞,頁96),既然基督信徒已經與基督一同活過來,一同復活,一同坐在天上(二5～6),又是與聖徒同國(二19)和同為後嗣,同為一體,同蒙應許(三6),基督信徒絕對不能與悖逆的人同夥,這與他們所蒙的呼召完全不相稱。

故此,基督信徒要在教會外或社會上活出一個上帝所悦納的生命,就必須與非信徒的世界保持最遠的距離:第一,在言語上嚴禁任何與「淫亂」、「污穢」、「貪婪」有關的言詞,以及遠離一切「淫詞、妄語和粗俗的俏皮話」;第二,在行動上不與「悖逆的人」同流合污。然而,保羅並不是要求基督信徒過一個與世隔絕的生活,而是勸勉基督信徒要如何在社會上過一個上帝所悦納的生命。簡單來説,他要基督信徒活出一個出淤泥而不染的生命。

10.2.2.2 在光明中行事（五 8～14）

8 節以「因為」（*gar*）開始（「和修版」沒有譯出來），說明基督信徒「不要與悖逆的人同夥」的原因。五章 7 節有承上啟下的功能，一方面，它是 3 至 7 節的小結，另一方面，它也是 8 至 14 節的小標題。這段落以「光明」（8～10 節）和「暗昧」（11～14 節）來象徵基督信徒「現今」與「從前」的生活。最後，保羅以洗禮的提醒作為總結（14 節下）。

一、作光明的子女（五 8～10）

保羅首先對比基督信徒「從前」和「如今」的樣式。「從前」的生活是「暗昧的」，即活在罪惡的權勢和支配中（參二 1～3，四 18）；「如今」的生活卻是「在主裏面是光明的」（*phōs en kuriō*）。因此，保羅勸勉基督信徒「行事為人要像光明的子女」（8 節下）。在此再次出現「行事為人」（*peripatein*；參 5.1.1.1「對外邦人的描寫〔二 1～2 上〕」中「隨從」的解釋，頁 91）這詞。「主」是指耶穌基督（二 21，四 1、17，六 1、10、21）。「在主裏面」表示與耶穌基督聯合。耶穌基督是真光，我們因此也在光明中。當一個人歸信基督，他的生命定必有轉變；即使環境沒有改變，他的價值觀、人生方向、人生目標會因認識真理而重新定位。接著，保羅指出這個「光明」的「行事為人」包括行為和思想兩方面：第一，結出「一切的良善、公義、誠實」的果子（9 節）；這是一組正面的「3」，對比之前 3 組負面的「3」（3、4、5 節）。第二，「察驗甚麼是主所喜悅的事」（10 節）。光明的子女要結出「果子」。這「果子」是單數名詞，與加拉太書五章 22 節那「聖靈的果子」相同，都是單數的，表示一個整體。光明的子女要「察驗甚麼是主所喜悅的事」（10 節）。「察驗」（*dokimazō*）在這裏意指屬靈的明辨力。基督信徒必須慎思明辨，何為上帝所厭惡的罪行，何為上帝所喜悅的事（參羅十二2；腓一10；帖前五21）。

二、不作暗昧的事（五11～14上）

保羅提醒基督信徒不可參與「暗昧無益的事」，而且還要「把這種事揭發出來」（11節）。「暗昧無益的事」（*tois akarpois tou skotous*）的原文意思是「在黑暗中結不出果子」。這短語與「在光明中結出果子」（9節）形成強烈對比。「揭發」（*elenchete*）這詞包含「揭露」和「責備」的意思，直接對抗錯的事或人，並把錯誤顯露出來。保羅在哥林多前書也曾使用這詞來責備基督信徒（林前十四24～25）。

12節以「因為」（*gar*）開始，進一步為11節提供原因：「因為，他們暗中所做的，就是連提起來都是可恥的」。「可恥」（*aischron*）意指羞恥、不名譽、不誠實的事。由於「暗昧無益的事」連提起來都是可恥的，因此基督信徒更應該竭盡所能發揮「光明」的功能，不只揭露罪惡，還要指責罪惡。13節說明「暗昧無益的事」不可能永遠不為人知，而是「凡被光所照明的都顯露出來」。

三、洗禮的提醒（五14下）

保羅最後以基督信徒洗禮的經驗作為這部分的總結。這是一句來源無法追溯的引句，很可能是根據以賽亞書二十六章19節及六十章1至2節而編寫的一首洗禮詩歌的片段。❼ 若是如此，保羅是要藉著這段當時基督信徒所熟悉的話，來提醒他們必須活出與所蒙的呼召相稱的行為，在社會上發揮「光明的子女」的身分。這詩歌引句扮演雙重意義，對基督信徒而言，提醒他們不可繼續沉睡；對非信徒而言，耶穌基督的光能改變人的生命。

簡論保羅的基督教倫理觀

在解釋基督教倫理教訓時，「保羅新觀」（New Perspective on Paul）給予我們一個較理想的神學框架。比較馬丁路德之「律法與福音」（law and gospel）和加爾文的「福音與律法」（gospel and law），我們認同「福音與律法」的立場，其意思是先是上帝的恩典呼召，然後是我們的生命回應。1977 年，桑德斯（E.P. Sanders）在其著作（*Paul and the Palestinian Judaism*）中，提出了「猶太教新觀」（New Perspective on Judaism），說明上帝的救贖是以恩典為基礎，而上帝期望蒙救贖的子民遵守誡命來維持自己與上帝的恩約關係。因此，舊約耶和華上帝的子民遵守律法並非為要賺取救恩，而是為要「維持在救恩裏」。鄧雅各進而在這個重要的基礎上提出「保羅新觀」，指出在新約時代，上帝在耶穌基督裏的救恩也是以恩典為基礎，上帝期望蒙救贖的子民遵守祂的旨意，但其用意並非要賺取救恩，而是要回應上帝的宏大恩典。如此看來，新舊約的救恩框架和信仰行為是一樣的，同是「福音與律法」——先是恩典，後是行為。❽

當我們以這樣的神學框架來理解保羅神學和信仰行為之時，就更能夠明白保羅在四章 1 節的宣告：「既然蒙召，行事為人就要與你們所蒙的呼召相稱」。

10.3 總結：作屬靈的智慧人（五 15 ～ 21）

這段經文是「當活出新人的樣式」的總結。「行事為人」（*peripatein*）再次出現在 15 節，「和修版」譯作「行事」。保羅以作「智慧的人」（15 節）來總結基督信徒在教會內（四 25～32）和教會外（五 1～14）的生活。

15 節可說是這段經文的標題，保羅接著從 3 方面來說明「智慧的人」當如何謹慎行事：第一，在運用時間上，基督信徒要把握時機（16 節）；第二，在信仰生活上，基督信徒要明白上帝的旨意（17 節）；第三，在敬拜生活上，要被聖靈充滿，活出敬拜的人生（18～21）。

這段經文是一段結構緊扣的單元。首先，它用了一連串的命令式語氣動詞來表達，說明這是嚴肅的勸告。其次，它也呈現出固定的表達格式，以 3 個「不要……要」，中間以「但」（*alla*）這連接詞作為連接（15、17、18 節）。此外，保羅勸告的對象是「你們」（即教會整體），而不是個別基督信徒。

分段大綱（五 15～21）

一、標題：當做屬靈的智慧人（五 15）
二、時間方面：要把握時機（五 16）
三、生命方面：要明白主的旨意（五 17）
四、敬拜方面：要被聖靈充滿（五 18～21）

10.3.1 標題：當做屬靈的智慧人（五 15）

這節經文以「所以」（*oun*；「和修版」沒有譯出來）開始，將 15 至 21 節連於四章 17 節至五章 14 節。

「你們要」（*blepete*）直譯原文是「你們看」，「謹慎」（*akribōs*）是一個副詞，它可以修飾「要」或「行事」這兩個動詞。若將「要」譯作「看」，而「謹慎」是修飾「看」，這經文便譯為「你們謹慎看自己是如何行事為人」；若「謹慎」是修飾「行事」，這句子可譯作「你們看自己是如何謹慎行事為人」。無論是「謹慎看」或「謹慎行」，兩者在意義上分別不大，至終都是要教導讀者「行事」不可「像無知的人」，而要「像智慧的人」。保羅以命令式語氣表達，表示「謹慎行事」的重要性。

這裏出現第一個「不要……要」的格式。保羅將「無知的人」（*asophoi*）與「智慧的人」（*sophoi*）作對比。這兩個詞在原文有相同字根，再加上「但」（*alla*；「和修版」沒有譯出來），將兩者形成鮮明強烈的對比。以弗所書曾3次論到智慧：智慧與上帝的「奧祕」有關（一8～9）；「智慧」的靈使基督信徒可以真正認識上帝（一17）；普世所有教會都必須彰顯上帝的智慧（三10）。

有關「智慧」的討論，根據箴言的傳統來看，「智慧」對一羣與上帝立約的子民來說，它不只是頭腦上認識耶和華上帝的旨意，更需要在生活層面上落實出來（箴四10～14，九1～18，十8、14）。相反地，「無知的人」就是那些不明白上帝旨意的人。死海古卷中的「社羣守則」（1QS 3.19～25；1QS 4.24）提到光明之子和黑暗之子的對比，以及行在智慧中和行在愚昧中的對比，可見智慧與明白律法有關（參「拿弗他利遺訓」〔*Testament of Naphtali*〕8.10）。這裏的提醒傳承了箴言的智慧傳統。

接著，保羅說明基督信徒可以如何彰顯上帝的智慧，做個「智慧的人」。16至21節就是具體例子（參西四5）。對於華人教會而言，聖經中的智慧文學不應該被忽略，因為有好些內容都能夠啟發我們思考，當如何在千變萬化的世界中以上帝的「智慧」來應對。

10.3.2 時間方面：要把握時機（五16）

「和合本」翻譯為「要愛惜光陰」，這不是保羅的原意。若他要指「時間」，所用的詞應該是 *chronos*，而不是本節所用的 *kairos*。

保羅勸勉基督信徒「**要把握時機**」（*exagorazomenoi ton kairon*）。「把握」（*exagorazomenoi*）直譯原文為「買贖回來」（「呂譯本」作「爭取時機」；但以理書二章8節「七十士譯本」譯作「買贖光陰」)。它描繪一幅非常生動的圖畫。在時間管理上,基督信徒就像到市場去買「時機」。也就是說,基督信徒不應讓「時機」白白流失,反而要付上努力將之歸為己有。

保羅指出「要把握時機」是因為「現今的世代邪惡」。雖然猶太傳統和初代教會常常將末日與「邪惡」連在一起來談,但保羅在這裏不是指將來末日的「邪惡」,而是指信仰羣體當時所處的社會處境。保羅要讓基督信徒意識到這個世界是邪惡、充滿敵意的。二章2節已提及當代的人所面對的領袖是空中的掌權者——魔鬼,也是在未信的人心中運行的邪靈,牠們與上帝為敵(二1~3;林後四4)。故此,在這個「邪惡」的世代中,基督信徒更是要把握每個時機顯明上帝豐富的恩典,不只給現今的世代,也給後來的世代(二7)。保羅本身也因這個「邪惡」的世代而被監禁,但他仍然把握每一個傳揚福音的時機(參徒十六25~34),也寫下監獄書信來堅固基督信徒的信仰。面對艱難的環境,保羅沒有鼓勵基督信徒逃避或妥協;反之,他勸勉基督信徒當持積極的心態,因為他們有聖靈的印記(一13~14),也應知道得贖的日子就快臨到(四30)。

10.3.3 生命方面:要明白主的旨意(五17)

這節出現第二個「不要⋯⋯要」的格式,同樣以「但」(*alla*;「和修版」沒有譯出來)作為連接。保羅繼續提醒基督信徒「不要作糊塗人,要明白主的旨意如何」。箴言亦出現「糊塗」這詞,它都是與行為和態度的描寫有關。這詞也常出現在「七十士譯本」的智慧書卷中,指「硬心、行為衝動、執迷不悟」的人。「糊塗」的意義相當廣泛,不僅涉及知識、理智或一般常識,也包括宗教上人與上帝之間的關係(參路十二13～21）。「旨意」（*thelēma*）這詞曾在二章3節出現，論到未歸信耶穌基督前的人如何在這邪惡的世代中隨從「肉體和心中的意念」。但是，這不意味著歸信耶穌基督後，那人就脫離了這個邪惡的世代。他們仍處在同樣邪惡的世代中，惟一不同的是，他們如今隨從「主的旨意」而活。保羅在上文也勸勉基督信徒要察驗上帝所喜悅的事（10節）。屬靈的智慧人不只要用理智來做倫理道德的判斷，更要按照主的旨意來行事為人。

「主的旨意」是指上帝的心意，即祂所喜悅的事（參五10），包括祂對基督信徒一般性的期望，例如：成為聖潔，戒絕淫亂（帖前四3），凡事謝恩（帖前五18）等。此外，主的旨意也可以指上帝在基督裏的救恩計劃（一5、9～11；加一4）。基督信徒「要明白」（*suniete*）主的旨意，這動詞是以現在時態命令式表達，說明了「明白」是一個持續的過程。基督信徒需要在日常的行事為人中不斷明白主的旨意。因此，要「明白主的旨意」，我們就必須與上帝和耶穌基督保持密切聯繫。有了活潑的屬靈生命，我們才能審察真假、辨別方向和敏銳於上帝的引導。

10.3.4 敬拜方面：要被聖靈充滿（五18～21）

18節出現第三個「不要……要」的格式，同樣以「但」（*alla*；「和修版」沒有譯出來）作連接。在敬拜方面，保羅提醒基督信徒「不要醉酒……要被聖靈充滿」。聖經不是禁止喝酒（參約二1～11），而是禁止酗酒（參提前三3、8；多一7，二3）。❾「放蕩」（*asōtia*）是指失去自我控制的能力，以致放縱情慾（參箴二十1；二十三31～32；另參「猶大遺訓」〔*Testament of Judah*〕14.1～8, 16.1～3）。與「醉酒」

作對比的是「被聖靈充滿」（*plērousthe en pneumati*；18節下）。保羅用這對比的用意是要說明人「醉酒」後的自然表現就是「放蕩」；因此，「被聖靈充滿」的基督信徒也必自然流露出耶穌基督的樣式。以弗所書有多處提及聖靈的職事：

- 聖靈是我們承受應許的印記（一13，四30）；
- 聖靈是我們得基業的憑據（一14）；
- 聖靈賜人智慧和啟示（一17）；
- 聖靈引導我們到父上帝面前（二18）；
- 聖靈使我們成為上帝居住的所在（二22）；
- 聖靈是父上帝啟示的媒介（三5）；
- 聖靈與禱告祈求有密切關係（六18）。

「被……充滿」（*plērousthe*）是現在時態命令式語氣被動語態。被動語態說明「充滿」是上帝的工作，不是出於自己，而現在時態說明基督信徒的生命必須常常或重複地被聖靈充滿。「被聖靈充滿」與聖靈的內住不同。後者是基督信徒歸信耶穌基督時一蹴而就之事，前者則是基督信徒持續不斷追求之目標。每一位基督信徒的生命都有聖靈的內住，但卻不是每一位基督信徒都時時刻刻讓聖靈在生命中居首位。因此，基督信徒必須持續追求「被聖靈充滿」，讓聖靈不斷地掌管生命中的所有層面。如此，基督信徒的生命就會愈來愈有耶穌基督的樣式。接著，保羅以一系列的分詞字句來說明被「被聖靈充滿」的行為表現。

一、彼此對說敬拜上帝（五19上）

「彼此對說」說明「被聖靈充滿」是藉著羣體的敬拜表達出來。根據朗格內克（Richard N. Longenecker）的研究，⑩ 初代教會的敬拜

深受猶太傳統的影響，它的內容包括下列6點：⓫

- 以「詩篇、讚美詩、靈歌」來讚美上帝(參林前十四 26；西三 16)；
- 頌讀聖經(參西四 16；帖前五 27；提前四 13)；
- 禱告祈求(參：提前二 1～2)；
- 講道、解經或勸勉(參林前十四 26)；
- 阿們頌(參林前十四 16)；
- 信仰宣告。

在羣體敬拜中，基督信徒自然地用「詩篇、讚美詩、靈歌」一同敬拜上帝(參西三 16)，但我們不容易分辨它們究竟是指同樣類型的歌曲，還是不同類型的歌曲，我們的建議如下：

- 「詩篇」包括舊約書卷中可唱的詩篇，也可以包括聖經其他有相同精神的詩歌(參路一 46～55、68～79，二 29～32。這些「詩篇」多是用豎琴來伴奏；
- 「讚美詩」指初代教會所寫的讚美詩，內容多是讚美復活升天的耶穌基督(五 14；提前三 16；腓二 6～11；西一 15～20；另參羅一 3～4，三 24～26；弗二 14～16，四 5～6；來一 1～4；彼前二 21～25)；
- 「靈歌」指任何因聖靈感動而隨即激奮唱出讚美上帝的詩歌。

二、口唱心和讚美主(五 19 下)

按原文「口唱心和」是由「唱詩歌」(*adontes*)和「唱詩篇」(*psallontes*)這兩個分詞組成。「讚美主」(*tē kardia humōn tō kuriō*)直譯是「用你們的心靈、向著上帝」。「唱詩歌」和「唱詩篇」與「詩篇」和「靈歌」有相同字根，說明兩者有相同的場景，不同的是 19 節上強調基督信徒羣體在敬拜中的「彼此對說」，而 19 節下強調基督信徒個人與上帝之間的靈交關係。因此，在羣體敬拜中「被聖靈充滿」包括基督信徒與基督信徒之間彼此的互動關係，以及基督信徒個人與上帝的關係。

三、凡事奉主名常常感謝父上帝（五 20）

「感謝父上帝」是「被聖靈充滿」的另一種行為表現。它可以是 19 節的敬拜生活的延伸。我們按希臘文將這節經文分析如下：

〔要〕感謝

常常

凡事

奉我們主耶穌基督的名

父上帝（*tō theō kai patri*）

「感謝」是以現在時態主動語態分詞表達，表示一個持續性的行為。基督信徒感謝的對象是「父上帝」（參 3.2.1「頌讚的宣告〔一 3〕」，頁 47～48）。基督信徒必須「常常」、「凡事」和「奉我們主耶穌基督的名」來「感謝」。因此，被聖靈充滿的人會心存感恩、常常感謝上帝，即使遇到不如意或無法理解的事情（參羅八 28）。保羅的禱告和感謝通常是指向父上帝，而不是耶穌或聖靈。感謝是透過耶穌基督的名，正如我們靠著耶穌基督的名來到父上帝面前一樣。由於 18 至 20 節同時提到「父上帝」、「主耶穌基督」和「聖靈」，我們很難不聯想到三一上帝的概念。

基督信徒不只在個人生活層面上「感謝父上帝」，也必須在羣體生活中同心「感謝父上帝」（參林前十四 16～17）。保羅的生命是一個充滿感恩的生命：他不只為自己，也為眾基督信徒「感謝父上帝」（一16；腓一3；西一3；帖前一2；帖後一3；林前一4；羅一8）。

四、存敬畏基督的心彼此順服（五21）

「被聖靈充滿」的基督信徒也會「存敬畏基督的心彼此順服」。這是第四個分詞字句，附屬於18節「被聖靈充滿」之下。「順服」意指低權者對高權者的服從。不過，保羅在這裏加上「彼此」來修飾「順服」。這似乎違反了「順服」的定義。一個人如何同時是低權者，又是高權者呢？保羅巧妙地把「順服」與「彼此」並列，是要帶出這行動必須出於自願。在信仰羣體中，人與人之間沒有真正等級之分。一方之所以「順服」另一方是因為雙方在那共同的處境中有不同的角色和職務，但在另一個處境，雙方的角色可以有所不同。

更重要的是，「彼此順服」不是盲從，而是「存敬畏基督的心」來實踐。換言之，基督信徒的順服必須以「基督」作為最高的順從對象與終極的行為規範。這樣，傳統的「家戶經營」（下一章會作詳細討論，參頁245～268）和固有的價值觀，肯定會被這個基督信仰的新因素所衝擊和挑戰。這也是我們接下來解讀「家戶經營」時要留意的（參五22～六9）。對保羅及當時的基督信徒，甚至現代讀者來說，「順服」並非人本性的意願和傾向。故此，保羅勸勉基督信徒要在「被聖靈充滿」的情況下「順服」。

另外，我們要留意21節與上下文的關係。從希臘文語法的角度來看，基於21節是附屬於18節下的分詞子句，所以18至21節是完整的一段。但從內容的角度來看，21節與下文22節至六章9節也不是完全沒有關係，「存敬畏基督的心彼此順服」正是五章22節至六章9節的基本前提和行事原則。五章22節沒有動詞，它需要聯繫至21

節的分詞「順服」來完成它的意思。如此看來，五章21節扮演著承上啟下的角色；它承接上文五章15至20節，也延續下文五章22節至六章9節。

根據這個理解，這段落的意思是「智慧的人」要「被聖靈充滿」，而「存敬畏基督的心彼此順服」。這個「被聖靈充滿」的行為表現將要進一步落實在「家戶經營」裏的3個主要層面，即夫妻關係（五22～33）、親子關係（六1～4）和主僕關係（六5～9）。

信仰反省

保羅在四章25節至五章21節教導基督信徒在教會內及教會外所當有的生活行為。在此，我們抽出保羅的一些教導來作信仰反省。保羅十分注重基督信徒要說「誠實話」。這「誠實話」是指帶著真理的話，而不只是德行上的誠實。在現今的世代，若要說帶著真理的話實在不易。面對著社會種種的不公平和不公義，身為基督信徒，我們不可有眼不見，有耳不聞，有口不言，甚至對罪惡無動於衷。不過，很多時候，要揭發罪惡和指責罪行卻是需要很大的道德勇氣。讓我們發揮信仰羣體的功能，彼此堅固、鼓勵和扶持，一同為基督竭盡所能發揮「光」的功能，勇敢在這世代做一個真正的光明之子！

此外，基督信徒當留意，我們不可白白領受上帝的恩典。我們不可因為「恩典」而逐漸懶散、不求上進，對教會的生活，個人的工作自滿自足，而忽略教會內其他基督信徒及社會弱勢羣體的需要。我們應當反省，當我們自己足夠有餘時，我們是否積極幫助有需要的人？我們當思考和活出衛斯理約翰（John Wesley）所說的：盡力賺錢，但不胡亂花費；盡力節儉，但不做守財奴；盡力捐獻幫助別人，榮耀上帝造益他人。

釋經短註

❶ 有關四章28節討論誰是「偷竊的」，可參 Ernest E. Best, *Ephesians: A Critical and Exegetical Commentary on Ephesians* (Edinburgh: T & T Clark, 1998), 453；Peter T. O'Brien, *The Letter to the Ephesians* (Grand Rapids, MI: Eerdmans; Leicester: Apollos, 1999), 342；Harold W. Hoehner, *Ephesians: An Exegetical Commentary* (Grand Rapids, MI: Baker Academic, 2002), 624。

❷ 四章28節引伸討論有關保羅自己謀生的事業，可參霍克(R.F. Hock)的研究。參 R.F. Hock, *The Social Context of Paul's Ministry* (Philadelphia: Fortress, 1980)；賴特(N.T. Wright)討論保羅吩咐教會供養事奉主的人，參 N.T. Wright, *Paul for Everyone: The Prison Letters: Ephesians, Philippians, Colossians and Philemon* (London: SPCK, 2004), 78, 97～98。

❸ 有關四章30節「救贖的日子」，保羅在其他的書信也用不同的詞彙來描述這日子：「上帝憤怒審判的日子」(羅二5、16)；「主的日子」(林前一8，五5；林後一14；帖前五2；帖後二2)；「基督的日子」(腓一6、10，二16)。

❹ 學者對於五章1至14節分段的討論，可參郭漢成：《天上藍圖、人間版圖——以弗所書詮釋》(吉隆坡：文僑傳播中心，2010)，頁442～443。

❺ 有關公元2世紀初期的基督教文獻出現「效法上帝」這詞的，可參伊格那丟(Ignatius)的「致以弗所書」(*Epistle to Ephesians* 1.1)、「致他拉勒人書」(*Epistle to Trallians* 1.2)、「致丟格那妥書」(*Epistle to Diognetus* 10.4~6)；愛任紐(Irenaeus)的「反駁異端」(*Adversus Haereses* 3.20.2)。斐羅(Philo)是其中一個發揮此觀念的當代猶太作家，這可參「論逃走與尋獲」(*De Fuga et Inventione* 12.63)；「論美德」(*De Virtute* 31.168, 32.168)；「論特殊法律」(*De Specialibus Legibus* 4.13)。

❻ 有關學者對五章3節「淫亂」、「一切污穢」、「貪婪」不同的看法，可參 Andrew T. Lincoln, *Ephesians*, WBC 42 (Garden City, NY: Doubleday, 1990), 321～322；Hoehner, *Ephesians*, 652～653；O'Brien, *The Letter to the Ephesians*, 359 n.2；周聯華：《加拉太書、以弗所書》(香港：基督教文藝出版社，1989)，頁312。

❼ 對於五章14節下引句的出處，大部分學者都贊成來自以賽亞書，參 G.B. Caird, *Paul's Letters from Prison: Ephesians, Colossians, Philemon* (Oxford: OUP, 1976), 86；Lincoln, *Ephesians*, 331～332；Best, *Ephesians*, 497～498；O'Brien, *Ephesians*, 374～376等。

❽ 桑德斯(E.P. Sanders)挑戰傳統上基督教對於猶太教救贖論「律法主義」的看法(即人是靠行律法來賺取救恩)。他認為猶太教也是以恩典和恩約為基礎的，他進而提出，猶太人之所以堅守律法條例乃是要

「維持」(staying-in)在恩典裏，而非「進入恩典」(getting-in)或賺取救恩。他稱這種堅守律法的行動是「恩約守法主義」(Covenantal Nomism)。它的基本概念有8點：第一，上帝揀選了以色列民；第二，上帝賜下了律法；第三，這律法同時意味著上帝應許維持祂對以色列人的揀選；第四，以色列人必須順從上帝；第五，上帝獎賞順從的人，懲罰背叛的人；第六，律法本身已有救贖之法；第七，贖罪的結果就是恩約的關係得以維持或重新建立；第八，所有藉著順從律法、贖罪和上帝的憐憫而被維持在恩約內的人，都是屬於將會得救的那個羣體。參E.P. Sanders, *Paul and Palestinian Judaism: A Comparison of Patterns of Religion* (London: SCM, 1977), 180, 236, 422。另他有進一步的澄清，可參E.P. Sanders, *Judaism: Practice and Belief 63 BCE ~ 66 CE* (London: SCM, 1992), 262～278。

❾ 有關18節「醉酒」的意思，學者有不同意見。參 O'Brien, *Ephesians*, 388；Best, *Ephesians*, 509；Cleon J. Rogers, "The Dionysian Background of Ephesians 5:18," *Bibliotheca Sacra* 136 (1979): 249~257；Ben Witherington III, *The Letters to Philemon, the Colossians, and the Ephesians: A Socio-Rhetorical Commentary on the Captivity Epistles* (Grand Rapids, MI: Eerdmans, 2007), 311；Hoehner, *Ephesians*, 701；P.W. Gosnell, "Ephesians 5:18~20 and Mealtime Propriety," *Tyndale Bulletin* 44 (1993): 364～371。

❿ 有關朗格內克(Richard N. Longenecker)對敬拜與「被聖靈充滿」的討論，可參 Richard N. Longenecker, *New Wine into Fresh Wineskins: Contextualizing the Early Christian Confessions* (Peabody, MA: Hendrickson, 1999), 1～66。

⓫ 有關18節「被聖靈充滿」的其他討論，參 C. Anderson, "Rethinking 'Be Filled with the Spirit': Ephesians 5:18 and the Purpose of Ephesians," *Evangelical Journal* 7 (1989): 57 ～ 67；Andreas J. Kösternberger, "What Does It Mean To Be Filled with the Spirit? A Biblical Investigation," *Journal of the Evangelical Theological Society* 40/2 (1997): 229 ～ 240；John Paul Heil, "Ephesians 5:18b: 'But be Filled in the Spirit'," *CBQ* 69 (2007): 506～516。

溫習及思考問題(四 25～32)

1. 保羅所指 6 項「行事為人」的樣式是哪些?如何以 3 個格式列出來?
2. 保羅要求基督信徒「脫去」的是甚麼?「穿上」的是甚麼(25～32 節)?在教會生活中,有哪些行為是你需要「脫去」和「穿上」的?保羅的勸勉對你有何幫助?
3. 「謊言」與「誠實話」是指甚麼話?你怎樣定義「謊言」?你如何看「白色的謊言」?你認為基督信徒中間若慣於説「謊言」,這對自己和羣體有何不良後果?「要與鄰舍説誠實話」會面對甚麼困難(25 節)?
4. 保羅如何看「生氣」?「不可含怒到日落」是指甚麼意思(26～27 節)?基督信徒要怎樣實踐這真理?
5. 保羅如何提醒作「偷竊」的?你怎樣看盜版的問題?怎樣的生活才能自給自足?
6. 甚麼事情會令上帝的聖靈擔憂(30 節)?怎樣行才不會令上帝的聖靈擔心?
7. 怎樣才算是「饒恕」(32 節)?如何靠耶穌基督去「饒恕」別人?

溫習及思考問題（五 1～14）

1. 保羅為何稱呼基督信徒為「蒙慈愛的兒女」（1 節）？你認為你是一個「蒙慈愛的兒女」嗎？
2. 你如何理解「效法上帝」這概念（1 節）？「效法上帝」與「效法基督」有何分別？基督信徒要在哪方面的事情「效法上帝」？
3. 耶穌基督在十字架上的死為何被形容為「馨香的供物和祭物」（2 節）？保羅是否都要求基督信徒要像「馨香的供物和祭物」獻給上帝？你能夠獻給上帝的是甚麼東西？
4. 保羅所指禁止一切污穢的行為是指哪些（3～7 節）？
5. 保羅說「總要說感謝的話」（4 節）的對象是誰？基督信徒要怎樣才可以在任何環境都感謝？怎樣才可避免自己陷入虛假的感謝中？
6. 「光明的子女」（8 節）的行為是怎樣的？哪些事情於你是污穢的事情？你信主之後是否仍被它纏著？你認為要如何除掉它？如何在教會裏活出「光明的子女」的生活？
7. 我們要如何察驗「主所喜悅的事」（10 節）？你有沒有具體的方法幫助你去察驗上帝所喜悅的事？
8. 為何保羅教導基督信徒要揭發「暗昧無益的事」（11 節）？對你而言，甚麼才是「暗昧無益的事」？若教會出現類似的事，你認為怎樣才是有智慧地揭發它？
9. 整體而言，你認為保羅的教導嚴苛嗎？你認為在實踐上會遇到甚麼困難？

溫習及思考問題（五15～21）

1. 這段落出現3個「不要……要」的格式，這3個「不要……要」有何不同？
2. 保羅如何教導基督信徒成為「智慧的人」（15～21節）？他們有甚麼特徵？
3. 「把握時機」（16節）這句子與「時間」有甚麼關連？它與「邪惡的世代」有何關係？保羅是否要求基督信徒要趁機會做應當的事，抑或另有他的意思？你認為如何在信仰上「把握時機」？
4. 「主的旨意」（17節）是指甚麼意思？「糊塗人」是指哪些人？你認為上帝的旨意在你的教會是甚麼？
5. 「醉酒」和「被聖靈充滿」有何分別？被聖靈充滿有哪一些具體的行為表現（18～21節）？你怎樣知道自己是「被聖靈充滿」？
6. 「用詩篇、讚美詩、靈歌彼此對說，口唱心和地讚美主」是甚麼意思？如何才可以像保羅所要求的敬拜上帝？
7. 「順服」與「彼此順服」兩者之間有何不同？基督信徒要如何具體地學習「彼此順服」？為何保羅要指明「存敬畏基督的心」來「彼此順服」？學習「彼此順服」會遇到甚麼困難？

第十一章

在基督裏的「家戶經營」

（五22～六9）

- 夫妻關係
- 親子關係
- 主僕關係

經文

5 22 作妻子的，你們要順服自己的丈夫，如同順服主。23 因為丈夫是
妻子的頭，如同基督是教會的頭；他又是這身體的救主。24 教會
怎樣順服基督，妻子也要怎樣凡事順服丈夫。25 作丈夫的，你們要愛自
己的妻子，正如基督愛教會，為教會捨己，26 以水藉著道把教會洗淨，
使她成為聖潔，27 好獻給自己，作榮耀的教會，毫無玷污、皺紋等類的
缺陷，而是聖潔沒有瑕疵的。28 丈夫也應當照樣愛妻子，如同愛自己的
身體；愛妻子就是愛自己了。29 從來沒有人恨惡自己的身體，總是保
養愛惜，正像基督待教會一樣，30 因我們是他身體的肢體。31「為這個
緣故，人要離開父母，與妻子結合，二人成為一體。」32 這是極大的奧
祕，而我是指基督和教會說的。33 然而，你們每個人都要愛妻子，如同
愛自己一樣；妻子也要敬重她的丈夫。

6 1 作兒女的，你們要在主裏聽從父母，這是理所當然的。2~3 當孝
敬父母，使你得福，在世長壽。這是第一條帶應許的誡命。4 作父
親的，你們不要激怒兒女，但要照著主的教導和勸戒養育他們。

5 作僕人的，你們要懼怕戰兢，用誠實的心聽從你們肉身的主人，好
像聽從基督一般；6 不要只在人的眼前這樣做，像僅是討人的喜歡，而是作
基督的僕人，從心裏遵行上帝的旨意，7 甘心服侍，好像服侍主，不像服侍
人，8 因為知道每個人所做的善事，不論是為奴的或是自主的，都必按所做
的從主得到賞賜。9 作主人的，你們待僕人也是一樣，不要威嚇他們，因為
知道他們和你們在天上同有一位主，祂並不偏待人。

保羅在四至六章說明基督信徒所當有的「行事為人」。四章1至16節討論基督信徒在教會裏的生活；四章17節至五章21節討論基督信徒所當活出的新人樣式。本章繼續討論五章22節至六章9節，有關基督教的價值觀如何影響和衝擊基督信徒的家庭倫理和生活規範。

五章22節至六章9節是新約中對「家戶經營」最詳細的教導（參西三18～四1；提前二8～15，五1～2，六1～10；多二2～10；彼前二18～三7）。除了「家戶經營」，新約書卷也談論基督信徒與政權的關係（羅十三1～7；多三1～2；彼前二13～17）、僕人對主人所當有的服事態度（提前六1～2）、男女關係（提前二8～15），以及其他較廣泛性的勸勉（多二2～10；彼前五1～5）等。此外，有好些第一世紀的基督教文獻也教導基督信徒當如何處世待人。❶ 可見早期教會十分看重基督信徒在自己的家庭——即一個自我表現最真實的地方如何行事為人。

「家戶經營」

「**家戶經營**」不是保羅自創的。在當時的猶太社會和希羅社會，它是一件大家普遍關注的事，因為它為人們在某種權力架構或尊卑關係中如何生活提供了指引。它的基本格式早已於公元前335年亞里士多德（Aristotle）的著作中出現過（參「論政治」〔*Politics*〕I.1253b.1～14）。

「家戶經營」是根據16世紀宗教改革家馬丁路德所採用的德語名詞 Haustafeln來翻譯。英文譯作 "The Household Code"，但中文沒有固定的翻譯。

公元1世紀的猶太人斐羅（Philo）在他的「論十誡」（〔*De Decalogo*〕165～167）提到第五誡「當孝敬父母」之時，也有類似的教導：

「有關孝敬父母的第五條誡命，我們已有許多的律例讓我們處理老與少、君與民、施與受、主與僕之間的關係。正因為父母屬於前述的超然等級，同等的包括長輩、管制者；而孩子則屬於低下等級，與年輕人、被統治者、受惠的奴隸同級。有許多有關的教導，例如長惠幼順，君仁臣忠。受惠的要心存感謝，甘心助人的要施恩莫望報，像借債予人一樣。僕人要對主人忠心耿耿，主人要表現溫良，藉此將不平等的化作平等。」❷

當時的「家戶經營」有某些的內容與保羅的教導相似，但這不表示保羅（及其他新約作者）在迎合當時的社會標準。就如賴特（N.T. Wright）所說：那只是說明，全人類都是按照上帝的形象樣式所造，與生俱來就有上帝的標準意識罷了。不過，保羅的「家戶經營」與希羅世界的「家戶經營」也有明顯的不同。希羅世界的「家戶經營」都是以成年男性為主，從屬的一方（如妻子、孩子、僕人）有絕對服從的義務，從來沒有出現過各人要彼此順服的條文。它的用意是要強化希羅家庭階級式的結構，以避免任何引起攪亂這社會結構的陰謀。雖然保羅採納當時通行的「家戶經營」格式，但卻以「存敬畏基督的心彼此順服」（五21）作為整個「家戶經營」的框架。保羅大幅度修訂「家戶經營」的內容，尤其是掌權那方的責任，加入了基督信仰的元素和原則。保羅的「家戶經營」中論及的所有關係都是以「在基督裏」和耶穌基督犧牲的愛為重心和典範。保羅謹慎地平衡各家庭成員之間的職責：使掌權的一方（如丈夫、父母、主人），除了擁有權力，也有職責；使從屬的一方（如妻子、兒女、僕人），除了要服從掌權的一方，也享有權利。

保羅撰寫「家戶經營」的教導至少有兩個目的：

第一，「對外」的目的：當時的社會高舉階級和父權主義，因此引來一些爭取婦女和奴隸權益的運動，亦有證據顯示教會羣體也有人參與其中。此外，再加上保羅提倡在基督裏人人平等（加三28），基督信仰很容易被誤解為威脅社會穩定的宗教。保羅的「家戶經營」正是為了要捍衛基督信仰，終止這些錯誤的指控。保羅要讓外界人知道，基督信仰不是要攪亂社會秩序，反而要保障社會的穩定。在基督裏的婦女和奴隸，對丈夫和主人的順服始終如一。

第二，「對內」的目的：「彼此順服」是基督信徒被聖靈充滿的行為表現之一（五18～21）。保羅的「家戶經營」為信仰羣體提供具體的例子，說明他們要如何持續地活在聖靈中，落實「彼此順服」，建立和諧的家庭。

希羅時代的「家戶」成員不只包括丈夫與妻子，父母與孩子，也包括主人和僕人。保羅在這裏的論述包括了這三組的關係：第一，夫妻關係（五22～33）；第二，親子關係（六1～4）；第三，主僕關係（六5～9）。在這些關係裏，保羅都從雙方的角色分別作討論，即從屬的職責和權利，以及掌權的職責和權力。

五章21節「彼此順服」的框架

夫妻關係（五22～33）	親子關係（六1～4）	主僕關係（六5～9）
作妻子的（五22～24）	作兒女的（六1～3）	作僕人的（六5～8）
作丈夫的（五25～33）	作父母的（六4）	作主人的（六9）
「在基督裏」的調整		

我們也發現歌羅西書和以弗所書的「家戶經營」有類似的格式，同樣分為3組關係。但是，以弗所書的篇幅較長，也有較多的補充。現將兩段經文並列如下：

	歌羅西書	以弗所書
夫妻關係	三18～19	五22～33
親子關係	三20～21	六1～4
主僕關係	三22～四1	六5～9

11.1 夫妻關係(五22～33)

在古代希羅世界的婚姻關係中，妻子活在丈夫的權勢下。丈夫是掌權者，妻子是從屬者(被統治者)，婚姻之目的是為了傳宗接代。若妻子不能生育，丈夫有權休妻。再者，丈夫在家中就像法官。法學家菲斯泰爾·德·古朗士(Fustel de Coulanges)引用了加圖(Marcus Porcius Cato)的話說：「丈夫是妻子的法官；他的權力是無限的，他能做他想做的一切。妻子若犯了錯，丈夫可以懲罰她；她若喝酒，丈夫可以責罰她；她若與另一個男人有關係，丈夫可以處死她。」❸ 若丈夫對妻子的判決不當，妻子無從伸冤，只有惟命是從。因為在希羅父權主義的社會中，婦女不能上法庭作訴訟，也不能作證人。有關女人在當時社會上的低微地位，斯諾得格拉斯(Klyne R. Snodgrass)如此說：

> 「例如，有位作者表示，女人是宙斯(Zeus)所造的最令人厭煩的東西。另一位則提出：『女人一生中最美好的兩天，分別是有人娶她的那一天，和丈夫把她的遺體送到墳墓的那一天。』猶太教在計算會堂法定人數時，不會把婦女計算在內；她們在行經期間，亦被視作禮儀上的不潔。有一位拉比曾建議：『不要跟女人講太多話。』另一位更補充說：『連自己的妻子也不要與她講太多話。』」❹

上文對女人的評價也許過於負面；希羅社會也有一些情況是較平衡的。例如：在希羅社會，離婚通常是由丈夫提出，不過妻子亦可提出，雖然有時是藉著她父親的干預。同樣的，猶太傳統對女人的看法也不完全是負面的。不過，無論如何，當時的社會都是以男性為主。

保羅在這個背景之下提出在基督裏的夫妻所當有的關係。

本段的基本重點是「妻子當順服丈夫；丈夫當愛妻子」。保羅先論及妻子的規範（22～24節），再論及丈夫的規範（25～32節）。在論及妻子的規範時，保羅只用了3節經文，而當論及丈夫的規範時，卻用了8節經文。保羅是否藉此對當時的社會制度提出無聲抗議？古代希羅世界的「夫妻關係」概念是否仍在讀者的思想中根深蒂固？若是如此，我們更需要留意21節「存敬畏基督的心彼此順服」如何表達出一種平衡的夫妻關係。

分段大綱（五22～33）

一、作妻子的規範：當順服丈夫（五22～24）

二、作丈夫的規範：要愛妻子（五25～32）

1. 要愛妻子如同基督為教會捨己（五25～27）
2. 要愛妻子如同愛自己的身體（五28～30）
3. 與妻子結合，成為一體（五31～32）

三、結語：覆述夫妻關係（五33）

11.1.1 作妻子的規範：當順服丈夫（五22～24）

保羅在此討論的是家庭裏妻子和丈夫的關係，不是女性和男性一般的關係。這段經文先以一個命令開始（22節），然後再表明原因（23節上），最後是一個類比（23下～24節）。

一、命令（五22）

22節原文沒有「順服」（22節）這動詞，它是從屬於21節的「順服」。雖然如此，保羅對「妻子」的命令是肯定的。在婚姻關係中，「妻子」的職責就是順服丈夫，這也是當時社會一般的基本期望（參西三18；多二5；彼前三1）。但是，保羅補充說要「如同順服主」。這句話的意思有3個可能的解釋：第一，以順服基督的態度來順服丈夫；第二，看丈夫如同主；第三，順服丈夫是順服基督的一部分。第三個解釋較為合理，因為妻子與基督的關係，正是妻子順服丈夫的基礎和動機。再者「如同順服主」也說明妻子對丈夫的順服不是出於勉強，而是基於要回應丈夫的愛。這也是基督信徒順服基督的根本動機。

二、原因（五23上）

23節以「因為」（*hoti*）開始，為22節的命令提供原因。妻子之所以順服丈夫是因為「丈夫是妻子的頭」（參林前十一3）。至於「頭」的解釋，學者主要有兩個不同的意見：第一，「頭」是指「領袖/權柄」；第二，「頭」是指「源頭」。我們先從以弗所書的內容來理解「頭」的意思：

- 從一章22節的內容脈絡來看，耶穌基督是「頭」，即「領袖/權柄」的意思，因為上帝使萬有服在他腳下。
- 從四章15至16節的內容脈絡來看，耶穌基督是「頭」，即「源頭」的意思，因為基督信徒得以朝著他學習長進，並且靠著他全身連接得緊湊，彼此相助，漸漸增長。

從創世記二章21至24節的背景來看，「頭」被理解為「源頭」是合理的。由於女人是為男人所造，因此從創造的秩序來看，男人是女人的「頭」（即「源頭」）。再者，保羅也曾將「男人是女人的頭」和「上帝是基督的頭」並列。既然上帝和基督沒有地位之分，而是功能不同

(林前十一3);夫妻關係也同樣沒有地位之分(參約十30;腓二6)。更重要的是,「丈夫是妻子的頭」應從頭與身體之間的密切關係來理解。頭不能沒有身體而存活,反之亦然。因此,「丈夫是妻子的頭」意味著夫妻之間有著無法分離的生命關係。

三、類比(五23下~24)

保羅以基督和教會的關係來類比丈夫和妻子的關係:「基督是教會的頭」、「丈夫是妻子的頭」。因此,妻子必須以教會與耶穌基督的關係為榜樣,「教會怎樣順服基督,妻子也要怎樣凡事順服丈夫」。「順服」這動詞是以關身語態表達,表明妻子對丈夫的順服要像教會對基督的順服是出於心甘樂意。「凡事」雖然可以指每一件事,但不一定代表「絕對」的服從,尤其是當丈夫無理取鬧或提出傷害性的要求時。保羅要強調的是,妻子的順服不能脱離「敬畏基督」的框架去理解。當愛上帝的妻子時刻被聖靈充滿而順服耶穌基督時,她理當自然順服她心愛的丈夫。

11.1.2 作丈夫的規範:要愛妻子(五25~32)

保羅提出3方面有關作丈夫的規範:要愛妻子如同基督為教會捨己(五25~27);要愛妻子如同愛自己的身體(五28~30);與妻子結合,成為一體(五31~32)。

11.1.2.1 要愛妻子如同基督為教會捨己(五25~27)

保羅首先命令丈夫要愛妻子(25節上)。無論是舊約聖經、拉比文獻,以及希羅傳統的「家戶經營」,都沒有談及「丈夫要愛妻子」。

因此，這個命令對當時的基督信徒而言肯定是一個嶄新的概念。「愛」(*agapate*)的原文是以現在時態命令式語氣表達，說明了丈夫對妻子的「愛」必須持之以恆。在這裏，保羅再次使用基督與教會的關係來解釋丈夫與妻子的關係。丈夫對妻子的愛必須好比「基督愛教會，為教會捨己」(25節下)。換言之，基督為教會捨己的愛是丈夫愛妻子的標準和典範。無論妻子是否可愛，丈夫都必須以耶穌基督為榜樣，以捨己的愛去愛妻子。

這兩節經文同時出現「為了」(hina)這連接詞，「和修版」沒有譯出來。

接著，保羅說明基督為教會捨己的**兩個目的**(26～27節)，就是使教會「成為聖潔」(26節)，以及「好獻給自己」(27節)。

一、使教會「成為聖潔」(五 26)

「成為聖潔」(*hagiasē*)的原文是過去不定時時態動詞，表示一次過完成的動作(參林前一2，六11；提後二21；來十29)。從舊約祭祀的背景來看，這詞有分別出來歸給上帝的意思。換言之，26節說明耶穌基督「以水藉著道把教會洗淨」，然後將教會分別為聖歸給上帝。

在新約書卷，「水」可以象徵洗禮，代表著一個人要透過外在的行動來表明內在生命的轉變。可是，洗禮本身沒有潔淨的功能，真正的潔淨來自耶穌基督的寶血(林後七1；多二14)。「水」也可以比喻聖靈(參約七37～39)。保羅通常把「潔淨/聖潔」的概念聯繫到聖靈的工作(羅十五16；林前六11)。在猶太人的婚姻習俗中，準新娘會在婚禮之前行沐浴潔淨儀式，以水洗淨自己，象徵自己以全新的心靈獻給新郎(參得三3；結十六8～9，二十三40；斯二12～13)。

另一個詞是「道」(*rhēma*)。這詞原文的意思是「敘述、事情或事件」，也可指福音的內容(參約十五7；羅十8、17～18)。這詞同樣可以從猶太人的婚姻習俗來理解。在訂婚禮儀上，當新郎給新娘戴上戒子時，他會說：「看哪，妳已經分別為聖歸給我；妳已經許配給我；妳已經是我的妻子了。」

既然本段經文討論夫妻關係，從新娘的潔淨禮和新郎的宣告來理解這「水」與「道」是貼切的。經過這兩樣儀式後，新娘就分別為聖，歸給新郎。同樣地，經過「水藉著道」的潔淨之後，教會也分別為聖歸給上帝。這是基督為教會付上捨己的愛的第一個目的。

二、使教會「好獻給自己」(五 27)

27 節繼續說明基督為教會捨己的第二個目的是「好獻給自己」。潔淨禮後，新娘就會打扮一番，以最美麗的形象迎見新郎(參啟二十一 2)；過後，新郎就會帶新娘朝見家公。但是，這節經文與這個婚禮習俗有些不同。在猶太婚禮習俗中，新娘自行裝飾，然後新郎會將新娘「獻給」父親；可是，在這節經文，**新郎為新娘妝扮**及將新娘獻給自己。由於這裏是討論夫妻關係，因此新郎自然是將新娘獻給自己。

新郎為新娘妝扮的背景很可能源自以西結書十六章 10 至 14 節。這節經文提及上帝為以色列民新婦穿上華麗的衣裳及佩戴貴重的珠寶，為的是要讓他們在列國面前充滿上帝的榮美。

保羅繼續說明，「獻給自己」的教會，是「作榮耀的教會，毫無玷污、皺紋……是聖潔沒有瑕疵的」。在原文，「聖潔沒有瑕疵」這短語之前是有一個表達目的的連接詞 *hina*。它可以連接至 25 節下，說明那是基督為教會捨己的第三個目的，也可以連接至 27 節上，說明那是基督將教會獻給自己的目的。我們選擇後者的看法。因此，消極而言，基督「獻給自己」的教會是「毫無玷污、皺紋」；積極而言，那是「聖潔沒有瑕疵的」。

從以上所提及基督為教會付出捨己的愛的兩個目的來看，基督的愛與教會得到最大的益處息息相連。這是因為基督使教會成為聖潔；

基督也使教會毫無玷污、皺紋等類的缺陷，是聖潔沒有瑕疵的。當然，這進一步提醒丈夫對妻子的「愛」必須是心甘情願，不求己益，且是為妻子的最大好處來付出的。

11.1.2.2 要愛妻子如同愛自己的身體（五 28～30）

保羅再一次提出命令，要求「丈夫也應當照樣愛妻子，如同愛自己的身體；愛妻子就是愛自己了。」（28節）保羅這裏的呼籲是以「愛自己的身體」作類比。至於「照樣」與上下文的關係，它有承上啟下的功能，一方面連於25節下至27節，標誌一個段落的結束，同時亦可以連於28節下，標誌另一個新段落的開始。「如同愛自己的身體」說明丈夫要把妻子視為自己的身體來愛。接著，29節以「因為」（*gar*；「和修版」沒有譯出來）開始，說明原因是「從來沒有人恨惡自己的身體，總是保養愛惜」。對於自己的身體，沒有人會因為它有任何缺點而恨惡它，反而會加倍愛惜它。同樣地，妻子是丈夫的身體，即使妻子有不可愛的地方，作丈夫的不但不應該抱怨，反而要更加體恤。「正像基督待教會一樣，因我們是他身體的肢體」（29下～**30節**）說明基督為教會捨己的根本和終極原因，就只是因為教會是他身體的一部分。

有古抄本加上「他骨中的骨，肉中的肉」。

11.1.2.3 與妻子結合，成為一體（五 31～32）

「為這個緣故，人要離開父母，與妻子結合，二人成為一體」（31節）這節經文引自創世記二章24節。「為這個緣故」可連接至創世記二章23節；若是如此，保羅是以創造次序作為論述背景，強調上帝創造的原意。在以弗所書，「為這個緣故」若是連接至五章30節，保羅就是以耶穌基督和教會作為論述背景，強調耶穌基督和教會的親密聯繫。創世記的「為這個緣故」當然是指向**二章23節**，始祖亞當為著夏娃的出現而感到雀躍萬分。

「那人說：『這是我骨中的骨，肉中的肉，可以稱她為女人，因為她是從男人身上取出來的。』」(創二23)

在婚姻關係中，「離開父母」不是意味著將父母親置之不顧，而是強調夫妻之間的親密關係。再者，婚姻關係為夫妻帶來新的責任，而父母親也相應地要放下某些對子女的權利和責任。父母親不能夠永遠擁有或佔有兒女。「與妻子結合，二人成為一體」不只是指性關係或情感上的投入，更是指身心靈的聯合和溝通。當然，最重要的是，它說明了妻子就是丈夫生命的一部分。

接著，保羅讚歎「這是極大的奧秘」(32節)。學者對「奧秘」(*mustērion*)的意思有3個不同的看法：

- 指創世記二章24節所說人間的婚姻就是一個「奧秘」；
- 指創世記二章24節一個更深層的含義，就是暗示耶穌基督與教會的結合；
- 從「二人成為一體」來理解基督與教會的結合。

以上3個看法，第三個較為可取。若參考31至32節之前的經文，便發現保羅有一致的寫作格式。在論述夫妻關係之後，他就以耶穌基督和教會的屬靈關係來類比丈夫和妻子的生命關係；因此，在這裏也不例外。當保羅說「與妻子結合，二人成為一體」後，接著就指出那是「指基督和教會說的」。不過，這卻是超越人的智慧所能理解的；所以，保羅讚歎「這是極大的奧秘」。

11.1.3 結語：覆述夫妻關係(五33)

33節是22至32節的總結，簡述丈夫和妻子在婚姻關係中神聖的職責，即丈夫要愛妻子，妻子要敬重丈夫。不過，這節經文與22至32節的論述有3點差異。

一、妻子與丈夫的論述次序

22至32節先論及妻子的職責，然後才談論丈夫的職責。33節的次序則是相反。這可能是因為保羅在上文主要論述的是「丈夫」，因此33節繼續講述「丈夫」。另一個可能性是，保羅有意將五章22至33節放在扇形的結構裏。

A　妻子（22～24節）

　B　丈夫（25～32節）

　B'　丈夫（33節上）

A'　妻子（33節下）

二、「丈夫」和「妻子」的數目

22至32節的「丈夫」和「妻子」都是複數，而33節卻都是單數。這是因為保羅要強調他在22至32節的講話，是對個別的「丈夫」和「妻子」所說的，也就是從一個原則性的教導轉為直接的應用。

三、妻子的職責

22至32節提及妻子的職責是「順服丈夫」，33節卻是「敬重丈夫」。這可能是因為保羅要讓33節與21節的「敬畏基督」這框架前呼後應，說明妻子對丈夫的順服是本於對基督的「敬畏」。

如此看來，在夫妻關係上，保羅以「敬畏基督」的心彼此順服來修訂傳統價值觀念。古代社會基本上認為從屬的一方（即妻子）順服掌權的一方(即丈夫)是理所當然的，保羅卻補充說，當要求從屬的一方順服時，掌權的一方需要先對從屬的一方付出如同基督的愛。

最後，要肯定的是，「丈夫愛妻子」與「妻子順服丈夫」這兩個行動是彼此獨立的。換言之，「丈夫愛妻子」不是基於「妻子順服丈夫」，反之亦然。也就是說，不論伴侶是否是基督信徒，只要我是基督的門徒，我就有責任來愛或順服對方。

11.2 親子關係(六1～4)

接著，保羅討論「家戶經營」中的親子關係(1～4節；參西三20～21)。保羅先論及「兒女」的職責(1～3節)，接著討論「雙親」的職責(4節)。正如夫妻關係在「敬畏基督」及「彼此順服」的大前題下受衝擊，這裏的「從屬者」(兒女)和「掌權者」(父親)又會有一個怎樣的新關係呢？在此先談論古代希羅的家庭處境，然後對照保羅對孩子和雙親的提醒。

古代希羅社會是一個典型的父權社會，法律賦予「一家之父」(***paterfamilias***)對家中兒女有絕對的管轄權。父親甚至有權監禁、鞭打、處死兒女。對於剛出世的孩子，父親不只可以決定是否要將之出售，亦可以決定他們的生死。父親的權力甚至延伸至孫子身上。反之，母親對孩子完全沒有任何法律上的權力。作兒女的，必須絕對服從父親，沒有商討空間。同時，身為兒女的也相信，若他們期待自己的孩子對他們完全順從，他們也必須完全順從自己的父母。再者，若他們不孝敬父母，這不只是一件羞恥的事，也會招致災禍。在教育孩子上，父親扮演非常重要的角色。一個孩子在7歲前，母親就是他的老師；但

Paterfamilias 是一個拉丁字，帶有律法意義，指家中最年長的男性執掌著家中最高權柄。這地位通常由父親擔當，若父親離世就由家中的長子承繼。

7 歲後，父親就是他的老師。即使孩子在 7 歲時已開始到學校接受正規教育，父親仍然被視為孩子的真正老師。

歌羅西書亦有類似以弗所書相關的經文。相比之下，以弗所書的篇幅較長。按希臘文計算，以弗所書用了 35 個字論兒女，16 個字論父親，而歌羅西書只各用了 13 個字和 10 個字而已。

分段大綱（六 1～4）

一、兒女對父母的職責（六 1～3）
二、父母對兒女的職責（六 4）

11.2.1 兒女對父母的職責（六 1～3）

保羅首先呼籲作兒女的「要在主裏聽從父母，這是理所當然的」（1 節上）。「兒女」（*ta tekna*）的原文強調的是關係，不是年齡；因此，「兒女」的定義涵蓋兒童及成年人。從經文來看，這些「兒女」應該是可以明白基督信仰，但仍依附著原生家庭。「聽從」父母的意思是指兒女站在較卑微的輩分上順從父母的權威和命令。保羅以現在時態命令語氣主動語態表達這動詞，表明此行動出於甘心樂意，且必須持之以恆。「在主裏」表示這些兒女是基督信徒，故此他們必須存敬畏基督的心聽從父母。

根據希臘傳統，孩子一直都受父親的管轄，直到離開世界；羅馬傳統則直到 60 歲。

接下來，保羅提出這命令的原因（1 節下），就是「這是理所當然的」（參西三 20「這是主所喜悅的」）。「理所當然」表示「**聽從父母**」不只是聖經的教導，也是社會公認的標準。

接著，保羅引用舊約聖經作為支持(2～3節)。「當孝敬父母，使你得福，在世長壽」引自出埃及記二十章12節和申命記五章16節。這命令也是「十誡」中的第五條誡命。「孝敬」(*timaō*)的意思包括順從、尊敬、愛護及使對方感到愉快。在舊約書卷裏，「孝敬」(希伯來文 *kāḇēḏ*)是有「給某人權力」的意思。因此，「孝敬」父母就是授予父母崇高的地位。保羅在引用舊約經文時，以「在世」(*epi tēs gēs*)取代「你的日子在耶和華你上帝所賜給你的地上」，使它有普遍性的意義。

「得福」和「長壽」可以從舊約律法來理解。申命記記載頑梗悖逆的孩子要用石頭打死他(參出二十一15、17)，若然如此，孝敬父母的孩子就可以「得福」和「長壽」。再者，申命記四章4節和五章33節也提到遵守律法帶來長壽。我們也可以從家庭是社會的最基本單位的角度來理解「得福」和「長壽」。若兒女「孝敬父母」，家庭就會和諧，家庭和諧就會帶來社會的穩定，社會穩定也就帶來國家的安定和繁榮。因此，每一個生活在這塊土地上的孩子自然會「得福」和「長壽」。

引用舊約經文後，保羅附加説明「這是第一條帶應許的誡命」。可是，「十誡」的第二條誡命「不可跪拜偶像」也有附加應許，即「恨我的，我必懲罰他們的罪，自父及子，直到三、四代；愛我、守我誡命的，我必向他們施慈愛，直到千代」(參出二十5～6；申五9～10)。對於它們的關係，學者有不同解釋：

- 所謂「第一條」是指論到「上帝和人之間關係」的第一條誡命，即第二塊法版的第一條誡命。可是，第五誡是否就是刻在第二塊法版上，仍然是一個疑問；
- 所謂「第一條」是指孩童最先學習的第一條誡命。可是，猶太孩童最先學習的誡命應該是「除了我以外，你不可有別的神」；
- 所謂「第一條」是指最重要的誡命。可是，耶穌曾引用舊約經文(申六4～5）指出「盡心、盡性、盡力、盡意愛主一你的上帝」是最重要的誡命（太二十二36～40；路十25～27）；

即「不可貪戀你鄰舍的房屋；不可貪戀人的妻子、僕人、婢女、牛驢，以及他一切所有的」。

- 所謂「第一條」是指最難實踐的誡命。這一點仍有待證實，也許**第十誡**（出二十17；申五21；參羅七7）會更難實踐；
- 第二條誡命的處境比較局限於以色列子民，而第五條誡命的處境和應許則是普世性的，因此把它當作「第一條帶應許的誡命」。

對今日的我們來說，我們不要忘記耶穌基督對當時的法利賽人和文士的批評（太十五3～6；可七8～13）。法利賽人以所謂的宗教禮儀或宗教義務來取代供養父母的責任。同樣地，我們也不能以忙碌的教會生活、十一奉獻等，來取代或推卸供養父母的職責。

11.2.2 父母對兒女的職責（六4）

在論及兒女的職責後，保羅轉而談論父母的職責。保羅說明其論述對象是「父親」，但也應該包括母親在內（參來十一23），因為保羅命令「兒女」聽從和孝敬的對象是「父母」（1～3節），而不只是父親。不過，若從當時希羅社會的背景來看，保羅特別指「父親」也是恰當的。在當時的父權主義社會，父親對孩子7歲後的教育有絕對的責任。「父親」有責任教導孩子基本的書寫，教導他們有關倫理、宗教、家戶經營、哲學、公共禮儀、修辭學等知識。保羅從消極角度及積極角度來講「父親」對兒女的職責。

一、消極方面

保羅勸勉作父親的「不要激怒兒女」（4節上）。他的意思是要避免一切激怒兒女的言行和態度，例如：過分嚴格的訓練、不合理的苛刻要求、濫用權力、為所欲為、偏袒不公、挑剔和譴責、讓兒女蒙羞，以及任何忽視兒女需要和感受的行為。父母若經常批評兒女，把他們和別人作負面比較，又或當面咒罵他們，為他們訂立過分嚴格的規矩，這些都會傷害兒女的心（參西三21）。

二、積極方面

作「父親」的有神聖使命，就是要「照著主的教導和勸戒養育他們」（4節下）。「教導」是指一般性的教育活動和訓練；「勸戒」是指口頭上的警戒；「養育」包括撫養孩子長大成人和教育他們。「父親」必須「照著主的」，而不是自己的意念去教導兒女。「照著主的」就包括存敬畏基督的心來教導（參申六4～9、20～25）。因此，在親子關係中，父母不只要確保兒女健康長大，更要存敬畏基督的心，按照耶穌基督的教導來培育他們，使他們成為合父母和合上帝心意的孩子。

猶太的家庭教育是以宗教教育為主，這對塑造孩子的生命影響深遠。箴言有好些經文是對以色列人的家庭教育的提醒：

- 我兒啊，要聽你父親的訓誨，不可離棄你母親的教誨（箴一8）；
- 趁還有指望，管教你的兒子，不可執意摧毀他（箴十九18）；
- 教養孩童走當行的道，就是到老他也不偏離（箴二十二6）；
- 愚昧迷住孩童的心，用管教的杖可以遠遠趕除（箴二十二15）；
- 不可不管教孩童，因為你用杖打他，他不會死。你用杖打他，就可以救他的性命免下陰間（箴二十三13～14）；
- 杖打和責備能增加智慧；任性的少年使母親羞愧（箴二十九15）；

- 管教你的兒子，他就使你得安寧，也使你心裏喜樂（箴二十九 17）。

韋特寧頓對這六章 4 節有 4 方面的提醒：❺

- 「兒女」（*ta tekna*）包括男女在內；
- 「你們的兒女」表示教導的對象是自己的兒女，不包括孫兒或別人的孩子；
- 「照著主的教導和勸戒」表示強調基督教教育；
- 「不要激怒兒女」表示作父母的要以溫柔慷慨的態度對待兒女。

11.3 主僕關係（六 5～9）

奴僕制度是希羅社會的一部分。當時的奴僕有很多種類，最普遍的是家僕和公僕。家僕的職責是服事買他回來的主人，主人將他買下的目的是要炫耀自己的財富；公僕服事的對象是政府，他們提供各種服務，包括警員、醫護人員和教師等。因此，他們在社會上也有一定的地位。羅馬帝國有大約 600,000 奴隸，他們可能是生而為奴或遭父母販賣為奴；亦有人自賣為奴來還債；還有一些是戰爭的俘虜，或被罰為奴等。在希臘思想裏，奴僕被公認是愚笨、沒有思考和自力更生的能力。因此，奴隸制度是天經地義的。

奴僕的命運完全取決於主人。有者善待奴僕，有者視奴僕為工具。法律也沒有賦予奴僕任何保障。一個主人可以任意出售、折磨、虐待，甚至殺死奴僕。在法庭上，奴僕經常被拷打，也沒有人會聽他們的供詞。在新約時代，這個情況已有所改善。雖然奴僕依然沒有法律地位，但若工作表現佳，主人會批准他們擁有財產和嫁娶。若主人願意，他們也可以獲釋。到了保羅時代，奴僕也被視為家庭成員之一。

要留意的是，保羅沒有致力推翻奴僕制度，反而為主人和僕人提供兩者相處之道。在保羅時代，奴隸制度與道德的問題沒有關係，它的存在是為了促進國家社會的經濟發展。直至公元 18 世紀，當奸商利用奴隸制度來販賣人口，奴隸制度才產生嚴重的道德問題。

歌羅西書亦提及對僕人的教導。以篇幅計算，兩者不相上下。按希臘文計算，以弗所書用了 28 個字，歌羅西書則只用了 18 個字。這個差異在於表達的方式，內容上卻十分接近。這部分可以分為兩大段落。

分段大綱(六 5～9)

一、僕人對待主人的態度(六 5～8)
  1. 僕人要聽從主人(六 5～7)
  2. 僕人聽從主人的原因(六 8)
二、主人對待僕人的態度(六 9)

11.3.1 僕人對待主人的態度(六 5～8)

希羅社會的「家戶經營」只向主人説話，教導他們如何管理僕人；保羅卻也向「僕人」説話，表明他沒有忽略他們的存在。

11.3.1.1 僕人要聽從主人(六 5～7)

保羅命令「作僕人的」要「聽從」地上的「主人」(5 節上)。接著，保羅提出「僕人」對待「主人」應有的態度：

- 好像聽從耶穌基督（5節下）；
- 好像從心裏遵行上帝的旨意（6節）；
- 好像服事主（7節）。

保羅說明「作僕人的，你們要懼怕戰兢，用誠實的心聽從你們肉身的主人」（5節）。「肉身的主人」提醒信主的僕人有兩個主人，就是天上的基督和地上的家主，而這節經文所指的是後者。同時，這也規限了地上主人的權限，他並非僕人絕對的主人。「懼怕戰兢」這短語是由「懼怕」與「戰兢」這兩個形容詞組成。「懼怕」（*phobos*）指對掌權者至高的恭敬和尊重，而「戰兢」（*tromos*）指一個人懼怕到一個無法掩飾的地步。

僕人要用「誠實的心」來服事主人。「心」是理智、情感和意志的中心，「誠實」指全心全意。因此，「用誠實的心」就是指僕人的「聽從」是發自內心，是真誠、沒有虛假的（參多二9～10）。作主人的確實可以因為不滿一件小事而隨意懲罰僕人。故此，僕人對主人「懼怕戰兢」是可以理解的，這也是僕人聽從主人的原因。保羅不但沒有反對僕人對主人要存「懼怕戰兢」的心，而且還要求他們打從內心，全心全意來聽從主人。

保羅繼續說明「好像聽從基督一般」（5節下）。信主的僕人不能因為有了耶穌基督作為新主人，就不再聽從肉身的主人，他們反而要以聽從耶穌基督的心態來聽從家主。僕人應當視服侍主人的機會就是在服侍基督了。

信主的僕人除了要以「好像聽從基督一般」的態度，也要以「從心裏遵行上帝的旨意」（6節）的態度來聽從主人。從消極角度而言，僕人「不要只在人的眼前這樣做，像僅是討人的喜歡」（參西三22）；從積極角度而言，僕人要「作基督的僕人，從心裏遵行上帝的旨意」。「在人的眼前」的意思是指人眼睛所看到的地方。換言之，從消極去看，僕人不應只在主人眼見的地方才勤力工作。這種「討人的喜歡」的態度和意圖是上帝所不喜悅的。「從心裏」與「誠實的心」（5節）意義相仿。換言之，積極而言，僕人要看自己不僅是家主的僕人，也是耶穌基督的僕人。因此，聽從家主就等同於聽從上帝。

再者，僕人還要以「甘心服侍，好像服侍主」的態度來聽從主人（7節）。「甘心」意即充滿善意、積極、熱誠。對任何遭受不公平待遇的僕人而言，要「甘心服侍」是不容易辦到的。然而，保羅卻要求他們把眼界放遠，看他們所服事的真正主人是耶穌基督。故此，他們服事家主的態度必須與他們服事基督的態度一樣（提前六1～2）。

11.3.1.2 僕人聽從主人的原因（六8）

保羅為僕人應有的服事態度提出原因（8節），就是如此服事的人會「從主得到賞賜」。希羅社會的「家戶經營」有建議主人要以讚賞、食物、衣裳、鞋子來獎勵和激勵僕人勤奮工作。「得到」（*komisetai*）這動詞是以未來時態來表達，表示保羅所說的賞賜，不是今世，而是將來的。這「將來」是指耶穌基督將按照各人的行為施行審判的日子（林後五10）。保羅綜合了基督論（5～7節）和末世論（8節）來勸導僕人服事的態度。「好像聽從基督」、「從心裏遵行上帝的旨意」、「好像服侍主」這3種服事的態度，對於那些得不到合理回報的僕人而言是極大的鼓勵和安慰。

值得注意的是，保羅強調「從主得到賞賜」的應許不只為作僕人的，也是為作主人的（8節下）。這句話一方面引入9節所要論述的主人的職責，另一方面也說明在耶穌基督的審判台前，人人都是平等的（參羅二7～11，十四10～12；林後五10）。

11.3.2 主人對待僕人的態度（六9）

同樣地，保羅也提醒「作主人的」應有的態度。保羅勸告主人「待僕人也是一樣」，主人要求僕人如何對待他，他也要如此對待僕人。當主人吩咐僕人工作之時，他也要效法耶穌基督以公平和公正的態度來對待僕人，甚至視其所吩咐的對象為自我降卑的基督。接著，保羅具體地說明主人的態度，就是「不要威嚇」（*anientes tēn apeilēn*；可直譯為「停止威嚇」）僕人。在當時的社會，主人威嚇僕人是常見的。主人認為叛逆是僕人的本性，所以要藉著威脅和恐嚇來壓制僕人。保羅命令主人立即停止威嚇僕人，因為威嚇的結果只是眼前的服侍，沒有真誠和善意。主人若歸信了基督，就更不應「威嚇」僕人。保羅的吩咐反映了摩西律法的觀念（參利二十五43）。在9節下，保羅以「因為」（*eidotes hoti*）開始，為主人不要威嚇僕人提出了兩個原因：

- 因為大家「在天上同有一位主」。換言之，主人之上仍有另一位主人——耶穌基督（參西四1）。這位主不只是主人的主，也是僕人的主。主人如何對待僕人是必須向自己的主——也是僕人的主——作交代。

有學者認為「偏待」這動詞的原文是由「面子」（prosōpon）這名詞和「拿」（lambanein）這動詞組成。

- 因為上帝「不偏待人」。當時的主人會認為上帝會因他們的社會地位予以他們特別的待遇，保羅卻聲明上帝是「不**偏待**人」的。社會地位不會左右上帝的審判，主人和僕人都必須向上帝交帳。上帝是公義的，祂絕不徇情面（參申十17；代下十九7；徒十34；羅二6～11；彼前一17）。

顯然，保羅沒有譴責奴隸制度。但保羅所說的上帝「不偏待人」卻成為世界各地極力廢除奴隸制度的巨大力量。在第一世紀末，早期教會已經開始有好些人釋放僕人婢女，並且鼓吹改革（參「革利免一書」〔*1 Clement*〕55.2；伊格拿丟的「致坡旅甲書」〔*Epistle to Polycarp*〕4.3 等）。

信仰反省

保羅在以弗所書所談論的「家戶經營」包括 3 方面的人倫關係，就是夫妻關係、親子關係，以及主僕關係。

對於夫妻關係，保羅的教導超越中國的夫妻相敬如賓的觀念。他期望夫妻生活在「愛－順服」的關係中。若將這關係應用在今日的社會或許有些難度，現代的妻子都不容易順服丈夫；同樣地，現代的丈夫也可能不太願意為妻子捨己。夫妻關係若不協調，久而久之，婚姻關係可能就會以離婚收場。作為基督信徒，丈夫和妻子當以敬畏基督的心彼此順服，常常同心禱告，保守自己在「愛－順服」的婚姻關係中。

至於親子關係，現今家庭的主導者似乎已由父親轉移至兒女身上。父母尤其對家中的獨生子或獨生女寵愛有加，凡事遷就，以致不知道如何教養孩子，甚至還被孩子牽著鼻子走。當孩子犯錯時，父母可能非但沒有管教，甚至還袒護孩子，以惡言對待那些好意相勸的人。這可能是一種社會風氣，但作為基督信徒的，我們不能隨波逐流，在疼愛寶貝孩子的同時也要本著基督的道理教導他們，這才是對孩子真正的愛。以下是一些教養孩子的建議：

- 適當的紀律（適當時候做合宜的事）；
- 紀律要始終如一；
- 要做好榜樣；
- 願意投入時間和愛心；
- 要保持友好溝通。

至於主僕關係，雖然今天的社會已經沒有古代的奴隸制度，但卻有另一新形式的奴隸制度。我們與家庭女傭的關係就是一個明顯的例子。我們如何看待家中的女傭？她們是我們的工具嗎？我們如何對待她們？她們受責罵和恐嚇是理所當然的嗎？另一例子是，僱主和僱員的關係。作僱員的，無論僱主信主與否，都要從內心來順服他們；若僱主信主了，就更要如此。作僱主的也當尊重下屬，以公平和公正的態度對待他們，不可剝削他們的利益。還有，我們當如何對待外來勞工？他們因為經濟緣故而出賣勞力，我們當如何關注這些弱勢人士的基本工資、生活保障、尊重和尊嚴？

釋經短註

❶ 有關第一世紀的基督教文獻記載如何處世待人的內容，可參「十二使徒遺訓」（*Didache* 4.9 ～ 11）；「巴拿巴書」（*Barnabas* 19.7）；「革利免一書」（*1 Clement* 1.3, 21.6 ～ 8）；坡旅甲（Polycarp）的「致腓立比書」（*Philippians* 4.2～6.1）；伊格那丟（Ignatius）的「致坡旅甲書」（*Polycarp* 4.1～6.2）等。

❷ 斐羅（Philo）的「論十誡」（*De Decalogo*）165 至 167 節的中文翻譯，參自亞德邁耶、格林、湯瑪恩：《新約文學與神學——新約後期著作及背景》，伍美詩譯（香港：天道書樓，2006），頁 111。

❸ 法學家菲斯泰爾．德．古朗士（Fustel de Coulanges）評論希羅時代對妻子的態度的評論，參菲斯泰爾．德．古朗士：《古代城市——希臘羅馬宗教、法律及制度研究》，吳曉羣譯（上海：人民出版社，2006），頁 120。

❹ 斯諾德格拉斯：《以弗所書》，尹妙珍譯（香港：國際華人聖經協會，2003），頁 327。

❺ 韋特寧頓（Ben Witherington III）對六章 4 節有 4 方面的提醒，可參 Ben Witherington III, *The Letters to Philemon, the Colossians, and the Ephesians: A Socio-Rhetorical Commentary on the Captivity Epistles* (Grand Rapids, MI: Eerdmans, 2007), 338～339。

溫習及思考問題（五22～33）

1. 根據22至24節，妻子當如何順服丈夫？「順服」及「愛」兩者如何彼此配合？在現今的社會中，作基督信徒的妻子當如何順服丈夫？
2. 你如何理解保羅所指「丈夫是妻子的頭」？這是否意味著女人的地位比男人低？於你而言，夫妻之間最容易產生衝突的是甚麼問題？不易解決的原因何在？
3. 根據25至32節的內容，作基督信徒的丈夫當如何愛妻子？在現今的社會中，丈夫如何應用這教導？在教會事工中，若妻子是領袖（例如：女牧師、女執事、女長老），而丈夫是平信徒，這兩者的關係應該如何協調？
4. 試解釋31節「人要離開父母，與妻子結合，二人成為一體」的意思。這句話對今日的父母親與已婚的兒女有甚麼實際的提醒？
5. 對於單身者而言，這22至33節的經文有何意義？

溫習及思考問題(六 1～4)

1. 保羅如何定義「孝敬父母」(1 節)?你如何理解保羅的意思?孝敬父母會帶來甚麼好處?你認為人孝敬父母應該存有甚麼動機?
2. 試舉例怎樣才是「在主裏聽從父母」?若你的父母強逼你作一些違背信仰的事情?你會以怎樣的態度回應他們?你會怎樣處理?
3. 你如何理解「孝敬父母……在世長壽」這應許?在現今的社會中，你認為怎樣的行為表現才算是「孝敬父母」?這樣作會面對甚麼困難?
4. 父親會因怎樣的行為「激怒兒女」?若父親惹了兒女的怒氣，父親要如何修補這關係?
5. 「照著主的教導和勸戒」是指甚麼意思(4 節下)?在家庭中要怎樣實踐這勸勉?
6. 現今社會好些作父親的都沒有多少時間和精神來照顧孩子?他們好像「浪子父親」。你有甚麼建議去改變此現象?

溫習及思考問題(六5～9)

1. 保羅勸勉「作僕人的」應有怎樣的工作態度(5～8節)?為何有這樣的提醒?當一個已歸信的僕人面對已歸信的主人之時,他會面對甚麼試探?
2. 保羅勸勉主人應以哪種態度對待僕人(9節)?從保羅的觀點看,誰是真正的主人?
3. 保羅勸勉主僕關係這段經文如何應用在今日的基督信徒身上?我們在世上當如何作上帝忠心的僕人?
4. 這段主僕關係的經文可以充作現今社會職場關係的討論嗎?為甚麼?

第十二章

與屬靈惡魔爭戰

（六10～20）

- 靠耶穌基督作剛強的人
- 要穿戴上帝的全副軍裝
- 全副軍裝所包含的6個配件
- 穿上軍裝再加上禱告

經文

6 10 最後，你們要靠著主，依賴他的大能大力作剛強的人。
11 要穿戴上帝所賜的全副軍裝，好抵擋魔鬼的詭計。12 因為我們的爭戰
並不是對抗有血有肉的人，而是對抗那些執政的、掌權的、管轄這幽暗世界
的，以及天空靈界的惡魔。13 所以，要拿起上帝所賜的全副軍裝，好在邪惡
的日子能抵擋仇敵，並且完成了一切後還能站立得住。

14 所以，要站穩了，用真理當作帶子束腰，用公義當作護心鏡遮胸，15
又用和平的福音當作預備走路的鞋穿在腳上。16 此外，要拿信德當作盾牌，
用來撲滅那惡者一切燒著的箭。17 要戴上救恩的頭盔，拿著聖靈的寶劍——
就是上帝的道。18 要靠著聖靈，隨時多方禱告祈求，並要為此警醒不倦，為
眾聖徒祈求。19 也要為我祈求，讓我有口才，能放膽開口講明福音的奧祕，
20 我為這福音的奧祕作了帶鐵鏈的使者，讓我能照著當盡的本分放膽宣講。

10至20節是本書信主體內容最後一部分，保羅以「最後」再加一個命令式動詞「作剛強的人」作開始。他要講出另一個現實：基督信徒正面對一場肉眼看不見的屬靈戰爭。基督信徒在享受屬靈福氣的同時，也要正視黑暗勢力的真實性。保羅提醒基督信徒所面對的敵人就是「魔鬼」(*ho diabolos*)，以及任牠使喚的「執政的、掌權的」(11～13節；參5.1.1.1「對外邦人的描寫〔二1～2〕」，頁91)。基督信徒當「靠著主」與之對抗到底。在這屬靈戰爭裏，基督信徒要穿戴上帝所賜予的全副軍裝(14～17節)。保羅在此就像一個軍隊中的大元帥，向他的部屬——教會全體基督信徒——發表打仗宣言。

有關本段經文的處境，學者各有不同的意見。有認為是以基督信徒受洗為背景(參四24)；有認為是基督信徒當時正受到外在的逼迫，所以把一切的攻擊看為邪惡的屬靈勢力；又或者是針對以弗所地區邪惡勢力普及化的處境而言的。

這段經文提醒基督信徒，信仰生活有地上的層面，也有天上的層面(參二6)。從四章1節，保羅開始講述基督信徒在地上的信仰生活，包括教會生活(四1～16)、在社會中的見證(四17～五14)，聖靈充滿的生命(五15～21)，以及基督信徒的家庭倫理關係(五22～六9)。接著，保羅提醒基督信徒，有關天上層面的屬靈戰爭。這世界並非一個中立地帶，而是一個屬靈戰場。上帝的子民要繼續靠著主耶穌基督，勝過邪惡的勢力。

12.1 靠耶穌基督作剛強的人(六10)

「你們要……作剛強的人」(*endunamousthe*)的原文是一個動詞，以現在時態命令語氣被動語態表達，可直譯為「你們要不斷的被剛強起來」（參徒九22；羅四20；提後二1；另參書一6～9）。它說明基督信徒不能自我剛強，只能被剛強，而這能力是透過耶穌基督而來的。剛強的生命不是一次過的經驗，而是重複性的經驗，基督信徒要繼續不斷地被上帝剛強。同時保羅強調基督信徒要「抵擋魔鬼」和「站穩」。再者，「靠著主」（*en kuriō*）原文應譯作「在主裏」。在戰場中，站穩是很重要的；況且「爭戰」（12節）的原文可譯作「摔跤」，這譯法表達了這是一場貼身搏鬥的激烈戰爭。如果一個參與摔跤的人站不穩，就很容易被對方摔倒。基督信徒要「站穩」，意即要有成熟的屬靈生命，在生活上不給魔鬼留地步，無論大小事都忠於上帝，過著聖潔的生活。

基督信徒不只要「在主裏」，也要「依賴他的大能大力」作剛強的人。「大能大力」曾出現於一章19節，是指耶穌基督復活的大能，並他的超越性（參一20～21）。保羅亦提醒基督信徒要知道這「大能大力」（一15～23）；以及他之所以能夠成為外邦人的使徒，也是因為這「大能大力」（三7）。保羅也禱告這「大能大力」運行在基督信徒的心裏，來完成一切超過他們所想所求的（三20）。如今，在書信主體的末了，保羅再次提及「大能大力」。由此來看，保羅要求基督信徒首先必須認識上帝的大能，接著讓此大能進入生命，改變生命，最後基督信徒還必須活在這大能中，作剛強的人。

12.2 要穿戴上帝的全副軍裝（六11～13）

「全副軍裝」是指「全副武裝的盔甲」。「上帝所賜的全副軍裝」可以指「上帝自己所穿戴的軍裝」。保羅可能是從看守他的羅馬軍兵中得此靈感來描述基督信徒的屬靈爭戰。❶ 對保羅來說，在激烈的屬靈戰爭中，除了上帝的軍裝，再沒有別的防禦方法。基督信徒當依賴上帝所賜予的能力，站穩立場，隨時迎戰。這裏的「穿戴……全副軍裝」（11節）與「穿上新我」（四24）的思想相仿。此外，「魔鬼的詭計」與「中了人的詭計和欺騙的法術」（四14）也相仿。它們都說明了基督信徒所面對的挑戰，包括屬世和屬靈的兩個層面。

對抗「那些執政的、掌權的、管轄這幽暗世界的，以及天空靈界的惡魔」（12節下；參一21～22，三10；另參西一16，二15、20）是4個名詞短語，所指涉的角色彼此之間沒有階級之分（一21；參4.3.1「上帝能力的展現〔一20～21〕」，頁78～79）。原文出現「對抗」（*pros*）這介詞共4次，它不是指向4類不同的靈界勢力，而是為要加强語氣而已。

近代學者對「執政的、掌權的」所指涉的對象意見分歧。部分解經家認為，它們是指社會的政治和經濟體系，又或使人失去尊嚴和自由的邪惡滿盈的政府和壓迫性的社會架構。因此，保羅只是借用猶太天啟文學的措辭，把原本指天上的靈界物轉而指地上的政治體系。但另有學者認為它們是指肉眼所看不見的屬靈邪惡勢力（參12節上）。不過，我們也不可忽略保羅確實曾經以「掌權的」來形容地上的勢力（參羅十三1～3）。因此較為可取的解釋是，這些「執政的、掌權的」是指靈界的邪惡勢力，透過操縱社會架構來控制國家政權、抵擋上帝、壓制他人。聖經在他處也曾提到魔鬼如何在世上擁有統治權力，把世界變得幽暗（參約十二31，十四30，十七15；林後四4；西一13；約壹五19）。這也說明了五章8、11節所說的，基督信徒在歸信之前是「暗昧」、受制於背後黑暗的屬靈勢力。

靈界勢力異常可怕，基督信徒不可掉以輕心。保羅命令基督信徒「要穿戴上帝所賜的全副軍裝」（11節上），接著再重複「要拿起上帝所賜的全副軍裝」（13節上）。在這兩處，他都接著提出原因：「好抵擋魔鬼的詭計」(11節下)及「好在邪惡的日子能抵擋仇敵，並且完成了一切後還能站立得住」(13節下)。「穿戴」(*endusasthe*)和「拿起」(*analabete*)的原文雖不是同一個詞，但意義卻是相同，都是指「拿起及穿戴」。保羅以不定時時態主動語態命令語氣來表達「拿起」，説明了情勢之緊迫；同時，在如此急迫之中，基督信徒不能指望有其他人會幫忙拿起全副軍裝，而是自己必須主動拿起來。基督信徒不僅要能抵擋魔鬼的詭計(13節下)或在「邪惡的日子」抵擋魔鬼，還要能站立得住(11節下)。

在以弗所城發現一塊軍人作戰狀態的石刻。這軍人的服飾與羅馬士兵的十分相似。

「邪惡的日子」可以指任何遭受魔鬼攻擊的日子。保羅的重點不是哪個日子，而是「完成了一切後還能站立得住」(13節下)。因此，保羅吩咐基督信徒，要拿起上帝所賜的全副軍裝，因為無人知道「邪惡的日子」何時臨到。一個時刻穿戴全副軍裝的基督信徒，目的不在於攻擊，而是確保自己在受攻擊之時可以「抵擋」，而且還「站立得住」。

12.3 全副軍裝所包含的6個配件(六14～17)

保羅所描寫的全副軍裝，共有6個配件：「真理當作帶子束腰」、「公義當作護心鏡遮胸」、「和平的福音當作預備走路的鞋」、「信德當作盾牌」、「戴上救恩的頭盔」、「聖靈的寶劍—就是上帝的道」。前4

項為基督信徒當追求的素質，後兩項為上帝所賜予的恩典。這些配件的屬靈概念在上文都有提及：

- 「真理」（一13，四21、24～25，五9）；
- 「公義」（四24，五9）；
- 「和平」（或「平安」；一2，二14～15、17，四3，六23）；
- 「信德」（一15，二8，三12、17，四5、13，六23）；
- 「救恩」（一13，二5、8，五23）；
- 「上帝的道」（一13，五26）。

我們按照這6個配件將14至17節分段如下：

分段大綱（六14～17）

一、真理作腰帶（六14上）

二、公義作護心鏡（六14下）

三、和平的福音當鞋子穿（六15）

四、信德作盾牌（六16）

五、救恩作頭盔（六17上）

六、上帝的道作聖靈的寶劍（六17下）

12.3.1 真理作腰帶（六14上）

腰帶是首先穿上的配件，用作緊束外套和裏面的衣物。當時代的人都穿著長袍，因此，無論在工作、賽跑或作戰前必定用帶子束腰，

帖撒羅尼迦前書五章 8 節沒有提及腰帶是軍裝的一部分。

以方便活動（參路十二 35；彼前一 13）。嚴格來說，**腰帶不是軍裝的一部分**，但若沒有將衣服束緊，就無法披戴軍裝中的其他配件（參賽五十九 17）。束上腰帶表明已經作好準備。

學者對「真理」這名詞有兩種解釋，第一，客觀的真理，即福音的真理內容；第二，主觀的真理，即基督信徒對福音的忠誠、對上帝的委身（參賽十一 5）。這兩者緊密相連，無須分開而論。基督信徒先接受福音真理，然後便會按真理而活。值得留意的是，「真理」這詞在以弗所書曾出現多次（一 13，四 15、21、24，五 9），而保羅似乎說明基督信徒聽了「真理」後，就必須將真理活出來，而 14 節是總結，說明基督信徒必須穿上真理，隨時準備好活出真理。

12.3.2 公義作護心鏡（六 14 下）

《天路歷程》說基督精兵的「護心鏡」只有前面遮胸部分，沒有背部，因此他不可以做逃兵！這种說法不符合歷史。

「**護心鏡**」是一個中國的翻譯名詞，其實是指「胸牌、護胸甲、胸甲」（參「新譯本」）。它是蓋在皮革緊身上衣上面的那金屬片或盔甲，用以保護胸部和背部。「公義」有兩方面的意思。第一，客觀的意思，指人在上帝面前蒙稱義，有義人的地位（參羅三 21～22）；第二，主觀的意思，指人在品格上的正直，在各個生活層面上，對上帝正直，也對人正直。（參林前一 30；羅六 13，十四 17；另參賽十一 5，五十九 17；「所羅門智訓」〔*Wisdom of Solomon*〕5.18）。這裏的「公義」也是總結四章 24 節及五章 9 節的內容。基督信徒若行在公義中，就如穿戴了護心鏡，任何謠言和誹謗都無法擊中生命的要害。

12.3.3 和平的福音當鞋子穿（六15）

軍人的鞋是由幾片皮革組成，厚度大約兩公分，再用中空的平頭釘鑲嵌起來。

保羅時代的鞋子與我們現代的鞋子不同，我們是「穿」上鞋子，他們是「綁」上鞋子（以皮作成的帶子將鞋綁在腳板上），像今日的涼鞋。不過，這個涼鞋是有釘的涼鞋，所以**有一定的重量**。在沙土上，這種鞋可以掘土而入，讓軍人平穩抗戰。「用和平的福音當作預備走路的鞋穿在腳上」的「預備」有兩個不同的意思：

- 預備進攻：屬靈戰爭不只是守而不攻，而是要隨時將平安的福音傳揚出去。
- 預備好根基：屬靈戰爭的先決條件，心中要有和平的福音，得救的確據。

保羅的用意可以包含基督信徒有和平的福音在心中，同時也有和平的福音在口中，隨時隨地分享基督的福音。當我們有上帝和平的福音在心中時，我們就有剛強壯膽的心來面對挑戰（參19～20節；另參彼前三15～16上）。再者，「和平的福音」也說明福音使者並非好鬥戰士，不要刻意挑戰別人或魔鬼。基督信徒要以和平的態度來分享福音。

12.3.4 信德作盾牌（六16）

「盾牌」（*thureos*）源於「門/大門入口」（*thura*）這詞。這是一種門狀長橢圓形的「盾牌」，可以遮蓋整個人的身體。它是由兩塊厚木板，再以帆布和皮革膠合而成。它上端和下端都有金屬片，用來保護木板不會因與地面摩擦而帶來損壞。前面的中間部分是一塊凸起的鐵塊，用來抵擋敵人的兵器，包括石頭和「燒著的箭」。在古代戰爭中，火箭是最危险的武器。箭頭上綁著浸透瀝青的亞麻屑，用火點燃箭頭發射出去。木製的盾牌要蓋上皮革的目的就是要撲滅燒著的箭。「信德」是指基督信徒對上帝的依靠。撒但的詭計是燒著的火箭，把各種負面的意念和情緒射進基督信徒心裏。基督信徒必須時刻信靠上帝，把自己看得合乎中道，如此就能抵擋和滅盡撒但的火箭。值得一提的是，在羅馬軍隊中，盾牌可以單獨使用，也可以一個連著一個，排成一行一行地使用，好在敵人攻擊時產生整體性的防禦作用。當我們將之應用在基督信徒所面對的屬靈戰爭中，就説明了信仰羣體的重要性。基督信徒若孤軍作戰很容易被擊敗；但在團隊中，基督信徒可以彼此扶助，對抗敵人。

12.3.5 救恩作頭盔（六17上）

「頭盔」是用來保護頭部。在羅馬時代，頭盔的外形因地區而異。一般上，它像一個鐵帽，內部用布或皮革包裹，外層則是以銅製成。穿戴頭盔會令士兵感到悶熱和不舒服，因此他們只在敵人臨近時戴上。當士兵的頭部得著保護，他們就有信心抗敵。同樣地，救恩的確據對基督信徒非常重要。沒有救恩的確據，基督信徒不但沒有能力面對撒但的攻擊，甚至還活在畏懼上帝的懲罰和喪失救恩的窘境中。當基督信徒戴上救恩的頭盔時，基督信徒就可以行動自如，不受罪惡的轄制和撒但的威嚇，因為再沒有任何事物可以將他們與上帝的愛隔絕（參羅八31～39）。

12.3.6 上帝的道作聖靈的寶劍(六17下)

「寶劍」一詞常常讓人誤解為「長劍」。事實上,在羅馬軍隊中,「寶劍」(*machaira*)是指兩刃短劍或匕首,約0.5厘米寬60厘米長。若保羅要講長劍,他會用另一個希臘字(*hromphaia*)。這「寶劍」不只可以用來防衛,也可以用來攻擊。「聖靈的寶劍」就是「上帝的道」。聖靈內住在基督信徒的生命中,祂也是真理的靈,要引導基督信徒進入一切真理(約十六13)。在聖經裏,刀劍常被用來形容「言語」,包括惡人的話(參詩五十七4,六十四3)及上帝的話(來四12)。美麗的謊言常常是撒但攻擊基督信徒的武器。在創世記,撒但就使用這個武器引誘始祖犯罪;在耶穌未公開傳道之前,撒但也同樣用這武器來試探耶穌。始祖因為沒有堅信上帝的話而失敗了,但耶穌因堅信上帝的話而得勝。基督信徒必須追求認識上帝的話,並在面對屬靈戰爭時靠上帝的話來保護自己。

12.4 穿上軍裝再加上禱告(六18~20)

最後,保羅提醒基督信徒要警醒禱告。在原文句子結構上,這3節經文並非一段獨立句子,而是連接14至17節的。18節出現兩個用作動詞的分詞,就是「禱告」(*proseuchomenoi*)和「警醒」(*agrupnountes*)。在意義上,18至20節仍然在形容14節上的「所以要站穩了」的情景。雖然禱告並非全副軍裝的一部分,它確是屬靈戰爭不可或缺的一環。基督信徒藉著禱告穿戴軍裝,軍士團隊透過禱告和彼此代求而聯成一體。保羅的神學思想和敬拜禱告緊密相連。只有神學知識,沒有活潑的禱告和敬拜的生活,那是冰冷的學問;只有熱情的禱告，沒有神學思考和分辨能力，結果是迷失方向。透過禱告，我們藉著聖靈與父上帝親近（18 節上；參二 18），也讓個別基督信徒與眾聖徒一同擴展福音的工作（18 下～20）。保羅用以下的短句來描寫禱告：

- 「要靠著聖靈」（參羅八 15～16；加六 1；猶 20 節）；❷
- 「隨時」（參路十八 1，二十四 53；羅十二 12；林前一 4；帖前一 2～3，二 13，三 10；提前五 5）；
- 「多方**禱告祈求**」（王上八 45；代下六 19；徒一 14；腓四 6；提前二 1，五 5）；
- 「警醒不倦」（參徒一 14，二 42，六 4；羅十二 12；西四 2）。

「禱告」指一般性的禱告；「祈求」則範圍較為窄，指請求方面。這兩個詞通常會一起出現，如同義詞般。

接下去，保羅提出基督信徒要「為眾聖徒祈求，也要為我祈求」（18 節下，19 節上）。「為眾聖徒祈求」讓我們聯想到眾聖徒為一個大團隊。沒有一個士兵可以單獨爭戰，他必須與其他隊員配合，互相照顧。保羅以兩個並排的連接詞「讓」（*hina*）來說明他要基督信徒為他禱告的兩項事情。第一，讓他「有口才」和「能放膽開口講明福音的奧祕」；第二，讓他「能照著當盡的本分放膽宣講」。保羅所要宣講的信息就是「福音的奧祕」，也就是那使人和睦的福音（二 11～22）。保羅要求讀者為他禱告，讓它在任何情況中都「放膽」宣講上帝的福音。「帶鐵鏈的使者」說明當時的保羅是在羅馬監獄中（可能是被軟禁）。保羅在監獄所祈求的事，不是要自己脫離困苦，而是可以有膽量和機會繼續傳揚福音（參徒二十八 31；腓一 20）。

信仰反省

屬靈戰爭是真實的。雖然我們已經歸屬基督，進入光明的國度，但撒但不會如此輕易言敗。牠會使盡各種伎倆和謊言來誘惑基督信徒，遠離上帝，離開上帝。當我們信主的年日愈久，我們更要時刻提醒自己不是屬靈強人。不然，我們就是中了撒但的圈套。相反的，基督信徒當依賴上帝的大能大力，剛強站穩，對抗撒但，做一個得勝的基督精兵。

在全幅軍裝裏，聖靈的寶劍——上帝的道，是最後一個配件。今日基督信徒要認真看待上帝的道。上帝的道不是基督信仰的點綴品。聖經不是主日崇拜時才打開來讀。基督信徒必須每日讀經，讓上帝的道融入生命，隨時預備自己，在各個生活層面，活出聖經的教導。

釋經短註

❶ 論到戰爭，在舊約書卷也有相當多稱耶和華為「神聖戰士」(Divine Warrior)以及耶和華以彌賽亞軍裝出現的經文(參賽十一4～5，四十二13，四十九2，五十二7，五十九17；哈三8～9；詩三十五1～3)。此外，典外文獻也經常提到末日的戰爭和大災難(參「西緬遺訓」〔*Testament of Simeon*〕5.5；「但遺訓」〔*Testament of Dan*〕5.10～11；「以諾一書」〔*1 Enoch*〕55.3～57:3；「以斯拉四書」〔*4 Esdras*〕13.1～13；死海古卷的「戰卷」〔*War Scroll*〕等)。

❷ 對於18節「要靠著聖靈」，學者有不同看法。有根據哥林多前書十四章14至15節及羅馬書八章26至27節，認為這是指「方言禱告」。不過，若參考以弗所書，聖靈是引導我們到父上帝面前(二18)；聖靈使我們成為上帝居住的所在(二22)；基督信徒當被聖靈充滿(五18)；「方言禱告」的事卻沒有提過。參 Gordon D. Fee, *God's Empowering Presence: The Holy Spirit in the Letters of Paul* (Peabody, MA: Hendrickson, 1994), 730～731；Peter T. O'Brien, *The Letter to the Ephesians* (Grand Rapids, MI: Eerdmans; Leicester: Apollos, 1999), 485；Ernest Best, *Ephesians: A Critical and Exegetical Commentary on Ephesians* (Edinburgh: T & T Clark, 1998), 605。

溫習及思考問題

1. 10節所指「作剛強的人」在這屬靈的戰爭中扮演甚麼角色？基督信徒可以自己剛強起來嗎？若不是，他要怎樣才可以剛強起來？
2. 保羅所指全副軍裝的樣子是怎樣的（14～17節）？為甚麼基督信徒要穿上全副軍裝，而不能只穿上其中一件？
3. 從信仰生活的角度看，甚麼是「魔鬼的詭計」？上帝的能力若然已可以勝過魔鬼，為何基督信徒仍要爭戰？
4. 試略述軍裝中的6個配件。我們應該如何理解保羅所說的全副軍裝？這對你個人生命有何特別意義？
5. 保羅說我們「並不是對抗有血有肉的人」（12節）。那麼，我們要怎樣與看不見的東西爭戰？我們又可以如何將之應用在我們生活中？
6. 保羅所指「邪惡的日子」（13節）是指甚麼日子，發生了沒有？
7. 在基督信徒的生命中，為何「禱告」是這麼重要？它與屬靈的爭戰有何關係（18～20節）？保羅所講自己的禱告內容是甚麼？這對基督信徒有何提醒？
8. 保羅以「帶鐵鏈」（20節）來形容自己。在你的生命中有沒有使你感到被捆綁的「鐵鏈」？若有，你會怎樣為自己禱告？

第十三章

信末語：問安及祝福（六21～24）

- 保羅派推基古為代表的目的
- 祝福

經文

6 [21] 今有親愛、忠心服事主的弟兄推基古，為了你們也明白我的事情
和我的景況，他會讓你們知道一切的事。[22] 我特意打發他到你們那
裏去，好讓你們知道我們的情況，又讓他安慰你們的心。

[23] 願平安、慈愛、信心從父上帝和主耶穌基督歸給弟兄們。[24] 願所有
恆心愛我們主耶穌基督的人都蒙恩惠。

21至24節是以弗所書的信末語，包括兩個部分。第一部分說明保羅派推基古為代表的目的（21～22節）；第二部分是祝福語（23～24節）。在此，我們留意到以弗所書的幾個特色。首先，除了推基古之外，保羅沒有提到任何同工的名字。再者，以弗所書沒有個別問安，這顯示以弗所書是一封傳閱書信。最後，此書有雙重祝福語。

13.1 保羅派推基古為代表的目的（六21～22）

保羅打發推基古到以弗所那裏有兩個目的。第一，讓當地的基督信徒也知道保羅的近況（21～22節上）；第二，安慰基督信徒（22節下）。推基古這名字曾出現在使徒行傳（徒二十4），也出現在保羅的其他書信（西四7～8；提後四12；多三12）。推基古除了是以弗所書的送信人，也是歌羅西書、提摩太後書、提多書、腓利門書的送信人。

推基古是亞細亞教會領袖之一（徒二十4），當保羅在以弗所引起暴動之後，推基古是其中一個陪伴保羅前往耶路撒冷的人。保羅差派推基古從羅馬去以弗所，暗示了當保羅經歷最後考驗時，推基古仍忠心陪伴在他身邊（提後四12）。保羅亦有意打發推基古或亞提馬到提多那裏，好讓提多可以往尼哥坡里去見保羅（多三12）。

在此，保羅描述推基古是一個「親愛、忠心服事主的」人。「親愛」這名詞在以弗所書共出現兩次，另一次是在五章1節（「和修版」譯作「蒙慈愛」）。這詞的意思是指家庭中惟一至愛的孩子（參10.2.1「引言：當效仿上帝〔五1～2〕」，頁220）。保羅以這詞來形容推基古，一方面表示他與推基古的關係，另一方面也表示這人是蒙上帝所愛的人。「忠心服事主的」，則表示推基古是一個忠心的人。根據21至22

節，推基古除了將書信交給以弗所教會（當然也暗示了他宣讀書信的內容），他也會口頭補充有關保羅當時的情況。若本書並非保羅所著，而是託名著作，21 至 22 節就沒有意義了。

13.2 祝福（六 23～24）

以祝福語作為信末語是保羅一貫的寫作風格（參羅十六 20、24；林前十六 23；林後十三 13；加六 18；腓四 23；西四 18；帖前五 28；門 25），但以弗所書的特別之處是它有兩句的祝福語（23～24 節）。這裏的問安與書信開首的問安語相同，都以「平安」（23 節）和「恩惠」（24 節）來祝願基督信徒。「平安/和平」是以弗所書經常出現的詞彙（一 2，二 14～15、17，四 3，六 15）。耶穌基督是猶太基督信徒和外邦基督信徒之間的和平。當基督信徒得到耶穌基督的「平安/和平」後，他們也就必須以「平安/和平」彼此聯繫，活出合一的見證，建立合一的教會。這個「平安」的祝願與保羅其他的書信有一個明顯的分別。在保羅其他的書信中（除了加拉太書六章 16 節），「平安」是歸給「你們」，而不是「弟兄們」。這個區別可能是因為以弗所書是一封傳閱的書信。保羅在祝願他們「平安」後又加上「慈愛、信心」。對人有「慈愛」，對上帝有「信心」，就能持之以恒地將耶穌基督的「平安/和平」落实在信仰羣體中。「平安」、「慈愛」和「信心」都是源於父上帝和耶穌基督的屬靈福氣。

「恩惠/恩典」（24 節）也是以弗所書非常重要的觀念（一 2、6～7，二 5、7～8，四 7）。在以弗所書，「恩惠/恩典」都與耶穌基督的救贖有關。這個救贖是上帝白白賜予的，但只有那些願意以愛回應上帝的人才能獲得上帝的恩典——救恩。因此，保羅說：「願所有恆心愛我們主耶穌基督的人都蒙恩惠。」這「恩惠」的祝願與「平安」的祝願相同，不是歸給「你們」，而是「所有恒心愛我們主耶穌基督的人」。

「恆心」的原文意指「不朽」（林前十五42、50、53～54；提後一10）。在保羅的用法中，它多是指復活後的生命。「恆心」在這句子裏，可以用來修飾「主耶穌基督」，說明耶穌基督的生命是不朽的（參提前一17）；或「恩惠」，說明上帝的恩典永存不朽，抑或「愛」，說明不朽的愛。保羅在以弗所書一而再地提出父上帝和耶穌基督永恆的愛（一3～14，二1～10，三17～19，五2、25），因此保羅在結尾時也呼籲基督信徒以「恆心」來愛耶穌基督。若參照哥林多前書十六章22節的提醒：「若有人不愛主，這人該受咒詛。」那麼，我們既然是蒙上帝厚恩及大愛的揀選，也應當持之以恆地去愛祂，這也是上帝的心意，「因為祂從創世以前，在基督裏揀選了我們，使我們在祂面前成為聖潔，沒有瑕疵，滿有愛心」（一4）。

溫習及思考問題

1. 保羅如何描述推基古？他與保羅有何特別的關係？在你事奉的生命中有沒有推基古的出現？
2. 保羅在以弗所書的信末語與其他的書信有何不同？「平安、慈愛、信心」這 3 個詞在此信末語中有何特別意義？對於「恆心」這詞，學者有何不同看法？你認為怎樣的解釋才與全書的思想相通？
3. 從保羅在以弗所書所寫的結語中，你如何看保羅的事奉？他如何分享他事奉生命中所經歷的？作為教會的領袖應如何看他的事奉？
4. 能否分享你從以弗所書裏所學習到一些屬靈的教導？你如何實踐這些教導？

附錄

附錄一：以弗所書與保羅其他書信的比較

有關以弗所書與其他書信比較的列表，是參自 Charles B. Puskas, *The Letters of Paul* (Collegeville, MI: Liturgical Press, 1993), 131～133。

主題	以弗所書	保羅其他書信
保羅是奉上帝旨意為眾聖徒作基督耶穌的使徒	一 1～2	林後一 1～2
頌讚父上帝－耶穌基督的父	一 3	林後一 3
揀選成為聖潔	一 4～5	羅八 30
時機成熟	一 10	加四 4
上帝的旨意成就一切	一 11	羅八 28
聖靈的應許	一 13	加三 14
我們將要得著救恩	一 14	帖前五 9（帖後二 13）
得救不是出於行為	二 8～9	羅四 2
得救是因著信，不是行為	二 8～9	加二 16
沒有盼望的人	二 12	帖前四 13
因信得以來到上帝面前	二 18，三 11～12	羅五 1～2
教會是有根基的建築物，而上帝自己使它成長	二 20～21	林前三 6、9、11～12、16
保羅是為基督耶穌而被囚	三 1	門 1 節
上帝的恩賜	三 7，四 7	羅五 15，十二 3
保羅是最小的聖徒，靠著上帝的恩典得以傳揚福音	三 8	林前十五 9～11
行事為人與所蒙的呼召相稱	四 1	帖前二 12（對得起上帝）
他們心地昏昧，行各種污穢的事	四 17～19	羅一 21～22、24

上帝賜教會使徒、先知和教師	四 11	林前十二 28
親手做工	四 28	林前四 12
聖靈的印記	四 30	林後一 22
效法上帝	五 1	林前四 14～16（效法我）
獻給上帝的供物和祭物；上帝所喜悅的	五 2、10	腓四 18
基督愛我們，為我們捨己	五 2、25	加二 20
不道德的人不能承受上帝的國	五 5	林前六 9～10
上帝所喜悅的事	五 10、17	羅十二 2
不行暗昧無益的事	五 11	羅十三 12
丈夫是妻子的頭，基督是教會的頭	五 23	林前十一 3（基督是男人的頭）
我們是基督身體的肢體（創二 24）	五 30～31	林前六 15～16
不討人喜歡，而是作基督的僕人	六 6	加一 10
上帝不偏待人	六 9	羅二 11
穿上公義的護心鏡和救恩的頭盔	六 14～16	帖前五 8 （穿上信和愛的護心鏡）
隨時多方禱告祈求	六 18	腓四 6
保羅是帶鎖鏈、放膽宣講的使者	六 20	林後五 20（基督的使者）
保羅是帶鎖鏈的使者	六 20	門 9 節 （以前是使者，現在是囚犯）

這有關以弗所書與歌羅西書比較的列表是參自 Raymond E. Brown, *An Introduction to the New Testament* (New York, NY: Doubleday, 1997), 628；I. Howard Marshall, Stephen Travis and Ian Paul, *Exploring the New Testament: A Guide to the Letters and Revelation* (Downers Grove, IL: IVP, 2011), 170。

概念	以弗所書	歌羅西書
成為聖潔，沒有瑕疵	一4	一22
得蒙救贖，罪得赦免	一7	一14、20
包含萬有的基督	一10	一20
為受信人感謝禱告和祈求（留意內容）	一15～17	一3～4、9
何等榮耀的基業	一18	一27
基督的統治	一21～22	一16～18
信徒與基督一同復活	二5	二13
外邦人得以親近上帝	二12～13	一21～22
廢掉律法	二15	二14
保羅是囚徒	三1	一24
保羅知道上帝的奧祕	三2～5	一25～27
保羅是普世福音的僕役	三7	一23、25
保羅使眾人知道上帝從前隱藏的奧祕	三8～9	一27
行事為人與所蒙的呼召相稱	四1	一10
謙虛、溫柔、忍耐，互相寬容……	四2	三12～13
教會肢體在基督裏合一	四15～16	二19
脫去舊我，穿上新我	四22～32	三5～10、12
惱恨、憤怒、惡毒、譭謗；仁慈、憐憫	四31～32	三8、12
杜絕不道德的行為	五3～6	三5～9
謹慎行事，把握時機	五15	四5
詩篇、讚美詩和靈歌；感謝上帝	五19～20	三16～17
家戶經營，論到夫妻、父母兒女、奴僕和主人	五21～六9	三18～四1
囚徒保羅勸勉受信人恒切禱告	六18～20	四2～3
保羅派推基古告訴教會自己的情況並給予鼓勵	六21～22	四7～8

不但如此，這兩卷書信的內容次序也非常接近，可參 Ben Witherington III, *The Letters to Philemon, the Colossians, and the Ephesians: A Socio-Rhetorical Commentary on the Captivity Epistles* (Grand Rapids, MI: Eerdmans, 2007), 13；Harold W. Hoehner, *Ephesians: An Exegetical Commentary* (Grand Rapids: Baker Academic, 2002), 34。

以弗所書	歌羅西書
一15～23	一3～14
二11～22	一21～23
三1～13	一24～二3
四17～32	三5～11
五1～6	三12～15
五15～21	三16～17
五22～六9	三18～四1
六18～20	四2～4
六23～24	四18

附錄二：以弗所書大綱

以下的大綱是參自韋特寧所列出的著作：Ben Witherington III, *The Letters to Philemon, the Colossians, and the Ephesians: A Socio-Rhetorical Commentary on the Captivity Epistles* (Grand Rapids, MI: Eerdmans, 2007), 20～21。他的大綱基本上都是參考自琳幸的註釋：Andrew T. Lincoln, *Ephesians,* WBC 42 (Garden City, NY: Doubleday, 1990), xliii-xliv。

一、書信開場白（*prescript*）和問安（一 1～2）

二、引論（*exordium*）：表明目的（一 3～23）

1. 頌讚詞（一 3～14）（一 3～三 21）

2. 感恩禱告（一 15～23）

三、敍事（*narratio*）：記述外邦信徒的「從前」和「現在」及保羅在他們生命中的角色（二 1～三 21）

1.「之前」因過犯而死，「之後」在基督裏而活（二 1～10）

2.「從前」各民隔絕和分離，「現在」合一和好（二 11～22）

3. 以保羅的事工和生活作為上帝計劃的範例（三 2～13）

4. 結束禱告和祝福（三 1、14～21）

四、勸勉（*exhortatio*）（四 1～六 9）

1. 保持教會的合一（四 1～16）

2. 行事為人不再像外邦人，而是像一個新創造的人（四 17～24）

3. 脱去和穿上（四 25～32）

4. 效法上帝，行事要像光明的兒子（五 1～20）

5. 在基督和婚姻中彼此順服；家戶經營（五 21～六 9）

五、結尾（*peroratio*）（六 10～20）

六、書信結語（六 21～24）

第二個大綱是取自希爾（John P. Heil）的。他認為以弗所書的受信人是「聽者」，而不是「讀者」。他大膽指出整本書信是一個特大型的扇形結構，甚至每一段落也是扇形的，但這説法較為欠缺説服力。不過，這是一個很有趣的嘗試。參 John P. Heil, *Ephesians: Empowerment to Walk in Love for the Unity of all in Christ* (Leiden: Brill, 2007), 43～44。

A　恩惠和平安（一 1～2）

B　頌讚祂在愛裏的榮耀（一 3～14）

C　基督在愛裏的恩賜，為了使教會作萬有之首（一 15～23）

D　因祂先愛我們，我們因而行在此大愛裏（二 1～10）

E　建立合一的平安是愛的恩賜（二 11～22）

F　保羅的恩賜是揭開基督在愛裏的奧祕（三 1～13）

G　知道超越人的知識所能測度的基督之愛（三 14～21）

H　努力在愛中活出合一（四 1～16）

G'　在基督的愛之真理中活出新人的樣式（四 17～32）

F'　活出愛正如基督愛我們（五 1～6）

E'　在愛中活出光明之子的樣式（五 7～14）

D'　像智慧人一樣行在愛中（五 15～六 9）

C'　在愛中得著能力抵擋惡勢力（六 10～13）

B'　親愛的推基古會在愛中安慰你的心（六 14～22）

A'　平安、慈愛和恩惠（六 23～24）

附錄三：「十八祝禱文」

全篇禱文共有 19 款。此禱文錄自黃錫木、周健文、岑紹麟編：《新約背景文獻選輯》（香港：國際聖經協會，2000），頁 316～318。英文翻譯可參 Emil Schürer, *The History of the Jewish People in the Age of Jesus Christ 175 (B.C. ~ A.D. 135),* revised and edited by Geza Vermes, Matthew Black, Fergus Millar, Martin Goodman and Pamela Vermes (4 volumes; Edinburgh: T & T Clark, 1973～1987), 2:455～463；Everett Ferguson, *Backgrounds of Early Christianity,* 3rd ed. (Grand Rapids, MI: Eerdmans, 2003), 543～544。

1. 主，願頌讚歸於祢，就是我們列代祖宗的上帝，亞伯拉罕的上帝、以撒的上帝、雅各的上帝，那大而有力的、令人敬畏的上帝，創造天地之至高的上帝，我們的盾牌及我們列祖的盾牌，我們世世代代的倚靠。**主，願頌讚歸於祢，因祢是亞伯拉罕的盾牌**。
2. 祢是滿有能力，使自高的降為卑，審判那些強暴的；祢永遠活著，又使死人復活；祢使風刮起，又降露在地上；祢供應給活人，又使死人得活；瞬息之間，祢使我們得到救恩。**主，願頌讚歸於祢，因祢叫死人復活。**
3. 祢是聖潔的，祢的名字令人敬畏，除祢以外，沒有別神。**主，願頌讚歸於祢，聖潔的上帝**。
4. 我們的父上帝，求祢將從祢而來的知識，以及從祢的妥拉（而來）的洞察力賜給我們。**主，願頌讚歸於祢，因祢應允將知識賜予我們**。
5. 主啊，求祢領我們歸向祢，我們便悔改！更新我們的生命，猶如以前的日子一般。**願頌讚歸於祢，因祢悅納了我們的悔改**。
6. 我們的父上帝，饒恕我們，因我們得罪了祢。求祢從祢的眼前除去我們邪惡的行為，因祢是滿有憐憫的。**主，願頌讚歸於祢，因祢滿有寬恕的心**。
7. 求祢察看我們的苦難，為我們伸冤，為祢的名拯救我們。**主，願頌讚歸於祢，以色列的救贖主**。
8. 主我們的上帝，醫治我們心中的疼痛；除去我們的憂傷和悲痛，醫治我們的創傷。**主，願頌讚歸於祢，因祢醫治以色列民中有疾病的人**。
9. 主我們的上帝，賜福於今年，使我們得到豐盛的收穫。願我們得到最後拯救之年頭，盡快臨到我們；願祢降甘露和雨水在地上；願祢用祢的美物使地上的人得以知足；願祢祝福祢手所作的工。**主，願頌讚歸於祢，因祢賜福於歷世歷代的歲月**。
10. 願祢吹號宣佈我們得釋放，高舉旗幟以招聚我們分散四方的人。**主，願頌讚歸於祢，因祢將以色列民中被放逐的人招聚回來**。

11. 願祢復興我們的審判官，正如以往的日子一般，以及我們的律法師，正如開始的時候一樣。願祢統治我們，只有祢。**主，願頌讚歸於祢，因祢喜愛審判**。
12. 願叛教者失去盼望；願那傲慢之國在我們有生之日被連根拔除。願拿撒勒派及異端分子迅速滅亡；願他們的名字從生命冊中被刪除；願他們不得與義人一同被記名在生命冊上。**主，願頌讚歸於祢，因祢使那傲慢的人降為卑**。
13. 願祢的憐憫傾倒在公義的皈教者身上；願我們和那些行祢所喜悅的人，都得到豐富的獎賞。**主，願頌讚歸於祢，因祢是義人的倚靠**。
14. 主我們的上帝，求祢以大憐憫，憐憫以色列祢的民、祢的城耶路撒冷、榮耀的居所錫安、祢的聖殿和祢的居所，以及祢公義的彌賽亞大衛之家的王權。**主，大衛的上帝，願頌讚歸於祢，因祢建造了耶路撒冷**。
15. 主我們的上帝，求祢垂聽我們禱告的聲音，憐憫我們，因祢是充滿恩典和憐憫的上帝。**主，願頌讚歸於祢，因祢垂聽我們的禱告**。
16. 主我們的上帝，願祢樂於居住在錫安；願祢的僕人在耶路撒冷事奉祢。**主，願頌讚歸於祢，我們以敬畏的心敬拜祢**。
17. 主我們的上帝、我們列祖的上帝，我們讚美稱頌祢，因為祢應允將祢的恩慈憐憫，賜予我們和我們的列祖。主啊，倘若我們失腳滑倒，祢的恩典會扶持我們。**主，至善的主，願頌讚歸於祢，因祢是配得讚美稱頌的**。
18. 願祢的平安臨到以色列祢的民、祢的城及祢的產業，祝福我們所有的人。**主，願頌讚歸於祢，因祢賜下平安**。

* 禱文中粗體字表示頌讚句子。

* 第十二款提及的「拿撒勒派」是指歸信耶穌基督的猶太人，他們不被其他猶太人認同。許多學者認為，這幾個字是在公元 90 至 117 年之間才加入的。因為這幾個字，基督信徒很難繼續留在猶太會堂裏，猶太教和基督教的關係愈加惡化，並且分道揚鑣。

緊扣時代 服事教會

以文字傳揚基督真道

讀者意見表

衷心多謝你購買本社書籍。本社一直致力以出版事工服事教會，幫助信徒扎根於神的話語，促進靈命增長。為使我們的出版更能滿足你的需要，請填寫下列各項資料，並寄回或傳真予本社。

所購書籍：______________________

本書最吸引你的地方：
□作者 □適切性 □文筆 □設計 □實用性
□其他：______________________

購買本書地點：
□基道書樓 □基督教書店 □非基督教書店

性別：□男 □女 職業：______________

信仰：□基督徒 □非基督徒

年齡：□ 16 歲或以下 □ 17～25 歲 □ 26～35 歲
□ 36～55 歲 □ 56 歲或以上

學歷：□中三或以下 □中五 □預科
□大學 □研究院

□我欲更多了解基道出版社的事工及考慮支持，請寄給我下列資料：
□機構簡介 □新書資料 □基道會員通訊
□《基道文字事工通訊》

姓名：______________ 電話：______________

地址：______________________

____

傳真：______________ 電子郵件：______________

其他意見：______________________

____

多謝賜教！

基道出版社

意見表可以傳真（2687-0281）或直接郵寄以下地址：
香港沙田火炭坳背灣街26號富騰工業中心1011室
基道出版社編輯部收